HANNA ZAKARIAS
Père Gabriel THÉRY

VOICI LE
VRAI MOHAMMED
ET LE
FAUX CORAN

the Savoisien & Baglis

DU MÊME AUTEUR

L'ISLAM ET LA CRITIQUE HISTORIQUE – The Savoisien & Baglis. 2019
DE MOÏSE À MOHAMMED ; L'ISLAM, ENTREPRISE JUIVE. 1955

Tome I
    Livre 1 - Conversion de Mohammed au judaïsme.
    Livre 2 - Les enseignements à Mohammed du rabbin de La Mecque.

Tome II
    Livre 3 - Composition et disparition du Coran arabe original et primitif.
    Livre 4 - Lutte du rabbin de La Mecque contre les idolâtres et les Chrétiens.

Tome III - *Édification de l'Islam arabe* ; Ed. du Scorpion. 1963
    Livre 5 - Les matériaux qui entreront dans l'édification de l'Islam arabe.
    Livre 6 - L'Islam arabe en formation. Les arcs-boutants : Infidèles, Juifs, Chrétiens.

Tome IV - *Épilogue* ; Ed. du Scorpion. 1965
    Livre 7 - Mohammed en plein épanouissement.
    Livre 8 - L'Islam en marche. La guerre. La reconquête de la Kaa'ba.

Une présentation du Père Gabriel Théry.

Copyright Nouvelles Éditions Latines, Paris, 8 septembre 1960
1, rue Palatine — Paris VIe
IMPRIMERIE RÉUNIES — RENNES

Première édition numérique 18 mars 2016
the Savoisien & Lenculus

Exegi monumentum ære perennius

Un Serviteur Inutile, parmi les autres
SCAN, ORC, CORRECTION, MISE EN PAGE
26 Septembre 2019

LENCULUS †(2016) & BAGLIS
in memoriam

Tous droits de traduction et de reproduction réservés pour tous les pays.
Pour la Librairie **Ex**communiée **N**umérique des **CU**rieux de **L**ire les **US**uels

AVERTISSEMENT DES ÉDITEURS

*P*OUR le coup, voici vraiment du nouveau !
Quand nous lisons le Coran, nous lisons en réalité tout autre chose. Ce que nous appelons ainsi est au vrai Coran ce que « *les Actes des Apôtres* » sont à l'Évangile. Et ce Coran qui n'en est pas un devrait s'appeler les *Actes de l'Islam*. Quant au vrai Coran, il est perdu.

Heureusement, les *Actes de l'Islam* nous en restituent certains passages. En les étudiant attentivement, on arrive à une découverte extraordinaire, qui oblige en effet à tenir pour nul tout ce que l'on a jusqu'à présent professé sur l'Islam.

Comment vont réagir ceux qui se sont fait une spécialité de l'étude et de la pratique de cette pseudo-religion ? L'auteur n'hésite pas à nommer quelques « docteurs. » En raison de ces prises à partie, bien qu'elles n'aient rien d'offensant pour les personnes, nous avons longtemps hésité à publier l'ouvrage. Ce qui importe, après tout, n'est pas ce que tel ou tel peut penser de Mahomet et de l'Islam ; ce qui importe, c'est ce que révèle une étude poussée sans aucun préjugé dans le seul dessein de retrouver le vrai.

Si l'auteur eût encore été de ce monde, nous lui aurions exposé cette manière de voir. Il reconnaît lui-même que son travail heurtera violemment les musulmans.

« *Nous les invitons fraternellement,* écrit-il, *à repenser le problème religieux en total objectivité... à juger en hommes raisonnables... afin de retrouver le véritable sens de leur religion.* »

Mais il était mort quand le manuscrit nous a été remis, et ses ayant-droit ne se sont pas cru autorisés à modifier quoi que ce soit dans la forme ni le ton, pas plus que dans la thèse elle-même.

Voici donc tel quel ce livre qui, dans les projets d'Hanna Zakarias, était destiné à donner au grand public les arguments et les conclusions qu'un précédent ouvrage de critique historique n'avait offerts qu'aux spécialistes. On y entrevoit une très belle figure de missionnaire, celle du Rabbin de La Mecque qui, pour abattre les idoles et amener l'Arabie au Dieu de la Bible, sut endoctriner Mahomet et dont le zèle ainsi l'emporta de haute lutte sur les efforts des chrétiens de La Mecque. On y entrevoit surtout, pour le monde méditerranéen et même pour le monde entier, les possibilités d'un avenir tout différent de celui que l'on croit déterminé.

Et finalement, la thèse d'Hanna Zakarias nous a paru si solidement fondée, si vraisemblable et d'une telle importance que nous avons décidé de publier cet ouvrage. Puissent tous les hommes de bonne volonté y trouver de quoi travailler efficacement à la Paix.

LES ÉDITEURS,
DES NOUVELLES ÉDITIONS LATINES (1960.)

INTRODUCTION

Nous n'écrivons pas un roman sur Mohammed.

Nous écartons, par ailleurs, toutes les billevesées débitées depuis des siècles sur les origines et les développements historiques de l'Islam. Nous nous en tenons aux conclusions, qu'on a qualifiées de « rigoureuses et précises », qui sont celles de notre précédent ouvrage intitulé *De Moïse à Mohammed*, conclusions qui se résument en quelques points extrêmement nets.

1. — L'Islam n'est que le judaïsme expliqué aux Arabes par un rabbin.
2. — Mohammed n'a jamais été inspiré par Dieu. Il n'est ni Prophète, ni révélateur d'une nouvelle religion. Tout ce qu'on peut lui concéder, c'est de s'être converti au judaïsme sous la pression de sa femme Khadidja, juive de naissance, et d'avoir aidé son instructeur, le rabbin, dans son plan de judaïsation de l'Arabie en prêchant à ses compatriotes la religion de Moïse.
3. — Si Mohammed ne fut d'aucune façon prophète, il ne fut pas davantage écrivain, ni dépositaire d'une nouvelle pensée du Souverain Créateur. Le Coran n'a été ni révélé par Allah qui n'a jamais été un dieu spécifique des Arabes, ni écrit par Mohammed. Il a été composé et rédigé par un Juif, le même qui instruisit son élève Mohammed dans la religion du Mont Sinaï.
4. — Ce Coran primitif, duplicata *arabe* du Coran *hébreu* de Moïse, a été rédigé par un Juif qui fut véritablement le créateur de la langue religieuse arabe. Il a réellement

existé à l'époque de Mohammed et des grandes querelles mecquoises du début du VIIᵉ siècle, mais il est aujourd'hui perdu. Ce que les musulmans nous présentent comme leur Coran n'est pas un Coran, c'est-à-dire un livre de prières, conforme au Coran de Moïse — le seul Coran religieux d'après les Juifs —, destiné à être lu et commenté dans les mosquées, sœurs des synagogues, mais un livre d'anecdotes, d'histoires, une sorte de rapport établi par le rabbin instructeur de Mohammed et rédacteur du Coran arabe. Il faudrait par conséquent mettre au pilon toutes les couvertures de ce livre et recomposer une première page ayant pour titre : *Les Actes de l'Islam*.

Ces *Actes* rédigés par un Juif constituent la seule source authentique qui nous permette de connaître les origines de l'Islam, en d'autres termes, les origines de la judaïsation de l'Arabie, dont le rabbin de La Mecque, Khadidja et son mari Mohammed furent les premiers ouvriers. Nous n'utiliserons que cette seule source, refusant catégoriquement de reproduire aucune des fantaisies des traditions musulmanes contenues dans la *Sira*, que le P. Lammens a définitivement chassées du domaine de l'histoire, et que même les musulmans un peu formés dans les sciences exactes ne prennent plus au sérieux. Il en est des traditions musulmanes comme des caravanes dans le désert. Le voyageur qui serait en queue de cette caravane, voyant l'interminable suite de chameaux avancer lentement et pesamment, aurait l'impression d'un convoi en sécurité. Mais si jamais l'idée lui vient de remonter cette caravane, il se trouvera en face d'un âne-conducteur. Nous pouvons conseiller aux musulmans de remonter à travers les siècles aux origines de leurs traditions.

« *L'ensemble de la Sira*, écrit le P. Lammens, *n'est que broderie et imagination.* »

Seule, une étude critique des *Actes de l'Islam*, appelés faussement Coran, peut nous fournir une base solide pour une reconstitution des origines de l'Islam, ou conversion de l'Arabie au judaïsme.

5. — Si les *Actes de l'Islam* ont été composés, rédigés et écrits en arabe par un Juif, il est inimaginable que l'on puisse trouver dans ce livre des attaches chrétiennes. De fait, ce livre est foncièrement antichrétien. Tout essai de rapprochement direct entre musulmans et chrétiens ne peut être qu'un rapprochement sur pilotis, voué tôt ou tard à un craquement catastrophique. L'Islam n'existe pas comme religion spécifique. Il n'existe dans le bassin méditerranéen qu'une seule révélation originelle : la Révélation faite par Yahwé à Moïse sur le Mont Sinaï, terre juive par excellence ; révélation mosaïque qui constitue le noyau originel du judaïsme. Ce judaïsme usé, qui avait échoué il y a bientôt deux mille ans dans un pharisaïsme sans vie, découlant lui-même de la codification mosaïque, a été revigoré, revivifié, transformé par la Révélation de Jésus, fils de la Vierge Marie, Dieu lui-même à l'égal du Créateur. Le judaïsme sortait grandi de cette Révélation chrétienne, épanouie en christianisme.

Si le christianisme est en continuation du judaïsme mosaïque, il contient cependant du nouveau. Il est une lumière nouvelle jetée sur le monde. Mais dans l'islamisme, il n'y a rien d'original ; c'est une flamme ancienne communiquée à une nouvelle lampe. C'est la vieille loi sinaïque transportée à La Mecque. Dans le bassin méditerranéen, la question religieuse est à débattre entre Juifs et chrétiens. Les musulmans, qui ne sont que des Arabes transformés en Juifs depuis le début du VIIe siècle, ne peuvent avoir aucune part à ce dialogue. Les seules parties intéressées sont les tenants des Révélations originelles méditerranéennes : les Juifs issus de la Révélation de Moïse, et les chrétiens issus de la Révélation du Christ-Jésus. En d'autres termes, il y eut communication divine faite par Yahwé au Mont Sinaï ; Dieu a donné son dernier message il y a vingt siècles en Palestine ; mais jamais Dieu n'a parlé aux

Arabes, ni directement, ni par un prophète. Mohammed est une invention d'une juive, Khadidja, et d'un rabbin de La Mecque. Il n'est ni prophète, ni révélateur, ni compositeur du Coran. Jamais il n'a fondé de religion. Si on l'interrogeait comme témoin du problème religieux de l'Arabie, il ne pourrait que répéter les histoires apprises du rabbin.

Chapitre premier

La Mecque

AUTREFOIS, au temps d'Isaïe, c'est-à-dire au VIIIe siècle avant Jésus-Christ, les commerçants qui exportaient leurs marchandises de la Perse ou des Indes parvenaient à la Méditerranée en suivant les pistes du désert syrien. C'est par cette voie nordique que les princes de Dedan, de l'Arabie et de Cédar, que les marchands de Séba et de Rahma recevaient de l'est des couvertures de chevaux, des agneaux, des béliers, des boucs, des pierres précieuses, de l'or et des aromates.

Longtemps après, la guerre et les querelles politiques entre les Romains et ces peuplades de l'est du Moyen-Orient, en introduisant l'insécurité dans les régions qu'avait traversées autrefois Abraham quittant le pays d'Hiran, obligèrent les marchands à changer d'itinéraire. Le commerçant n'a pas de pays ; plus exactement, il n'a pas d'âme. Il ne tient aucun compte des plus nobles et des plus profonds sentiments humains. Il n'a pas de nation, donc pas d'ennemi. Il n'a qu'un objectif ; la richesse, la richesse pour en jouir dans un total et farouche égoïsme.

Un commerçant veut vendre. Il vendra à n'importe qui. Il vendra même des marchandises qui, un jour ou l'autre, pourront être utilisées contre son pays et les propres membres de sa famille. Les pistes du désert syrien étant devenues incertaines, les marchands du VIe siècle de notre ère, qui ne veulent pas renoncer à exporter leurs produits, se tourneront vers le sud, créeront des dépôts sur les rives de la Mer Rouge, dans la presqu'île sinaïtique. C'est ainsi qu'un jour La Mecque devint une nécessité commerciale, née d'une bousculade politique au nord, et de la volonté de survivre chez les trafiquants orientaux. De La Mecque, les marchands, évitant désormais les territoires sassanides, remontent vers le sud pour retrouver leur débouché traditionnel. La Syrie leur offre alors, comme par le passé, toute sécurité pour atteindre la Méditerranée.

Deux fois l'an, l'été et l'hiver, les riches Mecquois organisent des caravanes qui porteront vers le nord toutes les richesses orientales, les raisins de Taïf, les encens et les parfums de l'Arabie méridionale ; les ivoires et les poudres d'or de l'Afrique. Ces deux caravanes sont pour ainsi dire passées dans les mœurs mecquoises, Les *Actes de l'Islam*, dans la Sourate CVI, v. 1-2, recommandent de « prier » pour l'union des Koraïschites, afin qu'ils « s'unissent pour les caravanes de l'hiver et de l'été. »

La Mecque est maintenant l'un des plus grands centres du commerce oriental, avec ce que comporte tout point de jonction de peuplades primitives. Alors, comme aujourd'hui, on y vend des esclaves. Les prostituées y pullulent. Dans ses instincts les plus profonds, l'Arabe de cette époque est un primitif. Laissé à lui-même, à ses débordements personnels, l'Arabe n'a pas le sens de la construction. Il est destructeur par nature. Quelque pays qu'il habite, ce pays est voué tôt ou tard à l'extinction et à la mort. Mais ce sauvage est religieux. Il est inintelligemment religieux. À La Mecque existe un centre nommé « la Ka'ba. » Déjà signalée au IIe siècle, c'est une espèce de caisse de 12 m. de longueur, 10 m. de largeur, et 15 m. de hauteur, posée, sur un socle de marbre de 25 cm., recouverte d'un tapis noir changé chaque année, et fourni par les Égyptiens qui considèrent ce don comme un insigne privilège.

Dans cette Ka'ba, on avait placé depuis longtemps une pierre de couleur noire comme on en trouvait dans plusieurs sanctuaires syriens. On montre encore aujourd'hui dans la Ka'ba mecquoise une pierre de même couleur dont on ignore la date et la mise en place. C'est un ensemble de trois éclats, ayant en tout 50 cm. de diamètre environ, serti dans un gros châton d'argent à 1 m. du sol, dans l'angle Est, près de la porte d'or incrustée d'argent qui donne accès à l'intérieur du temple.

Ce sont les musulmans, inventeurs de tant de légendes insensées, qui racontent que cette pierre fut apportée du ciel par l'archange

Gabriel, dans cette sorte de caisse, ou Ka'ba, dont Abraham et même Adam auraient autrefois posé les fondements !

Au VIe siècle, la Ka'ba était devenue un bric-à-brac de cailloux, pour la plupart non sculptés, ramassés sur les routes désertiques de l'Arabie. Il y avait très peu de statues dans ce sanctuaire. Les cailloux étaient censés représenter des divinités. On comptait autant de dieux ou de déesses que de jours dans l'année. Il y en avait pour tous les goûts, pour toutes les situations, pour toutes les tribus, pour les demi-sédentaires et les bédouins. On leur faisait des dons, on leur offrait des sacrifices, on les conjurait par des baguettes, on dansait aussi et on trépignait autour de la Ka'ba.

Les *Actes de l'Islam* nous ont conservé le nom de trois déesses qui semblent avoir fait l'objet d'un culte particulier : Allât, al-'Ouzza, et Manât, auxquelles on peut adjoindre le dieu Wadd, ou dieu Amour. Voilà à peu près tout ce que l'on sait du vieux fonds sémitique du panthéon mecquois. Les *Actes de l'Islam* parlent aussi d'un apport récent de divinités : Souwâ, Yagoût, Ia'ouk, et Nasr ; mais on ignore la date de naissance et le lieu d'origine de ces nouvelles divinités de la Ka'ba.

Dans La Mecque de la fin du VIe siècle, la grande masse de la population est formée d'Arabes polythéistes qui vénèrent ces cailloux ramassés dans la Ka'ba à côté de la pierre noire. Un des parents de Mohammed aurait été un des derniers gardiens connus de ce sanctuaire, un genre de bedeau.

Il existe aussi une communauté juive conduite par un rabbin de haute classe, homme remarquable, extraordinairement cultivé, fin connaisseur de la bible hébraïque, des Midraschim, du *Talmud*, possédant l'hébreu, l'araméen, probablement le syriaque. Ce rabbin pieux, zélé, constatant la pénurie intellectuelle et religieuse des Arabes, va concevoir l'immense projet de convertir ces êtres primitifs à la religion de Moïse. Pour atteindre ce but, il jettera le grappin sur un Arabe déluré, Mohammed, marié à une juive, Khadidja. C'est là toute l'histoire des origines de l'Islam, qui n'est autre que la conversion des polythéistes arabes au Dieu Unique d'Israël.

Il existe enfin à La Mecque un troisième groupe religieux. Les chrétiens forment, en effet, une communauté, mais une communauté peu reluisante. Ils habitent les bas-fonds de l'agglomération mecquoise ; petits artisans sans avenir, ils vivotent à la journée.

Leur curé ou leur évêque a bien entendu parler des entreprises du rabbin, mais sans y prêter grande attention. Il est pieux, classiquement pieux. Il connaît les évangiles, mais, comme il est arrivé à plusieurs reprises dans l'histoire de l'Église catholique, son zèle reste somnolent devant le danger qu'il n'a pas su apprécier à sa juste valeur. Quand il interviendra pour stopper la conversion des Arabes au judaïsme, il sera trop tard.

Chapitre II

Naissance, adolescence et mariage de Mohammed

*A*ucun document ne nous renseigne sur la date exacte de la naissance de Mohammed. Nous ne voulons pas répéter une fois de plus toutes les folles hypothèses qui circulent dans tous les livres musulmans et des savants orientaux sur ce point. Tout rapprochement entre la naissance de Mohammed, l'année de l'Éléphant et la sourate CV, n'est que pure ineptie.

Cette sourate CV contient cinq versets :
1. N'as-tu pas vu comment ton Seigneur a traité les Hommes de l'Éléphant ?
2. N'a-t-il point fait tourner leur stratagème en confusion ?
3. N'a-t-il point lancé contre eux des oiseaux, par vol,
4. qui leur jetaient des pierres d'argile,
5. en sorte que ton Seigneur en fit comme un feuillage dévoré ?

En quoi les hommes de l'Éléphant, les petits oiseaux, les pierres d'argile, peuvent-ils nous renseigner sur la date de naissance d'un enfant ? Il faut avoir une imagination vraiment fertile et désorientée pour créer de pareilles élucubrations.

D'après les conjectures plus sérieuses du P. Lammens, admettons que Mohammed soit né aux environs de 580, et, si nous ne voulons pas pécher par présomption, avouons tout simplement que nous n'en savons rien. On peut admettre toutefois, que, dans le dernier quart du VIe siècle de notre ère, est né à La Mecque un petit Arabe qui épousera plus tard une Juive, laquelle lui fera quitter ses idoles de la Ka'ba pour adopter la religion d'Israël.

Ce petit garçon s'appelait-il Mohammed ? C'est possible. Ce qui est certain, c'est que tôt ou tard on l'appela de ce nom.

Sa propre famille était pauvre, aux dires du Juif auteur des *Actes de l'Islam, Sour.* XVIII, 8 :

« *Il t'a trouvé pauvre et il t'a enrichi.* »

Devenu orphelin dès son jeune âge, Mohammed aurait été recueilli par un de ses oncles, Aboû Talib, qui essayait de gagner sa vie en cumulant les fonctions de bedeau de la Ka'ba et de caravanier. C'est dans ce milieu de fétiches et de chameliers que vivotait Mohammed. Naturellement on ne lui apprit aucun métier. A huit ans, il est pratiquement sur le pavé. Il a bien des parents riches, mais ils ne veulent pas s'occuper d'un galopin de cet âge, qui commence à traînasser dans les ruelles de La Mecque. L'enfant paraît cependant intelligent et déluré. Aboû Talib conçoit alors l'idée de l'emmener avec lui dans les caravanes qu'il conduit vers Gaza : bonne occasion de lui faire gagner quelques sous. Ce petit malin de Mohammed doit se trémousser de joie à la pensée d'aller si loin et de voir du pays. Il va pouvoir se jucher sur un chameau, se fourrer entre les marchandises, et piailler comme un grand. Très vite, il se fait une réputation de débrouillard. On pressent déjà qu'il ira loin. En fait, on est content de ses services. On en parle dans les gourbis. C'est un garçon très avisé. Les années passent … Pourquoi donc ne se marie-t-il pas ? Il a vingt ans, et pas encore de femmes. D'où vient cette anomalie chez ce grand jeune Arabe ? Au fait, y a-t-il anomalie ?

Plus tard, on verra que Mohammed avait un tempérament si sensuel, que ses compatriotes eux-mêmes en seront scandalisés. Nous ne saurons jamais comment Mohammed passa sans femmes sa jeunesse, qui ne dût cependant pas être exempte d'aventures. Le contraire serait inconcevable.

Aujourd'hui, La Mecque est en fête. Mohammed se marie, à l'âge de vingt-cinq ans. Nous sommes au début du VIIe siècle, disons en

605, si Mohammed est né en 580, comme le veut Lammens. Il épouse sans doute une jeune fille de bonne famille, d'une riche famille de commerçants, une jeune fille d'une petite quinzaine d'années, comme c'est la coutume chez ces peuples primitifs où les sens sont toujours en avance sur l'esprit. C'est l'habitude aussi qu'un jeune homme qui se marie pour la première fois épouse une vierge dont, le premier, il prendra possession. Il y a beaucoup de monde à ce mariage. La famille du fiancé est tellement nombreuse ! Dans la cohue, il y a son tuteur Aboû Talib qui, n'aimant pas les Juifs, est mécontent du mariage de son neveu. Il y a aussi l'oncle Hamza ; l'oncle Aboû Lahâb, graisseux et suffisant, lui aussi anti-Juif ; l'oncle Abbas et des tantes en pagaille, et des cousines de tout acabit. Dans cette cohue étourdissante, on se figure aisément le couple qui déambule à travers les rues de La Mecque, au son des tams-tams et des you-you.

Essayons d'approcher et d'apercevoir la fiancée, cette jolie fille qui va faire le bonheur de son mari. Où est-elle ? Affublée de vêtements aux couleurs vives, jaunes, rouges et verts, la voici qui s'avance.

Aux sourires de la foule, nous devinons qu'elle est la victorieuse du jour. C'est la femme de Mohammed. Mais... Mais... c'est une vieille femme ! Elle a 40 ans. Elle marche, pompeuse et triomphatrice. Il n'est pas donné à toutes les vieilles de décrocher un si beau jeune homme. Elle, Khadidja, a réussi ce coup extraordinaire. Le cortège est comique. Peut-être n'avait-on jamais vu à La Mecque un couple aussi dépareillé. On imagine facilement les quolibets lancés par cette foule sensuelle à l'adresse du jeune mari. Les uns devaient dire : « Ne t'en fais pas, la vieille est riche, tu n'auras plus de soucis. » Les autres lui chuchotaient à l'oreille : « Les jeunes filles ne manquent pas autour de la Ka'ba ni parmi les nomades, pour remplacer ta vieille à l'occasion. » Mais tous comptaient sans le caractère de Khadidja. Elle était vieille, certes, pour un tel jouvenceau ; mais elle avait du tempérament et elle connaissait les hommes. C'était une femme de tête, réputée comme une des meilleures commerçantes de La Mecque. Elle réussissait dans toutes ses entreprises et elle était riche. Mais avec elle, il fallait marcher droit. Elle était taillée pour commander. On lui impute même l'initiative de son mariage avec Mohammed. En tout cas, elle le tient solidement. Elle le tiendra toujours en bride, Elle forcera sa fidélité. Mariée une première fois à un agioteur, elle balancera sans doute son second mari parce qu'il ne faisait pas son affaire. Elle n'aimait pas les hommes inutiles et encombrants. C'est alors qu'elle jeta son dévolu sur Mohammed.

Quelle femme étrange que cette Khadidja ! Elle avait sans doute besoin d'un homme d'affaires, mais d'un homme qui fût un homme ; et elle s'empara d'un jeune homme sans fortune. Elle savait qu'ainsi son autorité de fer s'exercerait plus facilement sur lui. Cependant, il était jeune, d'un tempérament fougueux. Pour le conserver bien à elle, avait-elle encore les charmes nécessaires ? Elle voulut des enfants à elle ; elle en eut peut-être. Au fond, Khadidja devint pour Mohammed une chaîne permanente. Seule, sa mort rendra la liberté à son « fidèle époux. » Nous n'en sommes pas encore là. Mme Mohammed n'est pas morte. Elle règne sur un mari qui a toujours peur de perdre sa situation. Cette Khadidja était une femme ambitieuse. Elle l'avait montré le jour de son mariage ; elle avait bravé les moqueries des Mecquois en épousant un jeune garçon tout fringant. Pendant ses années de mariage, elle sut le maintenir malgré lui dans la fidélité conjugale apparente. Au fond, quelle était cette femme ? Une Juive, une commerçante. Mohammed avait épousé une Juive[1], ce qui nous explique toute son évolution religieuse à laquelle nous allons assister et qui va se dérouler d'une façon implacable. Mme Mohammed exigera de son mari l'abandon des idoles de la Ka'ba et sa conversion au Dieu d'Israël.

Le ménage Khadidja-Mohammed n'alla pas toujours sans heurt. Nous pouvons du moins le soupçonner à la lecture de la sourate CXI, dans laquelle nous voyons Mohammed maudire son oncle Aboû Lahâb, anti-Juif comme nous l'avons dit :

1. Périssent les mains d'Aboû Lahâb, Qu'il périsse !
2. Ses richesses et sa fortune ne lui serviront de rien.
3. Il sera exposé à un feu ardent,
4. tandis que sa femme, portant du bois,
5. aura au cou une corde de fibres de palmier.

Que d'inepties les historiens n'ont-ils pas débitées dans l'analyse de cette sourate ! Mohammed, disent-ils, aurait attaqué violemment son

---

1 — Au XVIIe siècle, certains historiens arabes prétendaient même que la mère de Mohammed était juive, elle aussi.

oncle parce que ce dernier refusait de reconnaître la religion nouvelle annoncée par son neveu ! Aboû Lahâb nous est présenté à cette époque comme le pire ennemi de l'Islam, révélé par Allah ! Ne nous laissons surtout pas manœuvrer par ces érudits romanciers. Voyons ! De quoi s'agit-il ? Cette sourate CXI, date d'une époque où Mohammed n'est pas encore accaparé publiquement par les Juifs. On n'y trouve, en effet, aucune trace de judaïsme. Mohamed nous apparaît ici tel qu'il est, rancunier et violent. S'il maudit son oncle, ce n'est certes pas parce que ce dernier refuse d'admettre la nouvelle religion. En ce temps-là, il n'est pas encore question d'Islam, copie exacte du judaïsme, que le rabbin de La Mecque n'enseignera que bien plus tard à Mohammed et aux Mecquois. La discussion, dans cette sourate CXI, ne porte pas sur le problème religieux. On aurait tort de parler ici de révolution sociale inaugurée par le « Prophète » ! Pour quelle raison nos fameux coranisants veulent-ils absolument faire de Mohammed un précurseur du socialisme politique ! Mohammed n'est qu'un disputailleur. C'est de la rancune que nous trouvons dans ces bribes de phrases. Les exégètes en chambre parlent de prédication, de plan social, voire de révélation ! Il n'y a rien de tout cela dans les paroles de Mohammed. Ne prêtons pas à cet homme notre mentalité du XXe siècle. Pour nous, Mohammed est, à cette époque, un homme aigri, hargneux. C'est ainsi d'ailleurs, qu'il nous apparaît dans les premiers textes des *Actes de l'Islam*. D'où lui vient donc ce caractère acide et violemment excité ? Ne serait-ce pas le fait de sa femme ? Il nous faudrait alors imaginer bien des scènes de ménage ! Mohammed aurait-il manifesté quelque velléité de quitter sa chère épouse ? Lui aurait-elle reproché sa conduite, en lui rappelant sur un ton amer qu'il était pauvre quand elle l'accueillit à son foyer ? Elle avait tout fait pour lui. Et ses parents à lui, qu'avaient-ils fait ? Ils l'avaient laissé dans la misère. Ces reproches de la vieille étaient connus. Ils avaient franchi le seuil du gourbi conjugal. Plus tard, dans la sourate XCIII, le rabbin reprendra exactement le même argument :

« *Ton Seigneur t'a trouvé pauvre et il t'a enrichi.* »

Le rabbin donnait ainsi pleinement raison à l'acariâtre épouse de Mohammed. — Ah oui, ils sont beaux tes parents. Toi, Mohammed, tu es mon mari. Ma fortune, je la partage avec toi. Va crier à toute cette racaille incapable d'un geste de bienfaisance, va lui crier tout notre mépris ! Va dire à tes parents tout ce que nous pensons d'eux :

« *Qu'il crève, ton oncle Aboû Lahâb ! et que sa femme soit maudite !* »

C'est le seul texte dans les *Actes de l'Islam* où il est question d'une femme en particulier, pour la maudire et l'insulter. Ce n'est pas l'habitude qu'un Arabe maudisse et insulte en public une femme connue. Il n'est pas douteux que, dans ces invectives, nous retrouvons l'influence d'une autre femme : Khadidja. En maudissant sa tante, c'est sa propre femme que défend Mohammed. Dans ces querelles de ménage, nous sommes loin d'un plan social conçu par Mohammed, loin aussi des révélations divines, plus loin encore d'un Mohammed contemplatif, retiré sur le Mont Hira, tout pantelant sous le choc des révélations d'Allah, et revenant se faire ravigoter par son épouse à la fois tremblante d'émotion et de suffisance.

Comment peut-on croire aujourd'hui encore à de pareilles balivernes qui ne reposent que sur un prurit d'imagination, alors que nous possédons des textes, dans les *Actes*, qui nous laissent apercevoir quelques traits de la réalité, réalité beaucoup plus prosaïque, il est vrai, que toutes les chimères inventées par quelques bluffeurs arabes et répétées avec admiration par les grands savants occidentaux ? Dans tout cela, où est l'Islam ? Mohammed ne pouvait y penser cette époque.

L'Islam n'est pas sa création, et le rabbin de La Mecque n'est pas encore intervenu officiellement dans sa vie. Seule, l'ombre de Khadidja se projette sur les faits et gestes de son mari.

Chapitre III

Conversion de Mohammed au judaïsme

Le culte des idoles bat son plein à La Mecque.
 Sédentaires et nomades se rassemblent autour de la Ka'ba au départ et au retour de chaque caravane. On y danse ; on conjure le sort ; on offre des sacrifices ; il y a là de gros trafiquants arabes et juifs, ceux des Indes et ceux d'Afrique ; des miséreux qui grouillent et tendent leurs mains accrochées au bout de bras longs et décharnés ; des aveugles aux yeux suintant de crasse. Or, voici qu'une voix s'élève au milieu de ce troupeau hétéroclite. Jamais on n'avait entendu pareil langage. Les pauvres bougres, graisseux et scrofuleux, groupés autour de la Ka'ba, entendent bien, mais ne comprennent rien. Ils se détournent, haussant les épaules. L'orateur, lui, a puisé les termes de son discours dans les méditations séculaires de ces ancêtres.

 « Je le jure par Yahwé qui a créé le mâle et la femelle. Celui qui fait l'aumône et qui craint Dieu sera récompensé. Quant à celui qui est avare, empli de suffisance, il sera précipité dans l'abîme. À quoi lui servira sa fortune ? Je vous avertis dès maintenant d'un feu qui flamboie, réservé pour celui qui ne craint pas ! »

(Sour. XCIII.)

Ne croirait-on pas entendre l'auteur des *Proverbes*, XV, 16 :

 « Mieux vaut peu avec la crainte de Yahwé qu'un trésor avec l'inquiétude » ;

et David n'a-t-il pas chanté dans le *Ps.* XXXVII, 16 :

« Mieux vaut peu du juste, que la fortune abondante du méchant ? »

Comme il connaît bien la Bible, cet orateur de La Mecque, qui dès le début de sa prédication divise l'humanité en deux catégories : les Craignant-Dieu qui croient en la Résurrection, au Jugement dernier, au Paradis et à l'Enfer ; et les Infidèles, les avares et les orgueilleux. On ne trouve dans ces récits que récits de l'*Ancien Testament*, théologie biblique, réminiscences *Talmud*iques ! Tout est juif dans le sermon de ce prédicateur public :

> Je le jure par le figuier et l'olivier
> Je le jure par le Mont Sinaï
> ....
> Ceux qui croient et font le bien
> recevront une rétribution
>
> (*Sour.* XCV.)

Personne n'échappera au Jugement. Comme l'a proclamé l'auteur de L'Ecclésiastique, chaque individu sera pesé sur sa propre balance. Tout est inscrit dans un Livre de vie, comme le chante à plusieurs reprises le Psalmiste.

Quel est donc ce prédicateur qui ridiculise les idoles de la Ka'ba ; qui annonce l'existence d'un Dieu Unique, la résurrection des corps, la récompense et le châtiment éternel ; qui jure par le Mont Sinaï, l'olivier et le figuier, les deux arbres du bonheur terres dans l'*Ancien Testament* ? Ce prédicateur ne connaît que la religion d'Israël. En honnête critique, nous sommes bien obligé de conclure que ce prédicateur est juif.

Cette conclusion, c'est lui-même qui nous l'offre. Tout ce que je vous annonce, dit-il, est contenu dans des feuilles vénérées (*Sour.* LXXX, 13-16), les feuilles de Moïse et d'Aaron (*Sour.* XXXVII, 114-120.) Mecquois idolâtres, qui adorez des cailloux inertes et impuissants, vous ne savez donc pas que le Dieu Créateur a parlé ? Oui, il a parlé ici, sur la Montagne de l'Ouest toute proche, sur le Mont Sinaï, à Moïse au milieu des éclairs ! Il lui a révélé les principes de la voie droite, dans la Nuit qui a appris au monde la Destinée de l'Homme. C'est Yahwé qui, dans cette Nuit célèbre, a révélé à Moïse le Coran hébreu, le seul Coran qui ait jamais existé, le Coran glorieux du Mont Sinaï (*Sour.* LXXXV, 21-22),

Mecquois qui m'écoutez, le connaissez-vous, ce Coran de Moïse que vous pouvez voir dans notre synagogue ?

C'est ce livre de Moïse qu'annonce à La Mecque un prédicateur juif. Par quelle folie, par quelle aberration, par quel bluff est-on arrivé à parler d'une révélation d'Allah à Mohammed sur le Mont Hira ? D'une révélation de 6.226 versets que Mohammed aurait oubliés, et qu'Allah compatissant lui aurait récités à nouveau, bribe par bribe ? D'une enquête religieuse de Mohammed dans les tavernes juives et chrétiennes ? D'une armée de dactylos qui auraient transcrit, sans doute après le déjeuner de midi, les paroles de Mohammed en transes, sur des côtes de mouton ou de la vaisselle cassée ? Nous sommes en plein ridicule. Jamais histoire religieuse n'a été racontée avec tant d'abêtissement !

Tout est cependant si simple. Les discours contenus dans les *Actes de l'Islam* ne contiennent absolument rien qui ne soit pas spécifiquement juif. En d'autres termes, tous les discours contenus dans les *Actes* sont essentiellement et exclusivement bibliques. Ils ne peuvent par conséquent avoir pour auteur qu'un Juif, un Juif qui connaît la Bible, le *Talmud* et toute la littérature juive. Ce Juif instruit ne peut être que le rabbin de La Mecque, le chef de la synagogue. Tout cela est d'une clarté irréfutable.

Les riches Mecquois qui ne pensent qu'à leur trafic sont agacés par la prédication de ce rabbin. Ils ne veulent pas se mettre à la remorque des Juifs.

> Malheur au calomniateur acerbe
> qui a amassé une fortune et l'a comptée et recomptée !
> Il pense que sa fortune l'a rendu immortel !
> *(Sour.* CIV, 1-3*)*

> Périssent les mains d'Aboû Lahâb. Qu'il périsse !
> Ses richesses et sa fortune ne lui serviront de rien.
> *(Sour.* CXI, 1-2*)*

Pour l'instant, l'auditoire du rabbin est toujours composé de riches marchands de La Mecque, qui ne veulent pas renoncer à leurs idoles ancestrales, pour se rallier au Dieu d'Israël. Renoncer à leurs idoles équivaudrait à abandonner leurs plaisirs et à freiner leur besoin de jouissance. Le riche, parce qu'il est riche, ne pense qu'à s'enrichir toujours davantage, et il est sourd aux paroles de bonté et d'aumône.

Mais parmi les riches de La Mecque, il en est un cependant qui écoute cette singulière prédication. C'est Mohammed, le mari de la commerçante juive Khadidja. Et le soir, clandestinement, il se faufile à la faveur des ténèbres, la tête cachée dans son burnous, dans le gourbi du rabbin, pour y apprendre laborieusement l'objet de la prédication. La nuit, on apprend mieux, on retient mieux, on n'a pas l'esprit accaparé par les vastes soucis des affaires :

> O (toi) enveloppé d'un manteau !
> lève-toi la nuit quelque temps,
> la moitié ou moins de la moitié de la nuit ou un peu plus,
> — et psalmodie avec soin la Prédication.
> Nous allons te communiquer une parole grave ;
> en vérité, la (psalmodie) nocturne (marque) une empreinte
>   plus profonde...
> Dans le jour, tu as de vastes occupations.
>   (*Sour.* LXXIII, 1-7.)

Mohammed apprend ainsi qu'il n'existe qu'un seul Dieu, que ce Dieu Unique a parlé aux hommes, que ses paroles adressées à Moïse sur le Mont Sinaï ont été consignées dans un Livre, un Coran. — Tu ne peux lire ce Coran hébreu, mais je vais t'en raconter les belles histoires, les histoires d'Abraham, d'Isaac, de Joseph, de Moïse. Tu vas les répéter avec moi, jusqu'à ce que tu les saches par cœur.

> *« Nous t'enseignerons à réciter et tu n'oublieras pas »*
>   (*Sour.* LXXXVII, 6.)

Mohammed est un bon élève. Il est même enthousiaste. Il voudrait avancer plus vite encore, sa langue s'embrouille, et le rabbin est obligé de modérer son élève pour l'obliger à répéter correctement les paroles du maître, que celui-ci lui expliquera ensuite clairement :

> Ne remue point ta langue, en le disant, pour en hâter
>   l'expression !
> ....
> Quand Nous le prêchons, suis-en la prédication, ensuite, à
>   Nous son exposition !
>   (*Sour.* LXXV, 16-19)

Quand il rentre à la maison, il ne reçoit de sa femme que des compliments, le cher Mohammed ! Khadidja, la Juive, est tout heureuse quand, un beau jour, son petit mari lui récite fièrement sa nouvelle profession de foi dictée par le rabbin :

1. Dis : Il est Unique, Yahwé ;
2. Yahwé, il est seul.
3. Il n'a pas engendré et n'a pas été engendré.
4. Personne n'est égal à Lui

(*Sour.* CXII.)

Quelle jolie profession de foi juive !
Yahwé est unique.
Il n'a pas eu de commencement et n'aura pas de fin.
Personne ne peut lui être assimilé.
Personne n'est Dieu, excepté Lui.

Mohammed vient d'abandonner les fétiches de ses ancêtres, de ses parents, de son oncle Aboû Lahâb, de son oncle Aboû Talib, le bedeau de la Ka'ba.

Il n'a plus en tête que la religion de sa femme ! Par sa profession de foi, Mohammed cesse d'être un membre de tribu arabe. Il entre désormais dans la communauté juive.

Mohammed ne s'est pas converti pour lui seul. Il rend publique sa conversion. Solennellement, il brise tout lien religieux avec les idolâtres de La Mecque. Dans la ville arabe, cette conversion fait scandale, suscite des remous.

Ce fou, marié à une Juive, n'allait-il pas, en adoptant le Dieu de sa femme, risquer de ruiner le vieux Panthéon de La Mecque, orgueil des sédentaires et des nomades ?

Il n'y en avait point de pareil dans toute l'Arabie ! C'était auprès de la Ka'ba que les caravaniers se donnaient rendez-vous.

Depuis longtemps, elle était le point de ralliement des nomades, le centre où l'on échangeait les serments, où se scellaient les contrats d'affaires. — Mohammed, tu es fou de vouloir ruiner un sanctuaire qui a fait la richesse de nos pères et constitue maintenant la gloire de notre pays ! Tu nous ruines, et tu nous ruines au profit des Juifs !

Mais le rabbin veille sur son disciple :

1. Dis : (-leur, Mohammed) : O Infidèles !
2. Je n'adorerai pas ce que vous adorez.
3. Et vous, vous n'adorez pas ce que j'adore.
4. Et moi, je n'adorerai pas ce que vous adorez.
5. Et vous n'adorez pas ce que j'adore.
6. A vous, votre religion. Moi, j'ai la mienne.

(*Sour.* CIX.)

Comme le rabbin, Mohammed parle maintenant du Dieu Unique, créateur du ciel et de la terre ; d'Adam, du Démon, de Noé, d'Abraham, d'Isaac, de rob, de Joseph, de David et de Salomon. Il sait que Yahwé est apparu à Moïse pour lui dicter sa Loi.

Auprès de Mohammed, il n'y a jamais eu d'Allah révélateur, mais tout simplement un Juif. Et c'est ce Juif qui lui raconte et lui enseigne les grandes histoires de la Bible hébraïque.

Sans scrupule, nous devons balayer de nos livres et de nos esprits les insanes élucubrations sur le tempérament contemplatif de Mohammed, sur le caractère auditif de ses révélations, sur les suées et les transes du « Prophète » après chaque susurrement d'Allah. Toute cette érudition séculaire constitue une véritable Somme de toute les inepties que peuvent inventer la sottise et la malice humaine. Un seul fait est certain, qui ressort en toute clarté de la lecture et de l'étude des *Actes de l'Islam* un Arabe, Mohammed, mari de Khadidja, après avoir suivi les leçons d'un rabbin, s'est converti au judaïsme parmi les Arabes. Il ne pouvait faire que cela. A La Mecque, nous ne le verrons jamais assumer la moindre initiative apostolique. Mohammed ne sera rien de plus que le porte-parole d'un Juif, l'élève d'un rabbin, pour une entreprise strictement et absolument juive.

Quant au rabbin, quel était son but en convertissant Mohammed au judaïsme ? Compter une recrue de plus pour la synagogue ? Certes, il y a cela. Mais il y a plus encore. En effet, le rabbin prêchait déjà en public, avant de jeter son dévolu sur le mari de Khadidja. À cette époque, il avait déjà défini son idéal. Il cherchait à judaïser, non pas un homme, mais une race. C'est pour atteindre cet objectif que le rabbin s'adjoint un homme, un homme de race arabe. Mohammed, après sa conversion, se mettra totalement au service du Juif pour la réalisation de cet audacieux projet.

En tout cela, Mohammed est-il sincère ? S'est-il converti de plein cœur à la religion juive ? Aucune texte des *Actes*, aucune tradition musulmane ne fait la moindre allusion à Khadidja dans cette affaire. Mais pour comprendre l'attitude de Mohammed, replaçons-nous quelques instants, d'une façon normale et réelle, dans son milieu familial. Voici un homme qui fréquente les milieux juifs, qui apprend et récite par cœur des passages importants de la Bible. Sa femme le savait bien. Les allées et venues, surtout le soir, de Mohammed chez le rabbin, ne pouvaient échapper à Khadidja. Et si Mohammed continuait ses relations avec les Juifs, s'il répétait en public les paroles que lui enseignait le chef de la synagogue, il ne pouvait le faire qu'avec le consentement de sa femme. Sans quoi, Mohammed n'aurait jamais pu esquisser le moindre geste de dissidence : le divorce le guettait et, avec le divorce, la ruine. Le moins qu'on puisse dire, c'est que la conversion de Mohammed à la religion d'Israël s'est faite avec le consentement de Khadidja. La vérité est sans doute plus catégorique. C'est poussé par sa femme, elle-même « asticotée » par le rabbin, que Mohammed — le petit garçon du ménage — abandonna les idoles nationales pour adopter le Dieu des Juifs et le crier bien haut.

Supposons un seul instant que Khadidja ait été idolâtre et arabe. Comment aurait-elle supporté un mari renégat, qui aurait repoussé ouvertement les traditions ancestrales pour se mettre à prier à la mode juive, pour se prosterner avec les Juifs en entendant le nom de Yahwé, pour consacrer maintenant ses loisirs à apprendre par cœur les histoires bibliques de la création, de Noé, d'Abraham, de Moïse, à les raconter à ses compatriotes ahuris et gouailleurs, se moquant de ce grand nigaud, incapable de parler sans l'aide d'un Juif qui ne se lâchait pas d'un pouce et qui lui dictait les réponses à faire aux railleurs qui l'accablaient de leurs sarcasmes ? Sans le consentement de sa femme, Mohammed n'aurait jamais pu déserter le Panthéon arabe, risquer son honneur en devenant l'apôtre d'une religion étrangère et maudite, et s'offrir, en connaissance de cause, à la risée et au mépris de tous ceux qui le connaissaient. Pour braver toutes les haines, Mohammed devait se sentir fortement soutenu par son épouse ; non seulement soutenu, mais sans doute poussé par elle. Il est possible, probable même, qu'elle lui ait mis en main ce marché : ou la conversion au judaïsme, ou le divorce. Mohammed, qui fut toujours timoré devant sa femme, était pris au piège. D'un côté, les Mecquois, les membres de sa famille fidèles à leurs dieux, ne comprenaient pas qu'un Arabe, leur neveu, leur cousin, puisse adopter une religion étrangère (ces parents ne comprendront qu'après avoir reçu quelques petits cadeaux du chanceux Mohammed ! Les riches resteront idolâtres ; mais les pauvres, gratifiés de quelques dirha, se convertiront au judaïsme. L'Islam à ses débuts n'est qu'une petite affaire de famille, bien organisée par Mme Mohammed.) De l'autre côté, Khadidja et le rabbin cherchant à faire du neveu d'Aboû Talib l'apôtre de la religion juive. Les attaques des Mecquois se déclenchèrent avec une telle violence que, à plusieurs reprises, le pauvre Mohammed, fortement ébranlé, pensa revenir à sa religion native. Mais en fin de compte, entre les Mecquois et Khadidja, Mohammed choisit sa femme, qui fut sans doute une excellente auxiliaire pour le rabbin de La Mecque. On peut se demander pourquoi elle attendit si longtemps, — dix et quinze ans peut-être —, pour décider son mari à se tourner vers le Dieu des Juifs. Mais rien ne nous indique qu'elle attendit aussi longtemps pour parler de Yahwé à Mohammed, idolâtre aussi stupide que tous ses parents, amis et connaissances. Cependant, pour faire le pas décisif, il fallait une circonstance extraordinaire. Nous avons vu que l'union n'était point parfaite entre Mohammed et certains membres de sa famille.

Khadidja avait réussi à « monter » son mari contre eux.

Jamais encore on n'avait vu un Arabe maudire publiquement une femme, et c'est pourtant ce que fit Mohammed pour l'une de ses tantes. Vengeance de Khadidja sans doute ! Khadidja, en poussant son mari dans le gourbi du rabbin, crut-elle jouer un mauvais tour à sa belle-famille ? Ne vit-elle pas dans ce geste un moyen de parfaire sa propre vengeance ?

Chapitre IV

Formation religieuse de Mohammed et direction de son apostolat

*M*ohammed fréquente désormais l'école du rabbin. Il apprend les éléments essentiels de l'Histoire Sainte. Il sait maintenant que les idoles sont inertes et sans vie ; qu'elles sont impuissantes, ne pouvant faire ni bien ni mal. Il n'existe qu'un Dieu, et parce que Dieu est Unique, il est nécessairement Tout-Puissant. Les signes de la Toute-Puissance éclatent dans la nature entière. C'est ce Dieu qui a créé le ciel et la terre, le soleil et la lune, le jour et la nuit, la mer et les sources, tous les couples d'êtres vivants, l'homme et la femme. Toute la nature est une louange au Créateur Tout-Puissant. Que sont les idoles en comparaison de ce Dieu si miséricordieux pour l'humanité ? Il y a plus encore. Les idoles sont muettes et Dieu a parlé aux hommes. Oh ! quelle nuit solennelle que cette nuit de la Révélation ! (*Sour.* LXXX, 11-15 ; XCVII, LXXXVII, LXVIII, 15, 52 ; LVI, 76-77.)

C'était sur le Mont Sinaï. Moïse campait avec tout son peuple au pied de la montagne ; une voix l'appela : « Moïse, Moïse ! » Moïse suivit l'appel et, par l'intermédiaire d'un ange, Dieu lui raconta des choses merveilleuses ; Il lui donna un code(2) qui serait désormais la vraie direction pour les hommes. Ce Dieu se nomma :

---

2 — Les coranisants insistent beaucoup sur le double caractère du Coran : Livre religieux et code législatif. Ce double caractère n'a rien d'original. Longtemps avant les *Actes de l'Islam*, nous le trouvons dans le *Pentateuque* ; nous savons que Moïse communiqua aux Hébreux le message religieux de Yahwé et qu'il leur traça en même temps les ordonnances qui continuent à faire loi pour le peuple d'Israël.

« Je suis Yahwé, celui qui est ! »

Yahwé, Dieu Unique et Tout-Puissant.

Il n'est pas le premier parmi les dieux, car il n'y a pas de hiérarchie dans la Toute-Puissance : Yahwé est seul. En dehors de Lui, tout est mensonge ou erreur. — Écoute encore, mon fils. Sais-tu à qui Yahwé confia ses secrets ? A Moïse ; à lui seul. Israël est le confident de l'Éternel. Aucun peuple n'a été choisi par Yahwé pour recevoir son message, sinon Israël.

Il n'y a qu'un seul Dieu, Yahwé ; il n'y a qu'un peuple de vérité et de droiture : le peuple d'Israël ; Hors de lui, il ne peut y avoir de salut.

Le racisme juif est fondé sur un événement capital : une Révélation unique, faite par un Dieu Unique, à un homme unique, et destinée à un peuple unique. — Israël, rentre en toi-même et prends conscience de ta mission : tu es désormais chargé de conduire l'humanité tout entière vers le Dieu de Vérité. Ta mission sera rude, mais la main de Yahwé conduira ton bras. Tu auras à te garder ensuite des peuples idolâtres qui t'entourent. Mais courage, Israël, la victoire t'appartient ! Tes ennemis tomberont les uns après les autres ; dans l'autre vie, ils connaîtront le gouffre éternel. — Sous des noms différents de héros choisis par Yahwé, c'est l'histoire d'Israël qui se répète depuis des siècles, identique et victorieuse. Abraham et Loth, Moïse et Aaron, David et Salomon, grands serviteurs du Dieu Unique, sont aussi les grands vainqueurs de l'idolâtrie. Mohammed, toi aussi, tu seras parmi ces serviteurs... Dis et répète à tes compatriotes : vous avez vos dieux et j'ai le mien. Je crois au Dieu Unique, le Dieu d'Israël, Créateur du Ciel et de la Terre. Votre Allah que vous vénérez dans la Ka'ba, est impuissant, n'étant pas tout-puissant.

Vos idoles ne peuvent rien faire, ni aider, ni nuire. Mon Dieu à moi est le seul qui peut tout, qui voit tout, qui entend tout, qui sait tout. Yahwé, le Dieu de Moïse, est désormais mon Dieu. Mon cœur et ma vie lui appartiennent. Je connais la Vérité la création d'Adam et d'Ève, les histoires d'Abraham, d'Isaac, de Jacob, de Joseph, de Moïse, d'Aaron, de Job, d'Élisée, de Jonas, de David, de Salomon, de la reine de Saba. Je connais les signes du Tout-Puissant, du Dieu Unique. Je connais maintenant la Vérité.

Le rabbin est en liesse. Il vient de remporter sa première victoire. C'est lui, et non point Allah, qui a fait connaître à Mohammed la Révélation de Moïse ainsi que les histoires de la Bible. Que serait donc cet Allah qui ne connaîtrait que des histoires juives, que des interprétations *Talmud*iques ? Cet Allah n'aurait de prédilection que pour les Juifs, et il est vraiment dommage que l'historien se voie réellement forcé de renoncer à ses services dans l'affaire de Mohammed.

Le rabbin de La Mecque suffit à la besogne.

Il a rempli à merveille sa fonction d'instituteur et d'instructeur. Mohammed s'est taillé au Dieu des Juifs, Khadidja dut en soupirer d'aise. Dans cette histoire, il n'y a pas de place non plus pour le mont Hira, qu'on a voulu nous présenter comme un Sinaï en réduction, un ersatz de Sinaï : tout est postiche, dans le roman islamique. Les médinois n'ont su élaborer qu'une mauvaise copie de leur modèle mosaïque : le Mont Sinaï est devenu pour eux le Mont Hira ; Allah s'y fait entendre comme autrefois Yahwé sur la Montagne Sacrée, et Mohammed y fait figure de nouveau Prophète, dépassant Moïse maintenant démodé ! Au fond, tout cela est de bien mauvais goût. L'historien est souvent plus sensible aux nuances que le poète ou le romancier. Ici, l'historien a beau regarder, il ne perçoit ni le Mont Hira, ni la grotte où serait venu se recueillir Mohammed pour entendre les prières d'Allah. Mohammed n'est, pour l'historien, ni contemplatif, ni solitaire, ni inspiré. Il est tout prosaïquement le mari d'une Juive, et l'élève d'un rabbin, fin connaisseur de la Bible et du *Talmud*.. Depuis des siècles, nous sommes bluffés dans tous les problèmes qui concernent l'Islam.

Nous sommes bluffés même dans la vie courante et actuelle. N'a-t-on pas vu, dernièrement, l'ex-roi Farouk chargé un généalogiste complaisant de lui fabriquer des pièces « authentiques » pour lui permettre de déclarer au monde qu'il descendait directement de Mohammed, avec l'arrière-pensée de faire pièce au sultan du Maroc, descendant seulement d'Ali (?.) Ce n'était là, sans doute, qu'un moyen de propagande élec*Tora*le, un « truc » pour ouvrir la porte donnant accès au khalifat ; mais il est pitoyable de voir les pauvres musulmans ignares — quand ce ne sont pas des savants occidentaux — s'engouffrer dans toutes ces sottises qui dénotent chez leurs auteurs un véritable abus de confiance et un souverain mépris de leurs coreligionnaires. —

N'a-t-on pas vu, en 1949, l'Université d'El-Azhar du Caire, réunie en Comité Suprême des Fetouahs, déclarer solennellement au nom des plus imminents juristes et théologiens (!), en réponse à une consultation de musulmans tunisiens, qu'ils étaient permis à un musulman de recourir à un médecin non-musulman et même, en cas d'urgence et de gravité, d'accepter aussi une transfusion des sang chrétien ! — Un groupement de politiciens musulmans n'a-t-il pas pris pour devise :

« *Allah est notre Maître. Le Coran est notre constitution. Mohammed est notre chef. La guerre sainte pour la cause de Dieu.* »

Toutes les « guerres saintes » ont commencé par ces principes. Tous les mahdis ont utilisé la religion pour leurs fins politiques. Peut-être arriverons-nous à faire comprendre un jour aux musulmans qu'Allah est un mythe, que le Coran est perdu, que les *Actes de l'Islam* ont été composés par un Juif, que Mohammed ne fut à La Mecque que le serviteur du judaïsme, et que la guerre sainte fut déclarée par un rabbin à coups de textes bibliques !

Tout récemment encore, l'Association des Oulémas (c'est-à-dire un petit groupe de professeurs de classes élémentaires) n'a-t-elle pas déclaré que la plage de Sali, près de Rabat, serait désormais réservée à l'usage exclusif des femmes ? Le Coran, affirment-ils (ou, plus exactement, inventent-ils), n'interdit pas la baignade des femmes tant qu'elle n'a pas lieu devant les hommes. Tout ceci est complètement grotesque de ridicule et de suffisance.

Mohammed, mon fils, écoute, écoute bien : Abraham, c'est toi... Moïse, c'est toi... Comme eux, tu es désormais chargé de faire triompher la Vérité, au milieu de ton peuple idolâtre. Balaie les faux dieux de la Ka'ba. Ne crains rien. Ils sont incapables de faire le moindre mal.

Et Mohammed obéit...

Il voit l'ombre de Khadidja se profiler devant ses pas. Et les ritournelles du rabbin lui donnent le vertige.

Mohammed obéit...

Il répète tout ce que lui raconte son maître. Cet Arabe parle maintenant comme un Juif. Il ne connaît plus qu'une seule religion la religion d'Israël. Il est devenu l'apôtre de Yahwé, comme Abraham et comme Moïse. Tout son entourage se gausse de lui : si tu es comme

Moïse, fais donc des miracles ! Jamais Mohammed n'avait pensé à cette impuissance : ils ont raison, les idolâtres ; si j'étais comme Moïse, je ferais des prodiges semblables aux siens !

Mohammed chancelle.

Il prend conscience qu'il n'est qu'un criailleur au service de la Synagogue, qu'il fait le jeu des Juifs. Mais le rabbin est là voyons, Mohammed, tu te laisses troubler par une pareille objection qui veut être une raillerie, et qui n'est qu'irréflexion ? Les miracles ne sont pas nécessaires pour confirmer ta mission !

Même s'ils te voyaient faire des miracles, ils ne croiraient pas. Mieux que des prodiges, tu as la parole de Yahwé, et Yahwé tient ses promesses. Ceux qui Le craignent jouiront d'un bonheur inégalable. Ils mangeront des mets succulents, absorberont des boissons parfumées ; pour les plaisirs de l'amour, ils auront de petits jeunes gens, de belles femmes aux seins ronds et ferme, plus beaux que les seins qui pendent sur la poitrine des femmes flétries et usée, plus beaux même que les seins de Khadidja ! Avec ces promesses, peut-être tes adversaires croiront-ils ! Comme tu le sais, tes compatriotes sont gourmands de tous ces plaisirs sensuels. Allèche-les avec ces friandises. Peut-être viendront-ils à toi. S'ils refusent, ils seront grillés par un feu qui ne s'éteindra jamais. Ils boiront du pus en ébullition. Ils n'auront ni éphèbes ni houris et...

Mohammed obéit.

Il annonce aux Arabes les plaisirs promis aux croyants, les tourments effroyables réservés aux idolâtres. Même sans miracle, j'aurai la victoire finale. — Tais-toi, fou et imbécile, rétorquent les polythéistes. As-tu vu un corps mort revenir à la vie ? Cesse de nous raconter toutes ces histoires ridicules. Reviens au bon sens. Nous sommes bien plus heureux avec la religion de nos pères qui ne connaissaient ni Abraham, ni Moïse. Comment veux-tu que nous acceptions tes fables, tes contes d'anciens, rapportés par un juif qui prétend les apprendre lui-même dans un recueil juif de révélations de Dieu ?

Ce Dieu que prêche le rabbin est en effet le Dieu de Moïse. C'est Yahwé, le rémunérateur des justes et le punisseur des méchants. Être juste, c'est craindre Yahwé et faire le bien. Sont considérés comme méchants ceux qui préfèrent les idoles à Yahwé, la Multiplicité à l'Unité, tous les hommes qui ne veulent pas croire au Dieu de Noé, d'Abraham, de Jacob, de Moïse, de David et de Salomon. Il n'y a de salut que dans le Tout-Puissant, le Dieu des fils d'Israël, l'Unique Protecteur du peuple juif.

Dans l'enseignement religieux donné à Mohammed, tout, absolument est juif. Le professeur d'un tel enseignement ne peut être qu'un Juif. Tout ce que Mohammed connaît maintenant de la religion, il l'a appris du rabbin de La Mecque. Il n'est que le reflet de ce maître unique. Nos coranisants ne l'ont pas compris qui évoquent Zoroastre, l'Église syrienne, le manichéisme... comme si le pauvre Mohammed avait la tête farcie de toutes ces doctrines ! Il ne sait qu'une chose : ce que lui enseigne le rabbin. Celui-ci est le seul agent dans toute cette aventure religieuse. C'est lui qui a conçu le projet de judaïser l'Arabie et qui, dans ce but, raconte aux Arabes les histoires bibliques, leur parle du Livre de Yahwé dont Israël a été constitué le dépositaire ; c'est ce même rabbin qui lutte pied à pied contre les idoles de la Ka'ba et qui, pour réussir plus sûrement, a imaginé de s'adjoindre un Arabe dont il aura fait son disciple, dont il guidera attentivement les paroles et les gestes, et qu'il défendra contre les sarcasmes de ses compatriotes.

A l'origine de l'Islam, il y a un seul homme, et cet homme n'est pas arabe : il est juif.

Que veut-on de plus pour reconnaître en toute loyauté et franchise que ce Juif est devenu l'apôtre des Arabes ?

Si nous comprenons bien cette origine, nous aurons compris l'essence même de l'Islam. Dans sa racine, l'Islam n'est que le prolongement du judaïsme chez les Arabes, conçu et tracé par le rabbin de La Mecque, lequel fut aidé sur le plan de la réalisation par un Arabe converti, Mohammed, que sa femme, Khadidja, poussa vers le judaïsme. Mohammed, dans l'édification de l'Islam, n'est pas l'architecte. Il n'est que le premier maçon. Il répète à haute voix ce qu'il entend tout bas. Il n'est qu'un récepteur, un authentique « tuyau » par où passent les enseignements rabbiniques.

D'après les musulmans, tout dans les *Actes de l'Islam* — qu'ils appellent Coran, par ignorance — tout est absolument divin — De même que Yahwé s'est révélé à Moïse sur le Mont Sinaï, pour la gloire d'Israël, de même Allah — pensent-ils — s'est révélé à Mohammed, manifestant ainsi sa prédilection pour le peuple arabe. Y a-t-il plus grand privilège pour une nation que d'être la confidente du Tout-Puissant, créateur du ciel et de la terre ? Les Arabes seraient cette nation exceptionnelle : les Juifs ayant failli à leur mission, les Arabes auraient recueilli leur héritage se déclarant alors la seule race de la Vérité, la race élue d'Allah ! Qu'on parcoure les terres d'Islam, et l'on sentira partout cet orgueil instinctif d'hommes ignorants et stagnants, qui rejettent loin d'eux tous ceux qui ne reconnaissent pas la faveur accordée par Allah à l'Arabie tout entière.

Cette idée de suprématie arabe domine dans tous les pays musulmans. Elle est à la base de tous les événements actuels d'Afrique du Nord, d'Égypte et du Proche-Orient. Il y a quelques années, *Saint*E. Salah Hark Pacha s'adressant aux jeunes d'Égypte déclarait que le Soudan avait été la victime des missionnaires chrétiens. Seul l'« Empire arabe » apporta dans le pays conquis des idées de justice, de vérité et de tolérance ; c'est pourquoi — conclut *Saint*E. — « L'Orient doit guidés l'Occident et sauver à nouveau l'humanité » [3]. On ne peut être plus grotesque.

Qu'a donné l'Islam à l'humanité ?

Parcourons les terres musulmanes.

Si ces terres sont incultes, improductives, remuées avec les instruments les plus primitifs, vous êtes certainement en terre d'Islam.

Si le pays est sordide, si la population habite dans des taudis, au milieu d'une crasse séculaire, vous êtes certainement en terre d'Islam.

Si vous êtes agrippés à chaque pas par des enfants qui se cramponnent à vous pour vous extorquer un batchich, vous êtes en terre d'Islam.

Si les trottoirs sont encombrés de toutes espèces de misères, souvent organisées ; si les cafés maures sont remplis de fumeurs de narguileh s'enivrant du hatchich ; si à chaque instant vous entendez l'éternel « *malech* » (je m'en f...), vous êtes certainement en terre d'Islam. *Batchich, Hatchich, Malech*, sont les trois étoiles du drapeau musulman.

L'Islam qu'on nous propose comme guide de l'Occident n'a donné au monde que crasse, saleté, ignorance et misère, et c'est encore

---

3 — Voir *Terre d'Afrique*, déc. 1944, p. 234-236.

l'Islam qui maintient l'esclavage. La femme, recouverte d'un voile élégant ou enveloppée dans ses loques, n'est qu'une pauvre créature pour la reproduction.

L'Islam n'est qu'un immoral harem.

Du point de vue religieux, il repose sur un mensonge et une escroquerie.

Du point de vue humain, il constitue une stagnation de l'esprit, et l'élément le plus nocif au développement de la pensée.

On pourra objecter que la nature du sol, rocailleux, aride et désertique, est la cause insurmontable de toutes ces misères physiques, morales et intellectuelles. Nous n'admettons pas ces excuses. Entrons dans l'État d'Israël. C'est la même terre, le même sol ; malgré cette similitude fondamentale, en franchissant la frontière nous découvrons un monde absolument nouveau. Les champs sont partout arrosés ; les arbres y poussent nombreux ; on marche sur un tapis de verdure ; les routes y sont entretenues ; les gourbis ont disparu. Plus de *batchich*, de hatchich, ni de *malech*. La jeunesse y est claire et ardente. On raconte que lors de la guerre israëlo-arabe de 1948, les juifs du Yemen arrivèrent en masse dans l'État d'Israël. Ils y arrivaient avec leurs coutumes acquises au cours des siècles vécus au milieu des Arabes. Ils ne savaient point se servir d'une serviette, ne s'étant jamais lavés. Ils mangeaient le savon, n'en connaissant pas l'usage. Au bout de quatre -ans, ils ont appris des Juifs la propreté et le travail en équipe. Jamais on n'a vu, et jamais on ne verra pareille transformation en terre musulmane.

Dans le domaine intellectuel, où sont les productions arabes ?

Nous attendons qu'on veuille bien nous le dire ; qu'on veuille bien énumérer leurs inventions, leurs trouvailles, les progrès humain que l'on pourrait porter à leur actif. Les Arabes sont étrangers à l'âge d'or de l'Islam. Par mouvement acquis les chrétiens convertis à l'Islam apportèrent avec eux toute leur civilisation ; mais, disparues ces premières générations, l'Islam retomba dans son ignorance et son état sordide. Ce croupissement total et universel tient-il au caractère arabe ? On ne pourrait l'affirmer. Les Arabes chrétiens du Proche-Orient n'ont-ils pas un autre comportement que les Arabes musulmans ? Ils savent se loger, se laver, manger proprement, ils ont appris à travailler ;

à mille détails, on peut sans effort dans les rues de Beyrouth, de Damas et de Palestine distinguer à coup sûr l'Arabe chrétien de l'Arabe musulman ; et nous sommes bien obligé de conclure que l'Islam, en tant qu'Islam, est au dernier degré de la civilisation humaine, et que les musulmans sont parfaitement ridicules quand ils prétendent servir de modèle à l'humanité. Dans le Proche-Orient, on ne peut s'empêcher de penser qu'il se fit entre Juifs et Arabes une sélection naturelle ; que les Arabes sont restés pour compte, et que les musulmans perpétuent parmi les nations du monde l'image de Job sur son fumier ; que l'Islam ternit, vilipende, « *ignorifie* » tout ce qu'il touche. L'arabe est destructeur par nature. Ibn Khaldoum dans ses *Prolégomènes*(4), en a fournies des preuves nombreuses et évidentes , faciles à vérifier dans tous les pays musulmans, à Byblos et à Palmyre, dans le Constantinois, comme à Tlemcen. « Le désastre de Baalbek est l'œuvre de Arabes », écrit Barrès dans son « *Enquête aux pays de Levant* t. I, p. 186. On n'exagérera jamais les désastres beaucoup plus étendus que celui de Baalbek — causés par l'Islam dans l'humanité. Les curanisants qui n'ont fait qu'effleurer le problème islamique parlent volontiers des mœurs *traditionnelles* de l'Islam, Là encore, ils se trompent.

Tradition n'est pas stagnation.

Il ne faut pas confondre le sang qui coule dans les veines d'un être vivant, avec le sang coagulé qui tue l'organisme. Malgré ses millions d'adhérents, l'Islam ne véhicule que des germes de mort. Les Arabes ont tué l'Islam lui-même. Avant l'Islam il n'y avait en Arabie aucune culture intellectuelle. Les fameuses poésies qu'on s'amuse à désigner d'un nom arabe pour leur donner plus de poids, et sur lesquelles on s'extasie faute de mieux, sont sans aucun doute postérieures au Coran arabe écrit par le rabbin de La Mecque. Les Juifs, par contre, avaient derrière eux des siècles de vitalité religieuse et intellectuelle. Ils étaient vraiment à la pointe de la culture de l'humanité, depuis des centaines d'années. Au début du VIIe siècle, c'est un des leurs, grand rabbin de La Mecque, qui tente de faire sortir les Arabes de leurs ornières, de leur gangue d'erreur et d'ignorance, de leur idolâtrie ; il essaie de les détourner de l'adoration de cailloux sans vie et sans puissance, pour les conduire au

---

4 — Ibn Khaldoun - Les Prolégomènes 3 vol. http://www.histoireebook.com/index.php ?category/K/Khaldoun-Ibn

Dieu Unique et Tout-Puissant, le Dieu qui a parlé à Moïse sur le Mont Sinaï. Ce rabbin veut apprendre aux Arabes que Dieu a parlé à Israël et, par Israël, à l'humanité entière : Il lui a donné une Direction, et ce code de Direction, inscrit sur des Tables par Moïse, fut le premier Coran que tout homme devrait connaître et pratiquer pour être éternellement sauvé. Il n'y a jamais eu d'autre Coran que celui de Moïse, et c'est celui-là que Mohammed a répété aux Arabes, sur les ordres de son Maître.

Les coranisants, engoncés dans leur fallacieuse érudition, n'ont rien soupçonné de cette histoire cependant toute simple.

Chapitre V

Échec catastrophique de l'exégèse coranique

Appuyé sur nos conclusions bien cimentées, il nous parait utile, avant de poursuivre notre brève histoire de l'Islam, de rechercher les causes du cuisant échec de l'exégèse coranique traditionnelle.

Chez les musulmans, il n'est évidemment pas question d'un rabbin, instructeur de Mohammed. Chez eux, la critique historique est encore insoupçonnée. Même les moins encrassés dans leur routine séculaire n'imaginent pas une seconde qu'une intelligence humaine puisse se livrer à une étude exégétique des *Actes de l'Islam* que, faute de réflexion, ils s'obstinent à dénommer Coran. Pour les musulmans, la critique historique, totalement inexistante, est remplacée par un fidéisme béat, absolument incontrôlé, sans aucune infrastructure, reposant sur le vide et le néant. Ils affirment tout simplement, sans aucune preuve, que Mohammed a été inspiré par Allah. Qui est Mohammed, ils n'en savent rien. Bien souvent je leur ai posé la question ; invariablement j'ai reçu la même réponse : je ne le sais pas, mais mon père et mon grand-père le savaient bien.

Demandez-leur qui est Allah, ils vous feront exactement la même réponse. Les gens de la campagne, aussi bien que les « fameux » oulémas qui se targuent de leur savoir coranique, vivent, du point de vue religieux, dans la plus profonde ignorance.

Quelle est la personnalité d'Allah ?

Quelle idée l'a poussé à se pencher un jour sur l'Arabie, à choisir Mohammed comme il avait autrefois choisi Moïse et plus récemment Jésus — non pas le Christ, mais Jésus fils de Marie — et à faire des Arabes les nouveaux dépositaires de sa pensée ?

Qui est donc cet Allah ?

Est-il identique au Yahwé de Moïse ?

Des esprits quelque peu réfléchis concluraient par l'affirmative, puisque Yahwé et Allah tiennent le même langage, donnent les mêmes directives. Mais les musulmans ne réfléchissent pas sur leur religion. Ils n'en ont pas le droit, et ils n'ont aucune notion sur ces problèmes fondamentaux. C'est sur ce vide incommensurable qu'ils ont, au cours des âges, amoncelé des tonnes d'inepties.

Ces Arabes de l'Arabie étaient d'ailleurs, avant la lettre, de grands et authentiques bergsoniens. Ils ne concevaient pas un Allah statique. Pour eux, Allah ne savait pas exactement ce qu'il faisait. Il chancelait dans ses résolutions ! Un décret qu'il avait signé la veille, il l'abolissait le lendemain. Quoique indécis, Allah était bon et indulgent, surtout dans le domaine sensuel, et d'abord pour Mohammed son fidèle serviteur. Il lui accordait toutes sortes de libertés vis-à-vis des femmes, après la mort de Khadidja. Il n'était pas seulement bon, mais aussi très savant ! En fait de langues, il parlait parfaitement l'arabe, l'hébreu, l'araméen, sans doute le syriaque. Il connaissait toutes les histoires juives. Dans ses révélations secrètes à Mohammed en effet, il aimait à raconter les histoires purement juives : la création d'Adam, l'histoire de Noé, des grands personnages de l'*Ancien Testament* : Abraham, Jacob, Joseph, Moïse, Aaron, Job, Jonas, Elie, Elisée, David, Salomon, la reine de Saba. Toutes ces histoires, il les connaissait sur le bout des doigts. Il les racontait si bien, en y mêlant des explications du *Talmud*, des Midraschim ! Comme il connaissait la Bible, cet Allah des Arabes et de Mohammed ! Mais on ne peut s'empêcher d'observer un fait absolument curieux chez ce Dieu si féru de judaïsme : en fait de religion, il ne connaissait que celle d'Abraham et de Moïse, Il n'aimait pas le Christ, ou du moins il le reniait comme son fils. Le Christ, dans sa pensée, était un bon Juif, mais pas davantage ; un annonciateur de bonnes nouvelles, que les chrétiens avaient défiguré en le présentant au monde comme fils de Dieu. Comment serait-il fils de Dieu, puisqu'Allah n'avait pas de femme !

Pourquoi inventer un Allah qui n'avait d'autre chose à révéler que la religion d'Israël, qui n'avait d'autre chose à dire aux Arabes que ce qu'il avait déjà dit aux Hébreux ? Cet Allah des Arabes est en tous points identique au Yahwé des Juifs ; ce qui est plus grave, c'est qu'Allah n'a absolument rien à raconter. Ce qu'il insuffle dans les oreilles de Mohammed, c'est purement et simplement la religion d'Israël, l'unique modèle des religions.

Bien tristement, il nous faut dire un adieu définitif à ce mythe d'Allah, pour tirer un grand coup de chapeau à Yahwé, le Dieu des Juifs. Du même coup, disparaissent aussi les révélations faites à Mohammed ! Il nous serait difficile de concevoir un inspiré sans inspirateur. Or Mohammed n'avait pas besoin d'un inspirateur pour apprendre les histoires contenues dans la Bible, que tous les Juifs connaissaient depuis des siècles. Si, dans l'Islam, il n'y a pas d'inspiré parce qu'il n'y a pas d'inspirateur, il n'y a pas non plus de révélation. Une révélation suppose un dogme nouveau, objet de cette révélation. Où se trouve donc, dans l'Islam, ce dogme nouveau nécessaire à la « construction » d'une religion nouvelle ? On le chercherait en vain ; il n'existe pas. Allah inspirateur et Mohammed inspiré sont à rejeter dans le domaine de la fable. Il n'y a plus de base pour le racisme arabe : on ne s'enorgueillit pas du néant. Jamais un Dieu quelconque ne s'est penché vers l'Arabie pour lui confier ses secrets. Jamais l'Arabie n'a été, dans l'histoire des religions, une terre privilégiée. Quand Yahwé l'a visitée, c'est uniquement pour l'amener au judaïsme et lui raconter l'histoire de son peuple élu, le peuple d'Israël.

Les coranisants occidentaux raisonnent tout autrement. Pour eux, il n'y a pas d'Allah révélateur. Ils l'affirment, du moins, et sans donner aucune raison de leur opinion. Toute la gloire de la fondation de l'Islam revient à Mohammed. Ce pauvre chamelier aurait été une âme inquiète de spiritualité ; il se trouvait devant trois sortes de religions : le judaïsme, le christianisme, et l'idolâtrie. Il connaissait l'idolâtrie, pour l'avoir pratiquée jusqu'à son mariage.

Mohammed n'était alors qu'un polythéiste comme les autres. Pardon ! pas comme les autres, car d'après nos coranisants, Mohammed était avide de vérité religieuse ! Il voulait Dieu ; délibérément, il le chercha méthodiquement, par enquêtes et par sondages. L'Institut Gallup devrait le prendre comme fondateur honoraire ! Mais comment faire des enquêtes ? Mohammed ne savait ni lire, ni écrire. Fort heureusement, il avait une langue et des oreilles. Il écouta et discuta. Nos coranisants les plus sérieux nous présentent Mohammed passant dans tous les gourbis de La Mecque pour se renseigner et s'instruire. Les grands savants affirment sans sourciller que tous les récits bibliques insérés dans le Coran (c'est-à-dire, pour nous, dans les *Actes de l'Islam*), sont dus à des communications verbales reçues par Mohammed dans des gargotes juives ou chrétiennes. C'est vraiment une idée d'érudit On voit très bien le mari de Khadidja quittant son gourbi pour aller de gargote en gargote commandant « un verre sur le zinc » ou s'asseyant au coin d'une table, appelant le patron ou le garçon de café, ou s'approchant des consommateurs. Il engage tout de suite la conversation, tellement il est pressé d'avoir des informations religieuses. A l'abondance de sa documentation, — plus de 2.000 versets bibliques en période mecquoise —, il nous faut bien conclure que Mohammed était un pilier de café ; et comme cette documentation des *Actes* est essentiellement hébraïque, c'est donc des gargotes juives que fréquentait Mohammed, plutôt que les misérables échoppes des pauvres chrétiens de La Mecque. Il ne fréquentait que des « cafés » de grand luxe, sur les Champs-Élysée de la ville. Pour les célèbres coranisants, ces « cafés » étaient en quelque sorte les salons à la mode. On y évoquait les grandes questions de théologie ; on y parlait de la création, d'Adam, d'Abraham, de Moïse, de Joseph, de Loth, de Jonas, de David, de Salomon. On y discutait de la Résurrection des corps, du scheol(5) et du Paradis. On est bien forcé d'admirer les coranisants qui en arrivent à de si parfaites conclusions. Mais comment ces hommes si perspicaces et d'une érudition si profonde ne sont-ils pas arrivés à trouver les enseignes pour ces grands « cabarets » juifs ? Il est probable qu'il y avait le café *« Au Midrash Tanhuma »* ; *« Au Midrash Genèse-Rahab »* ; *« à Moïse »* ; *« A Noé, le roi des buveurs »* ; *« à Putiphar et Zuleikha »* ; *« Au chaste Joseph »* ; *« à la Tentation d'Ève »* ;

5 — Séjour des morts. Le Schéol des Hébreux, l'endroit où vivent d'une vie vague ou presque éteinte les morts immobiles (Taine, *Intellig.*, t. I, 1870, p. 373.)Les morts poursuivent (...) leur existence dans le Shéol (....) C'est le lieu de l'ultime assemblée des vivants, ténébreux et chaotique royaume du silence (A. Chouraqui, *La Vie quotidienne des Hébreux au temps de la Bible*, 1971, p. 167.)

« Panorama de l'histoire d'Israël » ; *« à la Tour de Babel »* ; *« à la Reine de Saba »* ; *« Entrée du Paradis »*, gargote facilement reconnaissable à sa lanterne rouge, réservée aux garçons de plus de 12 ans et aux hommes ; on pouvait y contempler en pleine nature les houris alléchantes. Nous ne plaisantons pas. Tous nos coranisants raisonnent comme si, un beau jour, le mari de Khadidja avait décidé de parcourir toutes les gargotes juives de La Mecque pour s'informer de la religion d'Israël. C'est simplement ahurissant.

Quel incorrigible mari !

On ne peut dire cependant que Mohammed était un mauvais garçon ! quand il filait chez les Juifs, c'était naturellement avec la permission de sa femme, et toujours pour un motif louable. De plus, son comportement était parfait ! Mohammed était, en effet, très attentif à ce que les Juifs lui racontaient. Il écoutait si bien que, immédiatement, il retenait par cœur les multiples histoires bibliques qu'il entendait. C'était un homme merveilleux, au dire de nos maîtres coranisants. Il avait entendu, par exemple, l'histoire de Moïse ; cette histoire, il la retenait ; rentré dans son gourbi et après avoir été réconforté par sa chère femme, il appelait ses secrétaires qui s'empressaient de ramasser autour d'eux les vieilles poteries, les côtes de moutons et de chameaux, et transcrivaient avec habileté et fidélité tout ce qui sortait de la bouche de Mohammed, ravi lui-même de tant de science. Le lendemain, Mohammed retournait dans les gargotes pour parfaire ses connaissances.

Tout ce roman étalé, développé dans les ouvrages les plus techniques, par des hommes respectables qui nous présentent Mohammed comme un spécialiste des enquêtes religieuses, enquêtes qui devaient fixer son choix définitif, est du suprême ridicule. Pour les savants de cet acabit, Mohammed est bien le plus grand enquêteur religieux que la terre ait jamais connu. Il est bien le fondateur conscient, réfléchi, d'une nouvelle religion qu'on appelle Islam. Mais en même temps, ces érudits présentent Mohammed comme un inspiré, un inspiré d'Allah, ses paroles sont des paroles de révélation.

Il faut pourtant choisir : ou bien Mohammed s'est instruit dans les gargotes juives, et son livre n'est qu'une fixation, par des scribouillards qui n'y comprenaient rien, de ce que les Juifs racontaient à Mohammed ;

ou bien Mohammed est un inspiré, et le livre qu'on lui attribue est un recueil de révélations divines. Inspiré ? ou instruit par les Juifs ? Livre révélé, ou recueil d'histoires entendues ? Le « Coran » ne peut pas être les deux à la fois. Il faut opter. Les coranisants occidentaux ont franchement échoué dans leurs entreprises, faute d'avoir su choisir. Bousculés au seuil même de leurs études entre deux conceptions, plantés dans un émerveillement béat devant un Mohammed qu'ils ne comprenaient pas, ces coranisants étaient, — peut-être même à leur insu —, tout préparés à avaler à pleines gorgées les énormes sottises élaborées par les commentateurs musulmans ; et Dieu sait s'il y en a !

« J'ai constaté, écrit Riza Tewfik, que la plupart des historiens en Orient sont dépourvus de sens critique, et l'histoire — jusqu'au commencement du XIXᵉ siècle — a conservé chez nous son caractère primitif : celui d'être platement anecdotique ! Quant commentateurs, ils ont accumulé — au nom de traditions qu'ils considèrent comme des vérités évidentes par elles-mêmes — un tas de superstitions inventées par l'imagination populaire... Ils en ont tant abusé, que les commentaires sont pleins de ces anecdotes stupides qui, loin d'éclairer la signification du texte, la ternissent plutôt ; cela embarrasse l'intelligence des gens simples et ébranle leur foi. » (6)

Pour être libre en matière coranique, le premier devoir du vrai savant est de se débarrasser de tout ce fatras de rêveries, d'imaginations insanes accumulées depuis des siècles par des hommes dénués de tout sens critique et même de tout bon sens, rêveries et imaginations qui forment, aujourd'hui encore, la base essentielle de l'enseignement musulman dans les petites medersas, ou dans ce qu'on appelle les Universités, appellation tout-à-fait incorrecte, puisque l'histoire coranique en est totalement exclue. Nos coranisants ont échoué à cause de leur crédulité, et ce sont ces mêmes hommes qui se permettent de piétiner en seigneurs bottés les champs bien autrement délicats de l'exégèse juive et chrétienne.

Pour s'engager dans un domaine aussi encroûté que le domaine coranique, il faut faire son examen de conscience, secouer les bases des données prétendues acquises qui traînaillent dans les traités prétendus scientifiques, en éprouver la solidité réelle, et se rendre compte de leur

---

6 — Riza Tewfik, *Sur la genèse et l'origine de l'Islam*, dans *Les Cahiers de l'Est*, Beyrouth, 2e série, n° 1, 1947, p. 68.

valeur d'appui. C'est pour ne pas avoir chassé l'âne qui est à l'origine des traditions musulmanes, que les ouvrages de nos coranisants sont encombrés d'annotations traditionnelles, fantaisistes, irréelles, sans aucune utilité pour l'intelligence des origines de l'Islam.

Nos grands coranisants ont échoué pour une troisième raison, peut-être plus grave que les deux autres. Ils ont voulu comprendre Mohammed en faisant de la linguistique et de la bibliographie, étouffant ainsi hi véritable histoire. Pour être historien, il faut respecter le mouvement vital d'un texte. Tout texte est dynamique. Par contre, l'érudition est trop souvent un travail de manœuvre, qui cache l'inintelligence des questions essentielles et primordiales(7). C'est un jeu de tricheurs qui ne donne que l'illusion du savoir. Les commentaires musulmans, aussi longtemps qu'ils se cantonnent dans la philologie, demeurent impuissants à reconstruire la réalité. Ce sont là deux sciences différentes. Là encore, il faut choisir lorsqu'on aborde l'étude de l'Islam.

Veut-on faire de la philologie ?

Veut-on faire de la linguistique ?

Veut-on faire de l'histoire ?

Le malheur est que la plupart de nos coranisants ont mélangé toutes ces sciences, sans avoir su les subordonner donner entre elles. Pour dessiner le portrait de Mohammed, ils n'hésitent pas à jeter et à pétrir sur la même palette, et avec le même pinceau, des morceaux de sourates de La Mecque et de Médine, « faisant valser » en une sarabande fantastique des versets arrachés à leur cadre, puisés dans n'importe quel chapitre, à n'importe quelle époque.

C'est du mauvais travail, présenté dans un esprit de suffisance tellement désagréable qu'il cabre les esprits cependant les plus indulgents pour les sottises humaines. Les ouvrages de nos coranisants donnent

---

7 — On a toujours l'impression, en lisant ces ouvrages coraniques, d'assister à une danse macabre, ou plus exactement à un mélange d'os décharnés qu'on brasse pêle-mêle, sans tenir aucun compte de leur appartenance à un organisme vivant. Tous ces travaux coraniques sont, au fond, des ouvrages lugubres, auxquels les auteurs s'efforcent de donner un semblant de vie par leurs folles fantaisies imaginatives, que des volumes et des volumes ne suffiraient pas à relater, et ceci sans aucun intérêt pour la vérité objective.

l'impression d'une érudition immense, jointe à une naïveté incalculable, qui arrive même à vicier les données historiques les plus simples.

Sous prétexte qu'ils connaissent plus ou moins l'arabe, les coranisants se croient habilités à écrire sur l'Islam ! Autre chose, cependant, est de connaître l'arabe, et autre chose d'être historien. Dans le domaine précis qui nous occupe, nous ne craignons même pas d'affirmer que les véritables arabisants sont inaptes à faire de l'histoire. L'expérience est là pour nous attester ce fait. L'attention de l'homme et sa perspicacité sont nécessairement limitées L'érudit qui est accaparé par le souci linguistique, l'origine et l'évolution significative des mots, en arrive à négliger, — parfois même complètement —, la signification du texte, l'ambiance qui donne aux termes leur valeur exacte, et c'est pourquoi il est extrêmement fréquent de rencontrer des coranisants, bon arabisants, absolument égarés dans les problèmes historiques posés par le Coran lui-même.

Après expérience des commentaires musulmans et des savants ouvrages des spécialistes, nous avons volontairement et bien délibérément essayé, dans notre travail sur Moïse et Mohammed, d'être tout simplement naturel, normal, de nous asseoir confortablement dans un solide bon sens, et de lire les textes, de les relire, de les analyser sans idée préconçue. Nous n'avons pas échafaudé une thèse. Nos conclusions jaillissent du texte lui-même. Par cette lecture assidue et répétée des sourates, nous avons été amené à faire une multitude de remarques. D'innombrables problèmes de détail ont surgi à notre esprit. Chaque verset, peut-on dire, apporte un nouveau sujet de méditation, une nouvelle tranche de vie. Nous n'avons pu tout dire dans un travail de simple orientation. D'ailleurs, les détails ne nous intéressent pas. Peu importe aussi que nous nous soyons trompé dans telle ou telle exégèse absolument secondaire. Même quand nous avons senti qu'il pouvait y avoir une interprétation différente de la nôtre — en matière accidentelle — nous n'avons pas cherché à donner les justifications de notre opinion, en pensant à la joie des érudits trop heureux de pouvoir polir quelques bribes d'un édifice qu'ils ont été incapable de construire. Mais ce que nous demandons à ces érudits, c'est de bien prendre garde, sous prétexte qu'une simple tuile du toit leur parait insuffisamment ajustée, de ne pas s'attaquer à l'édifice hé-même. On ne démolit pas une forteresse avec un coup de marteau. Ce sont les bases elles-mêmes, l'infrastructure qu'il faut atteindre.

Négligeant les détails secondaires et vraiment sans intérêt, nous nous sommes donc appliqué à dégager de cet amas de versets contenus dans les sourates mecquoises, de grandes avenues d'orientation. Mais il reste aux cantonniers beaucoup de travail à faire. A chacun son métier. Tout en évitant les longueurs, on trouvera cependant dans notre étude des redites, des répétitions. Elles ne sont certes pas aussi nombreuses que dans les sourates mecquoises ! Elles suffiront toutefois à écarter l'idée de thèse, et à maintenir nos lecteurs dans le mouvement des luttes religieuses dont La Mecque fut le témoin au VIIe siècle de notre ère. Notre travail se limite strictement à la période mecquoise. Nous traiterons par la suite de la période médinoise, qui nous offre des sourates totalement différentes et qui, pour être comprise, demande un état d'âme tout différent.

Comme il arrive souvent quand on aborde un sujet d'études en pleine liberté, nous avons abouti à des conclusions absolument révolutionnaires, en matière coranique :

1. – L'Islam n'est que le judaïsme expliqué par un rabbin aux Arabes.

2. – Le Coran a été écrit par un Juif, non par un Arabe. Mohammed n'y est absolument pour rien ; il ne peut être question d'une révélation quelconque faite aux Arabes.

3. – Le Coran primitif est perdu : il ne nous reste qu'un livre d'histoires faussement appelé Coran et rédigé lui aussi par un Juif. L'Islam est le plus grand bluff l'histoire méditerranéenne.

4. – Les contacts doctrinaux entre islamisme et christianisme sont obligatoirement les mêmes qu'entre christianisme et judaïsme. Ils ne sont que cela, et rien de plus.

5. – Ces conclusions lumineuses et apaisantes constituent la meilleure réponse à tous les détracteurs musulmano-bluffeurs et affreusement ignares, de toutes castes et de tous pays.

Ces conclusions heurteront violemment les musulmans, Nous les invitons fraternellement à repenser leur problème religieux, en toute objectivité, sans s'énerver, et avec calme. Qu'ils apprennent à lire sainement les textes, à juger en hommes raisonnables. C'est dans cette mentalité, dans cet esprit de docilité aux textes, qu'ils retrouveront le véritable sens de leur religion que les Juifs leur ont apprise et révélée. Dans leurs origines, les musulmans ne sont que des Arabes convertis au Judaïsme.

Si Juifs et Arabes se sont développés d'une façon si contradictoire sur les terrains national, commercial, psychologique et intellectuel [8], ils se sont cependant rencontrés un jour sur le terrain religieux. L'Islam est le grand triomphe d'Israël. Personne n'y peut rien, les musulmans moins que personne. Nous sommes, d'ailleurs, convaincu que notre étude, d'une brutale objectivité, leur apportera une paix complète dont beaucoup d'entre eux sentent confusément le besoin et la nécessité.

Quant à nos coranisants, après les premiers instants de surprise, nous espérons que, secouant tout leur passé, ils arriveront à se ressaisir pour marcher résolument dans les nouvelles avenues que nous avons essayé de leur tracer pour le bien et la réussite de leurs investigations futures. Parmi les coranisants, quelques-uns déjà, les moins encroûtés et les moins envoûtés, avaient senti qu'il y avait aux origines de l'Islam un « quelque chose » qui les laissait dans l'incertitude, dans un certain malaise intellectuel qu'aucune étude n'arrivait à guérir.

Notre travail, nous l'espérons, apportera à tous ces hommes inquiets et insatisfaits, une respiration normale, un équilibre de l'esprit, un grand calme de l'intelligence.

On pourra nous objecter qu'il est inopportun de livrer au public ces conclusions ; que le résultat le plus certain de notre travail sera de jeter le trouble dans les consciences musulmanes. Tout cela est peut-être vrai et sera encore vrai dans vingt ans, dans cent ans et plus encore. Du temps de Jésus-Christ, les mêmes problèmes se posaient vis-à-vis du judaïsme.

Jésus n'a pas hésité.

Dans l'ordre humain, la vérité a toujours un commencement, marqué souvent par des bouleversements, des scandales et même des

---

8 — Les Arabes sont des sémites qui n'ont pas réussi.

meurtres. Jésus, Dieu, est mort pour attester sa vérité. Sous prétexte de bonté, d'indulgence, sous prétexte même de sauver l'avenir de quelques établissements religieux dispersés en pays d'Islam, ce n est pas aux chrétiens occidentaux — protestants, catholiques — ni aux orthodoxes de différents rites, de se faire les défenseurs d'un Islam qui n'a aucune autonomie, qui n'est, dans ses origines, que l'expansion du judaïsme en pays arabe, et qu'un bluff colossal dans son développement historique.

Chapitre VI

Les grands enseignements du rabbin à Mohammed

Mohammed s'est converti au judaïsme après son mariage avec la juive Khadidja qui par le fait même de cette conversion, la Mère des Craignant-Dieu, c'est-à-dire, des convertis au judaïsme. Mais le travail du rabbin ne s'arrête pas là. Cette conversion ne représentait pour le chef de la synagogue mecquoise qu'une démarche préliminaire. Le but définitif du rabbin est d'utiliser Mohammed pour l'expansion de la religion juive en Arabie. Peut-être le mariage Khadidja-Mohammed a-t-il été manigancé par le rabbin lui-même ? Ce serait même là son premier succès. La seconde réussite serait la conversion de Mohammed au judaïsme. Il reste maintenant à former l'esprit du néophyte, à l'instruire sérieusement, en profondeur, dans l'histoire d'Israël, à lui apprendre à prier comme les juifs, à se prosterner vert l'Orient, à invoquer le nom de Yahwé. Pour être un véritable apôtre, pour lutter efficacement contre les idoles et les fétiches de la Ka'ba, Mohammed doit devenir un fidèle de la Synagogue.

Le rabbin lui fait apprendre l'histoire des grands personnages d'Israël. Toutes ces histoires sont racontées sur le même rythme. Il était une fois un homme qui croyait au Dieu Unique et Tout-Puissant. Il avait reçu comme mission d'annoncer à son entourage idolâtre et polythéiste l'existence de ce Dieu Unique. Ceux qui croyaient en son message étaient assurés de leur salut ; quant à ceux qui refusaient de croire, ils étaient voués à la destruction. Israël a toujours triomphé de ses ennemis. Yahwé, le Dieu du peuple Élu, le peuple juif, a partout anéanti ceux qui lui résistaient. L'histoire juive n'est que la longue série des triomphes des apôtres de Yahwé sur les idolâtres. Et te voilà maintenant, toi aussi, Mohammed, l'apôtre de Dieu, du vrai Dieu, du Dieu Unique, le Dieu d'Israël. Mohammed, courage ! Toi aussi, tu triompheras de tes ennemis !

C'est dans ce cadre apologétique quasi-personnel, que le rabbin racontait à Mohammed, en appuyant ses récits sur la Bible, les Midraschim et le *Talmud*, les histoires des grands hommes de l'*Ancien Testament*. Mohammed les entendait pour la première fois. Il en était émerveillé. Petit à petit, le rabbin le transformait écoute, Mohammed, tu es comme Abraham ; tu es comme Moïse. Jacob, c'est toi... David, c'est toi. Comme eux, tu es choisi pour annoncer à ton peuple ignorant l'existence du Grand Dieu, Unique et Vivant. Écoute, Mohammed, l'histoire d'Israël. Annonce à ton peuple le Dieu d'Israël et sois sûr du triomphe final. Il n'y a pas d'exemple que, dans sa fidélité, Israël ait été battu par ses ennemis. Dans cette lutte que tu vas mener, aidé par ta femme, contre les idoles de la Ka'ba, tu seras le grand victorieux.

Dans le domaine des connaissances religieuses, le Pseudo-Coran ou plus exactement les *Actes de l'Islam* n'apportent absolument rien de nouveau ; aucun récit, aucun détail, qui ne se réfère à la Bible et à la littérature juive. Il n'y a dans l'Islam aucune originalité religieuse, aucune innovation, ni dogmatique, ni morale, ni juridique. L'Islam est un mythe. Il n'a pas d'existence propre. Supprimons l'*Ancien Testament* et toute la construction des *Actes* s'écroule. Ils ont raison, les musulmans qui affirment que le Pseudo-Coran n'a pas de sources. En effet, il n'en a pas. D'après les musulmans, le Pseudo-Coran aurait été révélé par Allah lui-même. C'est exact, à condition d'ajouter qu'Allah n'a jamais rien dit aux Arabes. Le Pseudo-Coran représente bien les paroles de Dieu, mais elles ont été dites à Moïse sur le Mont Sinaï, et d'aucune façon à Mohammed sur le Mont Hira.

L'Islam est né d'un fait tout simple. Un Juif très instruit et très zélé gouvernait au début du VIIe siècle la synagogue de La Mecque, le grand centre commercial de l'Arabie. Ce Juif avait formé le rêve de convertir les Arabes à la religion d'Israël, de renverser le panthéon de la Ka'ba. Qui dit panthéon, dit multiplicité. Or, Israël rejette toute multiplicité dans la divinité. Le rabbin veut remplacer la multitude des idoles par son Dieu Unique, Tout-Puissant, Créateur du Ciel et de la Terre, qui s'est révélé à Moïse sur le Mont Sinaï dans une nuit bénie.

Que sont vos idoles, Mecquois idolâtres ? Des cailloux sans vie ni puissance. Elles ne voient rien, n'entendent rien, ne peuvent rien !

Venez tous à Yahwé :

> C'est Lui qui a créé les cieux et la terre, avec sérieux.
> Combien il est plus auguste que ce que les Infidèles lui associent.
> Il a créé l'Homme d'une goutte de sperme, et voici que l'Homme le conteste.
> Il a créé pour vous les chameaux qui vous donnent vêture, utilités et nourriture dont vous mangez.
> ....
> Il a créé le cheval, le mulet et l'âne pour vous servir de monture et comme apparat.
> ....
> C'est Lui qui a fait descendre du ciel une eau dont vous tirez de quoi boire et dont vivent les arbustes.
> ....
> Il a assujetti pour vous la nuit, le jour, le soleil, lune, et les étoiles sont soumises à Son ordre.
> C'est Lui qui a disséminé sur la terre différentes couleurs.
> C'est Lui qui a assujetti la mer pour que vous mangiez une chair fraîche (issue) d'elle et en tiriez des joyaux que vous portez, pour que vous voyez le vaisseau et que vous y recherchiez (un peu) de Sa faveur.
> ....
> Eh quoi ! Celui qui crée est-Il comme ceux qui ne créent pas ?
>
> (*Sour.* XVI, 3-16.)

Le Dieu du rabbin est le Dieu Créateur, et toutes les créatures célèbrent l'existence et la grandeur du Dieu Unique. La toute première démarche de l'être raisonnable est de regarder.

« Ah ! si vous comptiez les bienfaits de votre Seigneur, vous ne sauriez les dénombrer. En vérité, Dieu est un Dieu qui pardonne et plein de miséricorde. »

(*Sour.* XVI, 18.)

On ne trouvera pas plus dans les *Actes de l'Islam* que dans la Bible une preuve de l'existence de Dieu. En Israël, l'existence de Yahwé ne se prouve pas.

Yahwé EST.

Il est Celui qui est.

Son existence est un fait ; Elle envahit tout, elle est perceptible partout et en tout. Pour nous, occidentaux tout imprégnés de la Sagesse grecque et pétris de logique, la nature est une *preuve* de l'existence de Dieu. Mais dans la Bible, et donc dans le Pseudo-Coran, la nature n'est qu'un signe, un rapport, une puissance d'évocation. Il faut savoir regarder pour pouvoir se rappeler. Le croyant est l'homme qui regarde et qui, méditant devant la nature, prolonge son regard vers le Créateur Tout-Puissant et Miséricordieux.

> Levez les yeux là-haut
> Et regardez qui a créé tous ces arbres !
> ………
> Ne le sais-tu pas ?
> Ne l'as-tu pas appris ?
> Yahwé est un Dieu éternel
> Créateur des confins de la terre.
> Il ne se fatigue, ni ne se lasse.

(*ISAÏE*, XLI, 21-28.)

La mission du rabbin auprès de Mohammed et des idolâtres mecquois est précisément de leur apprendre à regarder, à voir les signes de la Puissance de Yahwé, créateur de l'Univers. C'est exactement le même mouvement d'âme que nous trouvons dans la Bible hébraïque et dans son adaptation arabe. Le contraire serait incompréhensible. Mohammed, viens auprès de moi et prends place à côté des hommes qui réfléchissent : je vais t'apprendre à lire les signes, comme l'ont fait nos grands Patriarches et nos Prophètes aux peuples idolâtres. (*Sour.* XLV, 2-4 ; XXX, 20, 21 22, 23, 24.)

En pensant à Yahwé Tout-Puissant, Miséricordieux, Provident, pense aussi, Mohammed, mon fils, à la vie future. Si Yahwé fait vivre, il fait aussi mourir (*Sour.* XXIII, 82 ; XXVII, 63 ; XL, 4 ; XXXIX, 7 ; XXX, 28 ; XXXV, 14 ; VII, 52.) Il y a longtemps que nos saints Livres et que notre Coran ont enseigné cette vérité (*Deutéronome,* XXX, 1, 39 ; I *Samuel,* II, 6.)

Après la création, la résurrection des morts est une des principales manifestations de la Providence divine :

> Ne sais-tu pas (Mohammed), qu'à ton Seigneur tout revient !
> Que c'est Lui qui fait rire et qui fait pleurer ?
> Que c'est Lui qui fait vivre et qui fait mourir ?
> Qu'il a créé le couple, mâle et femelle, d'une goutte
>   de sperme éjaculé ?
> Qu'à Lui incombera la seconde naissance ?
>   (*Sour.* LIII, 43-48 ; LXXXII, 7 ; LVI, 57 ; LV, 52 ;
>   L, 15 ; XV, 26 ; LXVII, 23 ; XXIII, 12 ; XXI, 38 ;
>   XXXII, 6 ; XXX, 53 ; XL, 66, 69 ; XXXIX, 8 ;
>   VII, 10.)

Ne vois-tu pas, Mohammed, que Yahwé a créé les cieux et la terre ? S'Il le veut, il vous fera disparaître et apportera une nouvelle création. Cela n'est pas difficile pour Yahwé (*Sour.* XIV, 22-23.) Tous les hommes retourneront un jour vers leur Créateur.

> « Yahwé fait sortir le Vivant du Mort et fait sortir le Mort du Vivant. Il fait revivre la terre après sa mort ; c'est ainsi que vous sortirez de vos sépulcres »
>   (*Sour.* XXX, 18.)

Tous ces textes des *Actes* répondent à la voix d'Isaïe :

> « Tes morts revivront, leurs cadavres ressusciteront ;
> réveillez-vous et exultez, tous les gisants dans la poussière, car ta rosée est une rosée lumineuse, et le pays des ombres enfantera »
>   (*Ch.* XXVI, 19.)

Ici, comme partout ailleurs, ce sont les enseignements bibliques que le rabbin récite à son élève Mohammed. Yahwé a créé l'homme ; Il le fera mourir ; Il le ressuscitera et, une fois ressuscité, Il le jugera. Le Jour du rappel sera un jour terrible. Seul Yahwé en connaît l'heure exacte. Aucune créature ne peut en soupçonner le moment précis. Nous serons tous prévenus par des signes terrifiants : le ciel sera tendu et deviendra de la couleur d'une rose, semblable au cuir teint en rouge ; il sera comme un airain fondu, la terre sera ébranlée, brisée en petits morceaux. Les montagnes seront secouées, réduites en poudre ténue ; elles deviendront comme du sable, emporté au gré des vents.

Tremblez d'effroi.

C'est le jour de la Résurrection, Jour aussi du Jugement. Tous s'empresseront vers le tribunal de Dieu. Personne ne manquera à cette suprême rencontre, à ce retour final vers le Créateur et Juge. Chacun tiendra entre ses mains son *Livre de vie*, et sera jugé d'après ses actes. C'est la fidélité à la Loi de Moïse qui constituera les normes de discrimination entre les bons et les méchants. Est bon et sera récompensé dans le Paradis, celui qui fait le bien et croit à Yahwé, le Dieu d'Israël ; est méchant et sera précipité dans l'Enfer, celui qui ne veut pas reconnaître le Dieu de Moïse et qui préfère les idoles.

Les Infidèles, c'est-à-dire les Arabes qui ne veulent pas se rallier au Dieu des Juifs, seront punis du feu éternel, car l'Enfer est essentiellement un Feu. Pour décrire ce Feu à Mohammed et aux Mecquois, le rabbin s'appuie naturellement, avant tout, sur la littérature hébraïque, en l'adaptant avec adresse au tempérament arabe qu'il connaît à la perfection.

L'Enfer est une Géhenne (LII, 13 ; LXXVIII, 21 ; LV, 43 ; LXXXIX, 24.) Il fait chaud en Arabie ; dans cette fournaise, l'ombre, l'eau, et les fruits suintant de fraîcheur constituent pour vous le plus doux et le plus désiré des repos.

En Enfer, vous n'aurez aucune ombre pour vous abriter ; comme boisson, vous n'aurez que de l'eau fétide et bouillante ; les fruits que vous y trouverez seront comme des têtes de démons, entourés de piquants comme des figues de Barbarie. C'est pour les inciter à se rallier sans tarder au Dieu d'Israël que le rabbin invente de toutes pièces ces raffinements de l'Enfer qui devaient bouleverser l'imagination de ces sauvages arabes, vivant dans une terre où la fraîcheur est inconnue, le jour aussi bien que la nuit. (*Sour.* LXXVIII, 22-26 ; LXIX, 36 ; etc..)

Mais si vous renoncez à vos idoles, si vous adoptez le Dieu de Moïse et d'Israël, quel bonheur sans fin sera le vôtre ! Oh, comme le rabbin connaît bien ces hommes incultes. A ses prédications, on sent combien il les méprise et les mésestime. Jamais on n'a vu, dans la littérature religieuse, une apologétique appuyée sur les instincts les plus pervers d'un peuple. Venez à Israël et vous aurez dans l'autre vie tous les plaisirs que vous avez souhaités sur terre. Sous les ombrages et près des sources (*Sour.* LXXVII, 41-44) vous boirez du vin rare et cacheté ; son cachet sera de musc, et il sera mêlé d'eau du Tasnîm (*Sour.* LXXXIII, 25-27) ; vous recevrez toutes sortes de fruits bien frais. Et ce n'est pas tout : vous aurez toutes les femmes que vous désirez, des femmes aux seins ronds et fermes (*Sour.* LXXVIII, 31), aux grands yeux noirs (*Sour.* LII, 20 ; LVI, 22 ; LV, 72 ; XXXVII, 47 ; XLIV, 54), brûlantes de passion, pareilles à des perles cachées (*Sour.* XVI ; XXXVII, 47.) Aucun génie, ni aucun homme ne les auras jamais déflorées (LV, 74) ; vous serez les premiers à les toucher (*ibid.*) et après votre union, leur virginité sera restaurée, de sorte qu'en les approchant de nouveau le lendemain, vous aurez le plaisir de les déflorée de nouveau. Ce sera pour vous l'éternelle volupté, avec ces houris-vierges à répétition. Vous aimez aussi jouir avec les garçons. Eh bien, si vous chassez vos idoles pour adopter le Dieu d'Israël, vous aurez aussi pendant toute l'éternité « des éphèbes immortels, tels qu'à les voir vous les croiriez perles détachées, perles cachées » (*Sour.* LXXXVI, 19 ; LII, 24 ; LVI, 17.)

Au fond le rabbin méprise tellement les Arabes que, pour les attirer au Dieu de Moïse, il excite leurs instincts les plus vils, leurs passions les plus basses. C'est un Paradis de sauvages qu'il leur offre. Il faut être occidental pour imaginer une seconde que le rabbin de La Mecque parle ici en parabole et en figure. Les musulmans ont toujours pris à la lettre ses fallacieuses promesses.

Allez donc dire aux musulmans de 1956 qu'au Paradis ils n'auront pas de femmes !

Aucun d'eux ne vous croira.

Il leur est facile de concevoir un Paradis sans Dieu. Allah n'est pour eux, sur cette terre, qu'un mot sans substrat. Mais un Paradis sans femmes et sans jeunes garçons est totalement inconcevable pour ces hommes sans culture.

> ....
> Sur des lits tressés
> s'accoudant et se faisant vis-à-vis.
> Parmi eux circuleront des éphèbes immortels
> avec des cratères, des aiguières et des coupes d'un limpide
>   breuvage
> dont ils ne seront ni entêtés, ni enivrés,
> avec des fruits qu'ils choisiront,
> avec de la chair d'oiseaux qu'ils convoiteront.
> Là seront des Houris aux grands yeux, semblables à la perle
>   cachée
> en récompense de ce qu'ils faisaient sur la terre.
> ....
> Des Houris que nous avons formées, en perfection et que
>   nous avons gardées vierges,
> coquettes, d'égale jeunesse,
> appartiennent aux Compagnons de la Droite.
>   (Sourate LVI, 15-39.)

Chapitre VII

Mohammed, prêche à tes compatriotes idolâtres, la religion d'Israël

Mon fils, Mohammed, je t'ai raconté les belles Histoires de notre Coran, le Livre de Moïse. Tu sais maintenant le nom et la vie de nos grands Patriarches. Je t'ai parlé longuement de Moïse, de ses révélations sur le Mont Sinaï, de ses miracles et de sa mission. Je t'ai montré l'inanité et l'impuissance des faux dieux de la Ka'ba. En Israël, il n'y a point de Panthéon. Il n'y a qu'un Dieu, omniscient, Tout-Puissant, Créateur du ciel et de la terre, de l'Homme et de la Femme. Tu n'as qu'à regarder autour de toi, et tu verras partout les signes de Sa puissance, de Sa Bonté, et de Sa Miséricorde. Tu as eu raison, Mohammed, d'obéir à ta femme Khadidja, de suivre ses injonctions. Aujourd'hui, grâce à elle et après avoir attentivement suivi mes enseignements, tu ne vis plus dans l'ignorance.

Tu marches en pleine lumière.

Mohammed, remercie ton Seigneur.

En priant notre Dieu à nous, enfants d'Israël, tu es sûr de recevoir un jour, après ta mort, une récompense éternelle. Tu aimes les femmes, Mohammed ; eh bien, tu es certain qu'un jour tu auras toutes celles que tu désires ! D'ailleurs, après la mort de Khadidja, tu auras déjà un avant-goût du Paradis. Quant aux idolâtres, ils n'auront à manger que des épines, à boire que du pus en ébullition et, pour parfaire ce supplice, ils seront éternellement sans femmes.

Mais il ne te suffit pas, Mohammed, d'avoir fait à plusieurs reprises ta profession de foi au Dieu Unique de Moïse. C'est tout un peuple plongé dans l'idolâtrie que tu dois convertir à Yahwé. Ne t'inquiète pas, tu n'as rien à inventer. Tu n'as qu'à répéter ce que je t'enseigne, qu'à raconter les belles histoires de nos Patriarches qu'on trouve dans le *Livre de Moïse*, que nous appelons *Coran, Livre de prières*, de prières que nous récitons dans nos temples. Ton rôle est simple, mon fils. Répète à tes compatriotes la religion d'Israël. Dis-leur :

> Je ne suis qu'un avertisseur qui vous annonce clairement l'existence d'un Dieu Unique.
> (*Sour.* XXVI, 115) ;
> Je suis pour vous, de Sa part, un clair avertisseur.
> (*Sour.* LI, 50-51, 55 ; XV, 89 ; XXXVIII, 70.)

Tu comprends bien ta mission, Mohammed. Tu n'as pas à fonder une nouvelle religion ; tu n'as aucune lumière nouvelle à diffuser dans le monde ; aucun dogme nouveau à révéler. Yahwé a tout dit à Moïse. Et quand on a tout dit, on n'a plus rien à ajouter. Toi, tu n'es qu'un répétiteur. Tu as comme exemples et comme modèles tous les apôtres que Yahwé a délégués auprès de leurs peuples pour les arracher à l'ignorance. Tu marches dans leur sillage. Khadidja et moi-même nous t'avons choisi, mon fils, pour être l'avertisseur de ton peuple ; c'est pour cela que je t'ai fait connaître la révélation faite à Moïse sur le Sinaï ; je te l'ai transmise au nom de Yahwé pour que tu la fasses connaître aux gens de ta race. C'est comme si Yahwé lui-même t'avait parlé : Tu n'étais pas, Mohammed, sur le flanc du Sinaï, quand nous interpellâmes Moïse. Mais, par une grâce de ton Seigneur, tu en as reçu connaissance pour avertir le peuple auquel n'était venu nul avertisseur avant toi.
(*Sour.* XXVIII, 46.)

Lève-toi et avertis.
(*Sour.* LXXIV, 2 ; *Néhémie*, IX, 5.)

Peut-on imaginer mission plus noble et plus belle que celle de prêcher le message de Yahwé ! Mohammed, tu as bien compris, maintenant, le vrai sens de ta mission. Et la voix du rabbin se fait de plus en plus mielleuse et pénétrante. Elle force l'adhésion par son chuchotement de confidence.

Mohammed, mon fils, approche ! écoute, ouvre ton cœur.

Et Khadidja complète de son autorité conquérante le doux murmure du rabbin :

Regarde, Mohammed, tout le travail qui t'attend. Je suis ta femme et je t'ai conduit vers la Vérité. Cette Vérité, porte-la maintenant à tes compatriotes.

Le rabbin reprend alors d'un ton énergique : tu ne savais rien, Mohammed, de nos saints Livres, quand je t'ai rencontré pour la première fois. Tu n'avais jamais entendu parler de Moïse, ni d'Aaron, ni de Pharaon, ni d'Abraham. En te racontant leur histoire, en te révélant le vrai Dieu, j'ai ouvert ton esprit et ton cœur à la lumière, je t'ai ouvert la poitrine (*Sour.* XCIX, 1), comme Yahwé l'avait fait à Moïse (*Sour.* XX, 26) :

> N'avons-nous pas ouvert ta poitrine
> et déposé loin de toi le faix qui
> accablait ton dos ?
>
> (*Sour.* XCIV, 1-3.)

………

> (Moïse) répondit : « Seigneur ! ouvre-moi mon cœur !
> Facilite-moi ma tâche !
>
> (*Sour.* XX, 26-27.)

> Maintenant, tu es débarrassé du fardeau de l'idolâtrie ;
> tu as le cœur libéré de toutes ces sottises, et rempli de Dieu,
>   Allons, Mohammed, lève-toi, annonce la bonne nouvelle
>   de la belle récompense et du terrible châtiment.
>
> (*Sour.* LXXXVIII.)

Que d'inepties n'a-t-on pas écrites sur les origines de l'Islam, sur l'histoire et le rôle de Mohammed ?

Le monde entier est encore comme assommé par ces sottises incommensurables. Une bibliothèque entière ne suffirait pas à contenir toutes ces élucubrations insensées. Pour l'historien qui « a choisi la liberté », l'affaire Mohammed est bien simple : on peut facilement la reconstituer d'après les *Actes de l'Islam*. Nous apprenons par ces *Actes* qu'un Arabe — que la tradition a nommé Mohammed — reçut un enseignement religieux qui l'écartait totalement du culte des idoles, pour le tourner sers le Dieu Unique, Tout-Puissant, Créateur du Ciel et de la Terre, Souverain Juge et Miséricordieux. Ce Dieu, nous le connaissons. C'est Celui de la révélation du Sinaï. Tout est juif dans l'enseignement donné à Mohammed. Nous sommes bien obligés de constater que cet enseignement n'a pu être donné que par un Allah complètement judaïsé, — ce qui, pour l'historien libéré, n'a aucun sens —, ou par un Juif très instruit et chef de synagogue, en l'occurrence le rabbin de La Mecque.

Mohammed élève d'un rabbin, voilà la vérité !

Et le rabbin accomplit si bien sa mission, que Mohammed abjura les faux dieux de la Ka'ba pour adopter le Dieu de Moïse. D'autre part, sans le consentement de Khadidja, le rabbin eut échoué. Si elle eût été arabe, cette femme que nous connaissons comme riche et autoritaire, jamais elle n'aurait consenti à la conversion de son mari au Dieu d'Israël. Normalement et en toute loyauté, nous devons conclure que Khadidja était juive. Il apparaît que le pauvre Mohammed fut l'objet d'un beau coup de filet, habilement lancé par deux personnages dont les mouvements furent parfaitement synchronisés. Poussé par sa femme, enseigné par le rabbin, l'innocent chamelier ne pouvait évidemment pas reculer devant la décision qu'on lui présentait : il devint juif de religion. Mais cette conversion personnelle n'était, pour le rabbin, qu'une première étape, un prélude à la conversion de tous les Arabes au Dieu d'Israël.

> Exalte le nom de Ton Seigneur, le Très Haut
> ………
> Nous t'enseignerons à réciter et tu n'oublieras pas
> (*Sour.* LXXXVII, 1-8.)

> Apprends par cœur ce qui se trouve dans les Feuilles d'Abraham et de Moïse
> (*Sour.* LXXXVII, 18-19.)

> Et maintenant, lève-toi, pars à la conquête de ton peuple

> '*Iqra*' (9) Prêche ce Dieu des Juifs, ce Dieu qui, sur le mont Sinaï, enseigna aux hommes ce qu'ils ignoraient, et dont les paroles furent inscrites par Moïse sur des tables
> (*Sour.* XCVI, 1-5.)

Prêche, '*iqra*' ce Dieu qui a donné à l'humanité la plus grande preuve de sa générosité et de sa miséricorde. Mohammed, désormais, quand tu parleras en public, ce sera pour annoncer la Toute-Puissance de ce Dieu Unique. Tu es maintenant des nôtres. Notre Dieu est ton Dieu. C'est notre Dieu commun que tu dois prêcher à tes compatriotes. '*Iqra*', prêche au nom de ton Seigneur qui créa le Ciel et la Terre. Comme je te l'ai dit, tu n'as pas une religion nouvelle à inventer. Ton rôle est clair, bien défini tu es maintenant l'apôtre du Dieu d'Israël. Ta mission est de répéter mes enseignements, tu es répétiteur et avertisseur. Mohammed obéit. Bien qu'Arabe, il annonce maintenant à ses compatriotes le Dieu de sa femme et du rabbin.

Quand on prononce le nom de Yahwé, il se prosterne à la façon des Juifs.

Il fréquente leurs assemblées.

Il est devenu Juif !

Pour le rabbin, c'était une belle prise. Mais un poisson, fût-il de poids et de qualité, ne suffit point à un pêcheur passionné. Le rabbin veut faire don à Yahwé de La Mecque, de toute l'Arabie, de toutes ces contrées vers lesquelles Israël regardait depuis longtemps. Le rabbin était apôtre. Mohammed le serait !

Traducteurs, commentateurs et historiens ont galvaudé cette histoire toute simple et toute belle, et au fond très émouvante. Les Mecquois sont idolâtres. Ils adorent des fétiches ; ils vénèrent des cailloux. A leur façon, ils sont religieux, mais l'objet de leur culte est sans vie, sans pouvoir. Et pourtant il existe un vrai Dieu, un seul. Or ce Dieu s'est réfugié chez les Juifs, dont il a fait les confidents de ses intimes pensées. Et depuis qu'ils connaissent Yahwé, les Juifs luttent pour son règne, pour l'extermination des idoles.

---

9 — *Iqra*' est l'ordre de lire les signes. Généralement traduit par « lis », ce mot signifie aussi « répète à haute voix » ou « récite. »

Et La Mecque est idolâtre... Un rabbin qui connaît l'histoire de sa race, qui en a compris la splendide mission en étudiant les *Livres Saints*, a formé le projet d'amener les tribus arabes au Dieu de Vérité. Pour cette noble conquête, Mohammed, converti à la religion d'Israël, devient pour son maître un auxiliaire précieux, sincère, fidèle, presque trop zélé.

Chapitre VIII

Les réactions des mecquois devant la prédication de Mohammed

(Mohammed) Récite à tes compatriotes l'histoire
   d'Abraham,
Quand il dit à son père et à son peuple :
   « Qu'adorez-vous ? »
Ils répondirent : « Nous adorons les idoles, et tout le jour,
   nous leur rendons un culte. »
Abraham demande : « Est-ce qu'elles vous entendent
   quand vous les priez ?
Vous sont-elles utiles ; vous sont-elles nuisibles ? »
Ils répondirent : « Non (mais), nous avons trouvé nos
   ancêtres agissant ainsi. »
(Abraham) dit : « Avez-vous considéré ce que vous adorez,
vous et vos ancêtres les plus anciens ?
Ces idoles sont un ennemi pour moi. Je n'adore que le
   Seigneur des Mondes
qui m'a créé et qui me guide,
qui me donne à manger et à boire et qui me guérit quand je
   suis malade,
qui me fera mourir, puis me fera revivre. »

(*Sour.* XLIII, 23.)

Ce n'est pas seulement l'histoire d'Abraham que Mohammed reconte aux Mecquois, c'est tout le Coran de Moïse qu'il leur récite sur la place publique ; non seulement l'histoire d'Abraham, mais celle de Jacob, de Joseph, de Moïse lui-même, de David, de Salomon, de la Reine de Saba, en un mot toute l'histoire des peuples hébreu et juif.

Devant pareille prédication, l'animosité des Mecquois ne fait que s'accentuer. Sur leurs lèvres, reviennent toujours les mêmes négations, les mêmes insultes, les mêmes moqueries. Ils méprisent le rabbin, se refusent à prendre au sérieux le mari de Khadidja — cet Arabe converti en juif, déguisé en apôtre du judaïsme !

> — Mohammed, tu n'es qu'un fou et ce n'est pas pour ce drôle que nous allons abandonner nos dieux !
>
> (*Sour.* XXXVII, 35.)
>
> Nous n'avons pas besoin qu'un fou vienne nous annoncer sur nos places publiques de pareilles insanités. Toutes les histoires que tu viens nous débiter sont des histoires de magie...
>
> (*Sour.* LIV, 2 XI, 10 ; XXXVII, 14.)
>
> ... des histoires de possédé
>
> (*Sour.* XLIV, 13.)
>
> ... de vieilles sorcières et de poètes
>
> (*Sour.* XXI, 5 ; LII, 30, 33-34 ; XXXII, 2 ; XI, 16 ; XLVI, 6 ; XXV, 6 ; XXIII, 85.)
>
> Dans tout ce que tu nous racontes, il n'y a pas un mot de vérité. Tu n'es qu'un menteur. La religion juive que tu nous prêches n'est elle-même que mensonge
>
> (*Sour.* LIV, 3 ; L, 5.)

— Mais non, je ne vous mens pas, proclame Mohammed :

> O hommes, en vérité, je suis l'apôtre de Yahwé pour vous tous.
>
> (*Sour.* VII, 157)
>
> Je suis l'apôtre de Yahwé, c'est-à-dire du Dieu à qui appartiennent les cieux et la terre.
>
> (*Sour.* VII, 158.)

Le Dieu qui règne sur les cieux et la terre, c'est vraiment Yahwé, le Dieu d'Israël.

Il n'y a pas d'autre Dieu que Lui ! C'est Lui qui fait vivre et qui fait mourir.

(*Sour.* XLIV, 7-8 ; VII, 158.)

Que dis-tu, Mohammed ? Que tu es l'apôtre de Dieu ?

Va donc raconter cela à ceux qui ne te connaissent pas. Nous, nous te connaissons depuis ta naissance, bel apôtre ! Tu es tout simplement le fils d'Abdallâh, de la tribu des Koraïchites. On t'a vu courir dans les rues. Tu ne sais même pas lire ni écrire. Tu as réussi à te faire épouser par une juive, commerçante avisée, qui a déjà eu deux maris — tu es le troisième, espèce de nigaud — et tu nous fais croire que tu es l'apôtre d'un Dieu Tout-Puissant que tu n'as jamais vu et qui n'est autre que le Dieu des Juifs, le Dieu de ta femme :

> Lorsqu'ils te voient, ils te prennent seulement pour objet de raillerie : Est-ce là celui que Yahwé a envoyé comme apôtre ?
>
> (*Sour.* XXV, 43.)

Ils s'étonnent que de leur milieu soit venu un avertisseur.

(*Sour.* L, 2 ; X, 2.)

Tais-toi donc, vieux fou.

(*Sour.* XXIII, 71-72 ; XXXIV, 8.)

Tu n'es qu'un simple mortel comme nous :

> « Que serait un apôtre qui prendrait sa nourriture et se promènerait comme nous, dans les marchés ? »
>
> (*Sour.* XXV, 8.)

Tu n'es qu'un rêveur, un poète comme ceux que tu vois sur la place de nos marchés, aux rassemblements des caravanes, et qui inventent une foule de sottises pour amuser leur auditoire.

Si tu es vraiment un apôtre du Dieu Tout-Puissant, le successeur de Moïse, donne-nous des signes de ta mission ; exhibe-toi sur la place publique et, comme Moïse, fais-nous des tours de passe-passe. Fais-nous des miracles. Si tu n'es pas capable d'en faire de grands, fais-en au moins des petits, même un seul. Oui, un seul, venant de toi, suffirait ; mais fais-le, pour que nous ayons une preuve de ton pouvoir et que nous puissions croire à la véracité de tes paroles. Sinon tu resteras toujours à nos yeux un pauvre homme.

Est-ce que Yahwé aurait envoyé un mortel comme apôtre ?
(*Sour.* xvii, 96.)

Tu nous répètes à tout instant que tu es comme Moïse ; que tu es, comme lui, chargé d'annoncer la bonne nouvelle d'un Dieu Unique, et de nous donner, comme il l'a fait pour son peuple, les préceptes d'une voie droite. Moïse faisait des miracles ; des miracles étonnants même. C'est ton Juif qui te l'a dit, et tu le répètes. Eh bien ! si tu es comme Moïse, donne-nous aussi des signes miraculeux de ta mission. Fais des prodiges, et nous y croirons. Si tu n'es pas capable de faire descendre des anges, fais autre chose ; par exemple, montre-nous un trésor extraordinaire (*Sour.* xxv, 9) ;

Que Yahwé fasse pour toi une maison en or.
(*Sour.* xxvii, 95)

Ou bien simplement un jardin qui te fournisse de la nourriture.
(*Sour.* xxv, 9)

Un jardin avec des raisins et des palmiers...
(*Sour.* xvii, 93)

Arrosé par d'abondants ruisseaux...
(*ib.*)

Ou plus simplement encore, fais jaillir pour nous une source abondante...
(*ibid.* 92.)

Tant que tu ne feras pas un petit miracle, tu resteras pour nous une espèce de charlatan, de fou, de poète, un bavard au service des Juifs. Tu n'as pas honte d'abandonner les dieux de nos pères pour adopter le soi-disant Dieu de Moïse que tu ne connais que par un étranger ? Tu nous parles d'Abraham et de Moïse comme si ces inconnus étaient de notre race ! N'es-tu pas fou de te prêter à un pareil jeu ? As-tu le diable dans le ventre ? On dirait qu'un djinn, un diable, habite en toi
(*Sour.* xxiii, 71-72 ; xxxiv, 8.)

Ton Juif t'a fait croire que tu étais l'apôtre de Yahwé, du Tout-Puissant ; regarde-toi donc ! Tu manges, tu bois, tu marches comme nous. Tu couches avec une femme comme nous. Tu es voué à la mort comme nous. Tu sais bien que tu mourras ! Comment viens-tu nous raconter, à nous que tu connais bien, qu'une fois ta chair disloquée et tes os desséchés tu reviendras à la vie ? Cela aussi est histoire de vieux radoteurs.

(*Sour.* XXIII, 85 ; XXVII, 70 ; XVI, 26.)

Qui serait capable de faire revivre des os quand ils sont cariés ?

(*Sour.* XXXVI, 78 ; XXIII, 84.)

Non, ce n'est pas possible : Il n'y a qu'une seule mort, et nous ne serons jamais ressuscités.

(*Sour.* XLIV, 34.)

Tout ce qu'on nous raconte sur la résurrection n'est que mensonge et sorcellerie

(*Sour.* XI, 10.)

Avant toi, vivaient nos pères et nos anciens. Ils sont bien morts, ceux-là ! Est-ce que tu les as vus revenir à la vie ?

(*Sour.* XXXVII, 16-18 ; XLIV, 35-40 ; XXVII, 69 ; LVI, 46-48 ; XLV, 24.)

Mohammed, nous en avons assez de tes sornettes, réponds-nous clairement.

Mohammed, pressé de questions, ne sait que dire. Heureusement, le rabbin est auprès de lui, lui soufflant les réponses. Mais ces réponses, placées dans la ligne du judaïsme, risquent fort de n'être pas comprises des Mecquois idolâtres. — Ces derniers, Mohammed, te reprochent de n'être qu'un menteur. Ces injures ne sont pas une nouveauté. Il y a bien longtemps que les impies ont traité de menteurs, de fous, les envoyés de Yahwé. C'est ainsi qu'aucun apôtre n'est venu vers ceux qui ont vécu avant nos adversaires d'aujourd'hui, sans qu'ils aient dit :

« C'est un magicien ou un fou ! »

Ce sont les mêmes sarcasmes que les infidèles se transmettent de génération en génération.

(*Sour.* LI, 52-53.)

C'est ainsi que les apôtres de Yahwé :

... Ont été traités de menteurs par le peuple de Noé, par les compagnons d'ar-Rass et par les Thainoud. Voyez encore Ad et Pharaon, les frères de Loth, les compagnons de la Forêt et le peuple de Toubba ; tous ont traité leurs apôtres de menteurs. Mais la menace a été justement exécutée.
(*Sour.* L, 12-13 ; XXXVIII, 11-15.)

Tu le vois bien, Mohammed, tous les envoyés de Dieu ont été méprisés, vilipendés, insultés par leurs compatriotes idolâtres. Si les Mecquois t'insultent aujourd'hui, c'est une preuve évidente que, toi aussi, tu as été choisi pour être au milieu d'eux l'apôtre de Yahwé ; tu dis la Vérité, et tu continues la grande lignée de nos Patriarches et de nos Prophètes. Les moqueries des Mecquois, loin de te porter préjudice, te jettent dans le camp des apôtres d'Israël. Ces idolâtres ne sont que des esprits obtus, des égoïstes qui ne recherchent rien d'autre que leurs jouissances. Mais patience, mon fils Mohammed. Tandis que toi et tes compagnons aurez de belles femmes pendant toute l'éternité, eux seront entourés d'une carapace de feu. Ces riches commerçants ne croiront jamais. Pour croire ils te demandent des miracles. Même si tu en faisais, ils ne croiraient pas.

Ont-ils cru en Yahwé, les ennemis des grands apôtres d'Israël ?

Tu es vraiment comme Abraham, comme Moïse.

Tu as reçu même mission ; si tu ne fais pas de miracles, c'est d'abord parce que tu n'as aucune doctrine nouvelle à authentiquer, et ensuite parce que les miracles sont inutiles.

Le rabbin de La Mecque est vraiment un homme extraordinaire, dont l'action a marqué tout le bassin méditerranéen. C'est toute la race arabe ignare, arriérée, à peine sortie de la sauvagerie, qu'il rêve de décrasser en la faisant entrer dans la civilisation juive. Après avoir converti Mohammed, il le défend contre les attaques des idolâtres. Ils ont beau le railler, leurs moqueries elles-mêmes sont une preuve de la véracité et de la grandeur de la mission de Mohammed ! Qu'ils sont donc stupides, les historiens modernes qui déclarent que si Mohammed n'a pas fait de miracles, c'est parce qu'il ne voulait pas en faire. De dépit devant l'impuissance de Mohammed, les anciens commentateurs du Coran se rebiffent : nous ne comprenons pas le prophète, disent-ils. Si ! il a fait des miracles : n'est-ce pas lui qui, pour attester la vérité de sa doctrine religieuse, a cassé la lune en deux ? Et les musulmans d'aujourd'hui continuent à faire écho aux sornettes de leurs prédécesseurs.

Ne te décourage pas, mon fils, Mohammed. Tu ne fais pas de miracles : c'est inutile dans ton cas. On t'appelle menteur, fou. Rappelle-toi qu'on a infligé le même traitement aux grands Patriarches d'Israël. C'est une preuve que ta mission est semblable à la leur. Oui, je comprends ; c'est dur pour toi, Mohammed, de te voir repoussé par tes compatriotes, de rester incompris des hommes de ta race et de ta maison. Peut-être bientôt seras-tu obligé de quitter ton pays natal pour échapper à leur malveillance ; ils menaceront ta vie ; mais courage, courage, mon fils. Je suis là auprès de toi, moi qui t'ai révélé la grandeur de notre religion, la seule vraie ; ta femme aussi est là pour te soutenir, elle qui t'a poussé vers la Vérité, vers le Dieu Unique de Moïse.

Mais sous les coups de boutoir des sarcasmes répétés de ses parents, de ses cotribules, de ses compatriotes, Mohammed en arrive cependant à se décourager. Il se sent pris au piège. Pourquoi donc ai-je épousé une juive ? Pourquoi ai-je renié la religion de mes pères ? Pourquoi ai-je adopté ce Dieu des Juifs qui ne peut en supporter d'autres à côté de Lui ? Avant mon mariage et ma conversion, je n'étais pas riche, mais au moins j'étais considéré par tous les gens de La Mecque. J'accompagnais les caravanes ; entre temps, j'aidais mon oncle le bedeau à balayer la Ka'ba. Tout le monde me connaissait et m'estimait. Il a fallu — triste sort ! — que je me laisse prendre par cette Juive et par ce rabbin, pour voir s'abattre sur moi sarcasmes, mépris et insultes. On m'a fait croire que j'étais comme Abraham et comme Moïse. Je le raconte à qui veut l'entendre. Je suis là, les bras ballants, la tête vide, impuissant à faire le moindre miracle. Je suis ridiculisé à cause de mon impuissance ...

Mohammed va-t-il revenir aux dieux ancestraux ? Il en est bien tenté. N'est-ce point par la faute de sa femme et de ce Juif qu'il est devenu renégat à sa race ? C'est affreux. Sa situation est intenable. Pourquoi a-t-il abandonné son propre passé ? Pour se laisser traîner à la remorque du judaïsme, d'un judaïsme déjà détesté des Arabes. Mohammed ! écoute-nous ; reviens à la religion de tes parents ; reviens à la Ka'ba.

Abandonne tes excentricités.

Mohammed hésite.

Ils ont été sur le point de te séduire et de t'éloigner de ce que
nous t'avons révélé...
(*Sour.* XVII, 75) ;

... En d'autres termes, tes adversaires — idolâtres ou chrétiens
— ont failli te détourner de la seule vraie religion, la
religion d'Israël, de Moïse. Déjà tu inclinais vers eux.
(*Sour.* XVII, 76.)

S'ils avaient réussi, ils ne t'auraient plus traité d'imposteur ou
de menteur ; ils t'auraient pris pour ami.
(*Sour.* XVII, 75.)

Ne t'afflige pas, mon fils, de leurs machinations.
(*Sour.* XXVII, 72 ; XVI, 128.)

Yahwé est avec toi. Dis-leur : Si je suis égaré, je suis seulement
égaré contre moi-même. Si, au contraire, je suis dans la
bonne direction, je le suis par ce que Yahwé me révèle. Il
écoute tout et il est proche.
(*Sour.* XXXIV, 49.)

Yahwé est ton guide et ton soutien. Il est ta force. Ne sois pas
triste parce que tes compatriotes refusent ton message.
(*Sour.* XV, 97.)

Que leur impiété ne t'afflige pas ! Ils reviendront tous vers
Nous. Nous les aviserons alors de ce qu'ils auront fait sur
terre. Car en vérité, Yahwé connaît les pensées des cœurs.
Sour. XXXI, 22.)

Tous les apôtres, Mohammed, ont connu des périodes de
désespoir, des instants d'impuissance. Crois-moi : célèbre
les louanges de ton Seigneur, et reste dans la Synagogue
avec ceux qui se prosternent.
(*Sour.* XV, 97-98.)

C'est-à-dire avec les Juifs. Comme eux, apprends notre Coran hébreu ; récite-le aux idolâtres Mecquois. C'est le seul *Livre de Vérité*, l'unique Coran qui existera jamais.

⊹

Chapitre IX

Apparition d'un Coran arabe

*T*u as raison, Mohammed, récite le Coran, ricanent les Mecquois. Personne ne risque de te contredire, puisqu'il est écrit en hébreu, langue qui nous est totalement étrangère ! Là encore, Mohammed fait figure d'enfant puni ce n'est pas de ma faute ; je n'y suis pour rien si Yahwé n'a pas parlé en arabe.

Ce sont les objections des Mecquois qui peu à peu, amenèrent le rabbin à préciser ses méthodes d'action, à changer son plan d'attaque et de conquête.

À l'époque où le rabbin commença parmi les idolâtres son apostolat public, le Coran arabe n'existait pas. L'Arabie n'avait pas de Livre religieux, et le prédicateur juif avait su en tirer argument pour affirmer la supériorité d'Israël sur les tribus arabes. Non seulement l'Arabie n'avait pas de Livre, mais, dans la première phase de son apostolat, le rabbin n'éprouva même pas l'utilité, à plus forte raison la nécessité de parler à ses auditeurs du Livre des Juifs. Dans aucune des sourates antérieures à la sourate LXXX, il n'est fait mention d'un Livre religieux. Dans la seconde phase de prédication, qui commence précisément LXXX, le rabbin parle aux idolâtres d'un Livre de vérité, d'un Livre de direction composé d'anciennes feuilles écrite par Abraham, Moïse, et Aaron. Ces feuilles forment un Coran, c'est-à-dire un Livre, un Livre de Moïse écrit sur une Table gardée ! Devant ce terme les commentateurs orientaux et occidentaux perdent pied. Table gardée ! C'est, sans nul doute, une Table gardée au Ciel, concluent-ils, gardée de toute éternité, bien entendu ;

par conséquent, c'est l'archétype du Coran arabe. Toutes ces sottises traînent encore en 1960 dans les livres des prétendus savants que sont nos fameux coranisants. Laissons donc planer dans les airs ce fameux archétype si cher aux musulmans et aux érudits. La réalité est beaucoup plus simple et plus terre à terre. Nos lecteurs ont certainement entendu parler des tables de Moïse, ces tables de la Loi, qui sont Direction pour l'humanité, et Miséricorde de la part de Yahwé. L'histoire de ces tables est tout de même tellement connue, que nous croirions faire injure à nos lecteurs en y insistant. Quand le rabbin, dans la sourate LXXXV, 21, parle pour la première fois d'un Coran, d'un « Coran glorieux, sur une table conservée », c'est sans aucun doute possible le Coran de Moïse, le Coran hébreu qu'il entend désigner par cette expression. Il n'est pas encore question d'un Coran arabe. C'est le Coran hébreu que le rabbin apprend oralement à Mohammed « Mon fils, Mohammed, déclame le Coran en psalmodiant », en chantant (*Sour.* LXXIII, 4.) C'est ce même Coran hébreu expliqué en arabe au mari de Khadidja, qui raconte l'histoire des armées de Pharaon (*Sour.* LXXXV, 18) ; c'est devant ce Coran hébreu que les Juifs se prosternent ; c'est lui que les idolâtres traitent de mensonge (*Sour.* LXXXIV, 21-22.) « As-tu considéré celui qui tourne le dos, qui ne donne que peu de chose, et qui est avare de ses biens », dit le rabbin à Mohammed ; et il ajoute : « Cet incrédule a-t-il connaissance des choses invisibles ? Les voit-il ? Connaît-il ce qui se trouve dans les pages de Moïse et d'Abraham ? » (*Sour.* LIII, 34-37.) Dans tous ces textes, et dans bien d'autres qu'il est inutile de citer ici, il n'est nullement question d'un Coran arabe, mais du seul qui existe, le Coran de Moïse, c'est-a-dire le *Pentateuque*.

> (Je le jure) par la montagne
> par l'écrit tracé
> sur un parchemin déployé
>
> (*Sour.* LII 1-4.)

Je le jure par le Mont Sinaï ; je le jure par le Livre écrit sur un rouleau déployé ; je le jure par le Temple fréquenté... Qui donc a pu prononcer serment si solennel par le Sinaï, par le Coran de Moïse, par le Temple, sinon un rabbin, celui qui instruit Mohammed et qui habite La Mecque ? Jusqu'ici, il n'est question nulle part d'un Coran arabe. Il n'y sera fait allusion, dans les *Actes de l'Islam*, qu'à partir, de la sourate LIV, 17, 22, 32, 40 : « Nous l'avons rendu facile pour ta langue », c'est-à-dire nous avons adapté en arabe — pour que vous puissiez le comprendre — le Coran hébreu de Moïse.

Si l'on prend comme base le classement de Nöldeke, cette sourate LIV aurait été précédée de 49 autres ; par conséquent, pour l'histoire du Coran arabe, on peut admettre *grosso modo* que, dans la première série de sourates allant de la sourate XCIV à la sourate LXXX, il n'est question dans les *Actes de l'Islam* d'aucun livre religieux que, dans la seconde série de sourates — de LXXX à LIV exclusivement —, le rabbin ne parle jamais que du Coran hébreu de Moïse ; que c'est seulement dans la troisième série commençant à la sourate LIV, qu'il sera question d'un Coran habillé en arabe. Le rabbin de La Mecque en parle à nouveau, dans les mêmes termes, dans la sourate XLIV, 58 « Nous l'avons rendu facile pour ta langue » et, dans la sourate XX, 112 « Nous l'avons révélé sous forme de Révélation arabe. »

D'après tout ce que- nous avons dit précédemment et d'après la seule interprétation logique des textes, il est facile de nous représenter l'exacte situation. Dans ces courts versets que nous venons de citer, nous apprenons en effet que le rabbin de La Mecque vient d'achever une œuvre littéraire. Le but de cette œuvre est de rendre compréhensible pour les arabes le Coran hébreu de Moïse. De prime abord, ce Coran arabe dont il est parlé pour la première fois dans la sourate LIV nous apparaît comme l'œuvre du rabbin, œuvre qui n'est pas une nouveauté en elle-même, mais seulement une adaptation en arabe d'un Livre religieux ancien.

Ce Coran arabe, en soi, ne doit avoir aucune originalité pour atteindre le but fixé par le rabbin. Il doit être seulement l'exacte réplique du *Pentateuque* ou, au moins, de son enseignement fondamental. Ni Allah, ni Mohammed, ne sont pour rien dans la composition de ce livre arabe.

Que de sottises, que d'absurdités n'a-t-on pas dites sur les origines de ce livre ? De grâce, asseyons-nous et réfléchissons quelque peu. Nous avons vu jusqu'ici en toute clarté que Mohammed, mari de la Juive Khadidja, a reçu toute son instruction religieuse d'un Juif fort cultivé en sciences bibliques et *Talmud*iques ; que, à la suite de cet enseignement, Mohammed s'est converti à la religion juive, et qu'il a prononcé sa profession de foi au judaïsme ; qu'il s'est fait parmi ses compatriotes railleurs et incrédules l'apôtre du Dieu de Moïse.

Pour le rabbin, instructeur de Mohammed, il n'y a qu'un seul Dieu, qui n'a parlé qu'une fois aux hommes, à Moïse sur le Mont Sinaï. Il n'y a qu'un seul Livre religieux, le Coran hébreu dont le peuple juif est seul dépositaire. Méditons quelques minutes sur chacune de ces affirmations.

Pour les Juifs, l'inspiration divine de la *Tora* est un dogme qui ne souffre aucune discussion :

« *Celui qui dit que la Tora n'est pas venue du Ciel n'a pas de part dans le monde à venir* »

(*Talmud, Sanhédrin*, ch. premier, édition Schwab, t. XI, p. 39.)

La *Tora* est d'origine céleste :

« *Même si quelqu'un reconnaît cette origine céleste de la Tora en en exceptant un seul mot, qui (béni soit le Saint-Unique) n'aurait pas été prononcé par Moïse, celui-là ne parle pas selon son gré personnel.* »

Nous ne pouvons point par conséquent nous étonner que le rabbin de La Mecque enseigne que le Coran hébreu de Moïse est une œuvre divine, révélée par Yahwé lui-même. Il n'y a qu'un Livre, la Bible des Juifs, et cette œuvre est divine. La révélation du Livre vient de Yahwé, le Puissant, le Sage (*Sour.* XXXII, 1 ; XLI, 1 ; XL, 1 ; XXXIX, 1, 2, 3 ; XLII, 16 ; X, 38 ; XXXV, 26 ; XLVI, 1, 9 ; VI, 88.) C'est auprès de Yahwé qu'est la mère du Livre (Sour. XIII, 39 ; VI, 92 ; XLIII, 5), c'est-à-dire : le Coran hébreu est en Dieu comme dans sa source.

C'est l'enseignement même du *Talmud*.

À la seconde étape de son voyage, Yahwé donne le Coran à Moïse (*Sour.* XXXVII, 114-117 ; XXIII, 51 ; XXI, 49 ; XXV, 37 ; XVII, 2 ; XLI, 45 ; XI, 112 ; XL, 56 ; XXVIII, 43.) Ce Coran « que Yahwé donna à Moïse est *complet* pour celui qui fait le bien. Ce Livre est décision *pour tout*, guide et miséricorde » (*Sour.* VI, 11.) Et comme, d'après les Juifs, Yahwé n'a parlé qu'une seule fois à l'humanité, le Coran hébreu est nécessairement l'unique Coran ; la révélation du Sinaï est valable pour tous les temps, et déjà nous pouvons conclure que si, un jour, il existe un Coran arabe, il ne pourra être nécessairement qu'un duplicata du seul Coran original, celui de Moïse. Le Coran est en marche. Reposant, pour ainsi dire, dans l'Intelligence de Yahwé, il est remis à Moïse en langue hébraïque sur le Mont Sinaï, et Moïse le remet au peuple d'Israël qui devient de ce fait le peuple Élu. Nous avons donné le Livre à Moïse et nous en avons fait une Direction pour les enfants d'Israël, en leur disant :

> Ne prenez pas d'autre patron que moi !
> *(Sour.* XVII, 2.)

> C'est aux enfants d'Israël que nous avons remis la Terre Promise.
> *(Sour.* XVII, 106.)

> Ce sont les enfants d'Israël qui ont reçu l'assurance de la Vie éternelle.
> *(Ibid.)*

> C'est aux enfants d'Israël que nous avons apporté le Coran, la Sagesse et la Prophétie.
> *(Sour.* XLV, 15)

> C'est à Moïse que nous avons donné la Direction, et nous avons fait hériter les enfants d'Israël du Coran.
> *(Sour.* XL, 56.)

> Si on éprouve quelque doute sur les plaies d'Égypte, ce sont les enfants d'Israël qu'il faut interroger.
> *(Sour.* XVII, 103.)

> Ils connaissent le Livre.

> N'est-ce pas un signe, que les enfants d'Israël aient connaissance du Coran de Yahwé ?
> *(Sour.* XXVI, 197.)

Quel peut bien être l'auteur de tous ces versets, que tous les coranisants s'efforcent de passer sous silence : Allah ? Dans ce cas, il nous faut nécessairement conclure que cet Allah est complètement Juif ; qu'il ne connaît qu'une révélation, celle de Moïse, qu'un seul peuple digne de ses confidences, le peuple juif. Cet Allah, sous tous ses aspects, est identique à Yahwé, sans aucun attribut distinctif. L'auteur serait-il Mohammed ? Alors concluons qu'il n'a d'éloges que pour le peuple d'Israël, qu'il le considère maintenant comme seul dépositaire des secrets divins, le possesseur de la seule Révélation qui a jamais existé et existera jamais, celle du Sinaï. Un pareil Mohammed ne se conçoit que s'il est complètement rallié au judaïsme. Mais il n'est besoin ni d'un Allah sans personnalité, ni d'un Mohammed « *enjuivé* » pour expliquer tous les versets qui mettent en relief l'excellence du Peuple Élu. À ses connaissances bibliques, à son accent de conviction, à son orgueil national, nous avons reconnu l'auteur. Il n'y a qu'un Juif pour magnifier en termes si éloquents le peuple d'Israël, pour le placer à la tête de toutes les nations, pour en faire le centre de l'Univers, pour présenter le judaïsme comme la porte unique du salut, pour proclamer que les Juifs sont les seuls dépositaires du Coran de Moïse, que ce Coran est le seul qui puisse jamais exister, pour déclarer que seul Israël est lié à Dieu par un pacte sans limite de temps, pour poser en axiome définitif qu'il n'existe qu'une seule Révélation, confiée au seul Peuple Élu, écrite en hébreu sur des tables de marbre et dont toutes les synagogues conservent une copie.

Ce Coran divin a déjà parcouru un grand chemin, de l'Intelligence divine à la synagogue de La Mecque. Mais les copies de ce CORAN ne sont pas conservées dans les synagogues comme des pièces de musée mortes et inactives. Le CORAN de La Mecque, écrit en hébreu, est d'une double utilité il sert d'abord de Livre liturgique pour la communauté juive ; c'est le livre de chevet de tout Juif fidèle :

> « *De même qu'il faut allaiter l'enfant à chaque heure de la journée*, disait le rabbi Eliezer, *de même tout homme en Israël doit s'occuper à chaque instant de la Loi.* »
> Talmud, traité des Berakhot, ch. IX ; ed. Schwab t. I, p. 175.)

Mais à La Mecque, et seulement là, le CORAN de Moïse sert également au rabbin pour faire l'instruction religieuse de Mohammed en arabe. C'est précisément à cette occasion que le Coran de Moïse amorce un nouveau stade dans sa marche historique, stade qui, aujourd'hui encore, a de nombreuses, profondes, et continues répercussions dans l'humanité. Sans jamais quitter le monde juif, il va se projeter dans le monde arabe. Le Coran hébreu ne pourra jamais prendre une autre voie qu'une voie de conquête et de victoire. Israël n'abandonnera jamais ses privilèges. Il doit nécessairement demeurer le Peuple Élu. Personne ne peut effacer de l'histoire de l'humanité le fait que Yahwé ait choisi Israël comme confident de ses secrètes pensées. Si le Coran de Moïse doit poursuivre sa route, ce n'est certes pas pour déserter Israël, mais pour étendre ses conquêtes et lui amener les goïm, les Nations comprendront, en acceptant sa Loi, que le salut et la Vérité ne peuvent résider que dans le giron d'Israël. La religion juive est nécessairement séductrice et conquérante. Quand les Juifs élargissent leurs frontière, ce n'est pas pour se dissoudre dans d'autres races qu'ils jugeront toujours minimes, inférieures, parce qu'elles n'ont pas reçu le nom de Dieu. A cause de l'insigne privilège dont il a été l'objet, Israël, qui détient le monopole de la Vérité, doit rester lui-même s'il veut continuer la mission que Dieu lui a confiée. Il n'est pas un peuple qui se renonce. Partout ou il se trouve, il est comme ramassé sur lui-même ; et quand il sort de lui-même, ce n'est jamais pour se perdre dans la masse ; c'est pour pénétrer, s'immiscer, s'incruster dans d'autres races.

Il ne peut être qu'une race de conquête.

Jésus-Christ, fils de la Vierge Marie et seconde personne de la Très Sainte Trinité, en y ajoutant son propre message sacré, avait ouvert les portes d'accès du mosaïsme à toutes les nations. Par suite des circonstances historiques et locales, ses apôtres et disciples avaient atteint surtout le monde gréco-romain. Le rabbin de La Mecque, supprimant le message chrétien, s'évertuait maintenant, sept siècles après la mort du Christ, à faire entrer le monde arabe dans les synagogues juives. Et c'est le Coran de Moïse qui, seul, peut ouvrir la porte des temples juifs. Le Coran est, pour ainsi dire, intrinsèquement dynamique : on ne le relie pas pour l'exposer sur un rayon de bibliothèque, on le médite ; le croyant et le craignant-Dieu s'en nourrit. Dans la mesure où le croyant est apôtre, le Coran acquiert un dynamisme externe en devenant un instrument de conquête. Au VIIe siècle, un Juif, intelligent entre tous, le rabbin de La Mecque, forme le grandiose projet de livrer ce Coran de Moïse aux tribus arabes. C'est la plus grande entreprise qu'on puisse trouver dans l'apostolat juif de tous les temps. Cette remise du Coran de Moïse aux Arabes par l'intermédiaire de Mohammed se fera en deux temps ou, plus exactement, sous une double forme la première sous forme orale ; la seconde sous forme écrite.

La formation personnelle de Mohammed à la religion d'Israël présente de prime abord une très grande difficulté, apparemment insurmontable, celle de la langue : le Coran est écrit en hébreu et Mohammed, à supposer même qu'il sût lire, ne pouvait le comprendre, ignorant la langue hébraïque. Par conséquent, c'est par voie orale par les récits du rabbin, récits interminables si nous en jugeons par les *Actes de l'Islam*, que Mohammed apprendra les histoires de la Création, de Noé, d'Abraham, de Loth, de Moïse, de Jonas, Elie, Job, David, Salomon.

Cette phase d'enseignement oral est très importante pour l'histoire du Coran arabe. En effet, pour donner cette instruction, le rabbin est bien obligé d'exposer en arabe, à son élève, ce qui est écrit en hébreu dans le Livre Saint des Juifs. Le Coran de Moïse sort de la communauté juive pour pénétrer dans les tribus arabes. Il y pénètre sous forme de récits, en arabe. Pendant cette première période d'apostolat du rabbin, nous n'avons donc pas encore de livre arabe, mais de simples récits d'histoires bibliques. C'est ce qu'on peut appeler le CORABOR, c'est-à-dire le *Coran* (COR) de Moïse, explique par le rabbin en *arabe* (AB) sous forme *orale* (OR.) Ce mécanisme est tout simple et se pratique journellement dans les écoles. Le maître qui explique Platon ou Socrate a devant les yeux le texte grec, et il en donne l'analyse aux élèves qui ne comprennent pas cette langue.

Le CORABOR se développe naturellement au fur et à mesure des leçons données par le rabbin.

On peut fort biens se représenter ces scènes d'enseignement. Le rabbin, accroupi sur un tapis, ouvre la Bible, généralement au début. Approche, Mohammed, je vais te raconter aujourd'hui une belle histoire, celle de Joseph, ou d'Abraham, ou de Moïse. Evidemment, tu ne retiendras pas tous les détails, tous les termes de cette histoire. Ce n'est même pas nécessaire. Je vais t'en bien montrer la trame, puis je t'en expliquerai le sens véritable et profond.

Naturellement, le rabbin ne lit pas la Thora en hébreu, Mohammed n'y comprendrait rien. Il est obligé de faire subir certaines transformations au Coran hébreu ; la présentation en sera forcément changée ; une adaptation sera nécessaire pour le passage de l'hébreu à l'arabe d'une part, pour le passage d'une mentalité à une autre d'autre part. C'est tout simple et tout naturel. N'importe quel professeur d'une école quelconque du globe est obligé d'employer pareille méthode pour se faire comprendre de son auditoire. Mais ce mécanisme tout naturel et véritablement normal nous pousse vers des conclusions d'une importance capitale, absolument logiques. Parti du texte hébreu, le rabbin est obligé d'en venir aux explications en langue arabe. Nous pouvons, par conséquent, croire sans autre démonstration que la langue arabe « coranique » a été créée de toute pièces par le rabbin. Avant d'être fixée sur parchemin, cette langue à d'abord été parlée. C'est par les explications du rabbin à partir du texte hébreu du *Pentateuque*, que fut forgée par le rabbin de La Mecque la langue arabe. Cette conclusion stupéfiante était pressentie depuis longtemps par certains érudits.

Nous ne faisons ici que la mettre en pleine lumière, pour permettre à nos lecteurs d'en prendre une parfaite conscience. En même temps que le CORABOR se développe, la langue arabe se forge et se précise : auteur du CORABOR c'est-à-dire de l'explication orale du Coran de Moïse, le rabbin de La Mecque est donc, par le fait même, créateur de la langue arabe coranique dont il n'existait encore aucun document écrit.

C'est par le CORABOR que Mohammed reçut sa formation religieuse. Le *Coran* composé par Moïse aurait peut-être terminé sa course avec le *Corabor* si la seule conversion de Mohammed avait suffi aux ambitions apostoliques du rabbin et si les Mecquois idolâtres n'avaient pas refusé avec opiniâtreté de croire au message de Mohammed, « téléguidé » par le rabbin. Puisque Mohammed s'était converti au judaïsme tout simplement en écoutant le rabbin, il n'était point besoin d'écrire un livre pour sa formation religieuse. C'était un travail absolument superflu.

Ce livre aurait été également inutile si les Mecquois avaient rallié le judaïsme sur le simple fait de la prédication juive de Mohammed.

Mais cette prédication ne fit que les exaspérer : tout ce que tu nous racontes n'est que mensonge (*Sour.* LXXXV, 19 ; LXXXII, 11 ; LXXVII, 23 ; XXXIV, 8, 42 ; VI, 5) et radotage de vieux (XV, 26 ; VI, 25-26 ; XXI, 5 ; LII, 30, 33-34 ; XXIII, 85.) Jamais nous n'abandonnerons la religion de nos ancêtres pour des histoires de fou (*Sour.* XXXVII, 35.) Et les Mecquois lui tournent le dos, en se moquant de lui (*Sour.* LXXXVIII, 23 ; LIII, 34 ; LI, 54, 73 ; XLIV, 13 ; XXI, 43, 109 ; XVII, 50 ; XVI, 84 ; XXX, 31 ; X, 24, 73.) Nous ne croirons jamais à ton message.

Pourquoi veux-tu que nous suivions la tradition des Juifs plutôt que la nôtre ?

(*Sour.* XLIII, 22-23.)

Mohammed, sois ferme dans ta foi.

Tes adversaires ne sont eux-mêmes que des insensés : Ils adorent des cailloux et ils disent que ce sont des femmes. Moi, je n'invente rien. Toutes les histoires que je te raconte sont écrites dans un Livre qui n'est pas de moi, mais de notre grand prophète Moïse. Mais vous, idolâtres, avez-vous un Coran que vous puissiez mettre en parallèle avec le nôtre ? Apportez-le donc, si vous l'avez. Nous, nous disons que Yahwé est unique. C'est inscrit dans notre Livre. Vous, vous soutenez qu'Allah a des filles. Montrez-nous donc un Livre qui appuie vos assertions ! Mais les Mecquois n'ont pas de Livre. Non seulement ils n'en ont pas, mais ils ne veulent pas croire à celui des Juifs. Il est écrit dans une langue qu'aucun Mecquois ne peut lire ni comprendre. Ah, si le Dieu des Juifs avait parlé en arabe, peut-être... ! Peut-être pourrions-nous croire en Lui !

Le rabbin réfléchit. Il se demande si, en définitive, il a pris la bonne route pour conduire à Yahwé toutes les tribus arabes. Il réfléchit... De quoi s'agit-il ? D'amener à la synagogue les sédentaires et les nomades arabes, de leur apprendre l'histoire sainte. A quel stade en suis-je dans la réalisation de mon plan ? Jusqu'ici, aidé par Khadidja, j'ai converti Mohammed. Par l'enseignement que je lui ai donné, le *Coran* est passé à l'état de *Corabor*. Mais les conversions au judaïsme sont toujours très réduites. Les Mecquois s'attaquent à Mohammed. Ils lui reprochent d'être un fou, un charlatan, un poète, un simple mortel. Je leur ai bien démontré que les grands Patriarches et les grands Prophètes d'Israël avaient subi les mêmes traitements. Ils te reprochent de ne pas faire de miracles, comme Moïse. Je leur ai répondu que les miracles dépendent de Yahwé ; que, dans ton cas, ils sont parfaitement inutiles, puisque tu ne fondes pas une religion nouvelle. Maintenant, ils ne croient pas aux versets de la Vérité que tu leur récites, parce que le Livre de Moïse, écrit en hébreu, leur demeure incompréhensible... Le rabbin se plonge de plus en plus dans ses méditations. Que faire, que faire devant une pareille objection ? C'est vrai, le Coran, écrit en hébreu, est inaccessible.

Par ailleurs, le *Corabor* n'est point palpable. Ce n'est qu'un exposé fluent, qui dure ce que dure la parole. Que faire ? Au fond, les Mecquois ont raison. Il leur est impossible de se référer aux révélations divines. Ils ne peuvent les atteindre que par l'intermédiaire de Mohammed, qui ne les connaît lui-même que par ma parole, et non par la lecture directe de la *Thora*. Que faire ? Yahwé, que ton Esprit m'éclaire. Yahwé, sois mon guide. C'est pour Ta gloire que je travaille ; c'est pour amener vers Ta Vérité les idolâtres arabes que je prêche sans arrêt, que j'explique nos saints Livres.

Longtemps, le rabbin de La Mecque a réfléchi.

Il a médité et prié ; maintenant, la lumière l'inonde…

Voyons, que réclament les Mecquois ?

De pouvoir contrôler les paroles de Yahwé, que, jusqu'ici, ils sont incapables de lire. Ils veulent un Livre ; un livre qu'ils peuvent lire. Ils l'auront.

Je peux le leur donner.

Déjà, je leur ai fait connaître oralement le Coran de Moïse en arabe. Mais les paroles s'envolent. Ils veulent du statique, un Livre qu'ils puissent palper. Eh bien ! je vais leur donner ce livre qu'ils réclament. Je vais leur donner le Coran de Moïse, non plus oralement, mais dans leur propre langue, dans leur propre écriture. Certes, ce n'est pas un Livre nouveau ; ce qui sera nouveau, c'est la présentation :

> Il confirmera ce qui a été dit avant lui.
> (*Sour.* XXXV, 28.)

Par suite des exigences critiques des Mecquois, le *Corabor* est devenu maintenant le *Corab*, c'est-à-dire le CORAN ARABE. A proprement parler, il n'y a pas de Coran arabe, mais une adaptation arabe du Coran hébreu. On ne peut cesser d'être idolâtre qu'en acceptant le livre religieux des Juifs. Le *Corab*, par conséquent, ne peut être qu'un duplicata du Coran hébreu ; s'il contenait quelque dogme nouveau, ce *Corab* trahirait l'idéal uniquement juif du rabbin de La Mecque. Pour répondre aux critiques des Mecquois d'une part, pour répondre au but spécifique du rabbin d'autre part, le *Corab* ne peut reproduire que la lettre et l'esprit du Coran de Moïse.

En conclusion, le *Corab*, ou Coran arabe, n'est donc qu'une adaptation assez libre du Coran hébreu de Moïse, faite par le rabbin de La Mecque, pour permettre aux idolâtres de prendre une connaissance des révélations de Dieu, qu'ils ne connaissaient jusqu'à maintenant que par les prédications de Mohammed, instruit par le rabbin.

De plus, ce *Corab* a été composé et écrit à La Mecque par le rabbin, au début de la seconde période mecquoise. À cette époque, il était déjà achevé. Remarquons enfin que, le *Corab* n'étant qu'une adaptation en arabe du Coran hébreu de Moïse, il est absolument illogique de parler, en ce qui le concerne, de période mecquoise et de période médinoise. Le *Corab* lui-même n'est ni l'histoire de Mohammed, ni celle du rabbin, ni celle des idolâtres en lutte contre le monothéisme. Le *Corab* n'est rien de tout cela. Il n'est que l'adaptation, écrite en arabe, du *Pentateuque* hébreu, et pas autre chose.

Chapitre X

Activité littéraire du rabbin de La Mecque

C'est pour répondre aux critiques des idolâtres mecquois, et pour donner à l'Arabie un Livre pareil au Livre des Juifs que le rabbin, au milieu de sa course apostolique, a pris l'initiative d'adapter en arabe le Coran de Moïse. Ce travail d'écrivain avait été préparé, et se trouvait donc facilité par son travail de prédicateur. Il y a longtemps déjà, — sans qu'on puisse préciser davantage —, que le rabbin expliquait oralement en arabe les histoires rapportées en hébreu dans le Coran des Juifs. Il lui suffisait par conséquent de mettre par écrit ce qu'il avait déjà raconté maintes fois de vive voix à Mohammed et aux idolâtres mecquois.

A la lecture attentive des sourates, nous avons même pu déterminer que le rabbin avait écrit le Coran arabe, d'après son modèle hébreu, au début de la seconde période mecquoise, et qu'il l'avait même complètement achevé à ce moment-là, c'est-à-dire après les 48 sourates de la première période. On peut fort bien attribuer une date à cette adaptation arabe, puisqu'elle n'est qu'un reflet du Coran hébreu ; mais le Livre arabe lui-même, avec son contenu, n'ayant aucune originalité, échappe à toute datation. Ce serait une profonde erreur de parler du Coran mecquois ou médinois : on peut dater une traduction, mais la date de la traduction n'indique rien sur celle de la tradition et de son contenu, qu'elle a pour but de rendre accessible à un nouveau public.

Ce ne sont pas là les seules conclusions que nous livrons à la méditation des coranisants et de tous nos lecteurs. D'autres sourates des *Actes de l'Islam* nous poussent vers de nouvelles réflexions.

Lisons, par exemple, les versets 86-87 de la sourate XV :

86. En vérité, ton Seigneur est le Créateur, l'Omniscient.
87. Nous t'avons déjà apporté sept (versets) de la Répétition et le Coran sublime.

Il faut nous arrêter longuement sur la teneur de ces deux versets qui sont d'une importance capitale pour la composition du Coran et l'activité littéraire du rabbin.

Ces deux versets s'adressent à Mohammed : en vérité, ton Seigneur est le Créateur, l'Omniscient.

L'auteur de ces versets se désigne lui-même par les œuvres qu'il a déjà composées : les Sept versets de la Répétition et le Coran sublime. De plus, ces versets font partie d'une sourate, la sourate XV (la 9e des 21 sourates de la seconde période mecquoise), qui vient immédiatement après les sourates LIV, XLIV, XX, lesquelles nous révèlent l'existence du Coran arabe. Il y a fort peu de temps que le Coran était composé quand furent écrits les versets 86-87 de la sourate XV.

Après ces quelques remarques préliminaires, reprenons lentement la lecture de ces versets.

1. — Les Sept de la Répétition ou *Prière des Laudes*. — L'auteur de ces versets s'exprime instinctivement comme un Juif (v. 86) ; il atteste qu'il a déjà « apporté les sept versets de la Répétition » (v. 87.) Voilà un aveu qu'il faut méditer le Juif, instructeur de Mohammed, s'adressant à son élève peu après avoir composé le Coran, lui rappelle qu'il a déjà composé sept versets. Ces versets possèdent une identité particulière. Ils sont bien distincts de ceux du Coran arabe, du *Corab*. Ils forment donc un tout, bien concret, bien net ; et ce tout est très bref : sept versets. Sept versets qui sont destinés à une répétition fréquente : les *Sept de la Répétition*. À cette brièveté, à cette fréquence dans la répétition, à leur caractère de prière, on reconnaît immédiatement, sans aucune hésitation, la prière en sept versets que les musulmans placent en tête de leur recueil de sourates :

1. – Au nom d'Allah, le Bienfaiteur miséricordieux
2. – Louange à Allah, Seigneur des Mondes
3. – Bienfaiteur Miséricordieux
4. – Souverain du Jour du Jugement !
5. – C'est Toi que nous adorons, c'est de Toi que nous implorons secours
6. – Guide-nous dans la voie droite,
7. – la Voie de ceux à qui Tu as donné Tes bienfaits, et qui ne sont ni l'objet de Ta colère, ni les Égarés.

Pour certains exégètes, cette sourate est mecquoise ; elle serait même la première d'entre elles. Pour d'autres, elle est médinoise. Pour d'autres enfin, elle aurait été révélée deux fois, à La Mecque et à Médine. Certains disent encore que cette sourate constitue une révélation authentique d'Allah à Mohammed ; d'autres précisent ce n'est pas une révélation, mais une prière individuelle rédigée par Mohammed pour sa première communauté ; en conséquence, cette pseudo-sourate n'a aucun droit à figurer dans le pseudo-Coran. C'est pourquoi on ne la trouve pas dans certaines éditions du Coran, qui rejette également comme tardif le verset 87 de la sourate XV.

Toutes ces élucubrations n'ont évidemment aucune consistance. Une fois de plus, nos coranisants se noient dans un ridicule bricolage. Ce bricolage s'étend même jusqu'au titre. On relève plus de 25 titres différents. Aujourd'hui, chez les musulmans et chez les Occidentaux, on désigne généralement ces sept versets par le terme d'*al-Fâtiha*, c'est-à-dire *la Liminaire*, la sourate qui commence le Livre.

Nous nous refusons catégoriquement à cette dénomination qui perpétue une erreur notoire et qui ne correspond absolument à rien. Aucun exégète ne peut fournir une preuve valable qui permettrait de placer cette prière en tête du pseudo-Coran. À choisir, nous préférons le titre d'*al-Hamd, la Louange*, qui désigne parfaitement le contenu de ces sept versets qu'on peut réellement considérer comme une prière de louange.

Pour une compréhension solide et claire, nous engageons nos lecteurs à relire posément le fameux verset 87 :

> Nous t'avons déjà apporté sept (versets) de la Répétition et le Coran sublime.

Ce verset existe. Il n'y a aucune raison de le supprimer des *Actes de l'Islam*, sous prétexte qu'il est gênant. Lisons-le donc d'une façon tout à fait objective, comme n'importe quel texte de n'importe quel livre.

L'auteur de la sourate xv nous raconte donc qu'en plus du Coran arabe ou *Corab*, il a déjà composé une *Prière de Louange, Prière de Laudes*, qu'on identifie très facilement avec les sept versets de la répétition, que les musulmans ont placée, à tort, en tête de leur Pseudo-Coran. Nous sommes donc certains que la composition de cette prière était faite à l'époque de la sourate xv. On peut préciser encore la date relative de cette prière. Remarquons, en effet, qu'elle est postérieure aux 47 sourates, de la période mecquoise. Pendant cette période d'instruction orale, nous l'avons démontré, aucun écrit arabe ne figure dans l'apostolat du chef de la synagogue, qui se sert uniquement du *Coran* de Moïse, qu'il transforme en *Corabor* pour ses leçons et ses prédications.

Par ailleurs, la sourate xv est contemporaine de la sourate xx, 112, dans laquelle le rabbin rappelle — ce qu'il a déjà dit dans les *Sour.* LIV et XLIV — qu'il vient de rendre en langue arabe le Coran de Moïse pour en faciliter la lecture et l'intelligence. Le fait de mentionnée dans un même verset la *Prière des Laudes* et le *Coran sublime* paraît bien conforme à notre manière de juger en donnant la même chronologie à ces deux compositions littéraires. Le rabbin lui-même les rapproche dans sa pensée.

Enfin, on remarquera que, dans son énumération, le Juif donne la priorité chronologique à la *Prière des Laudes* sur le *Corab*, ce qui tendrait à nous faire conclure que cette Prière est véritablement antérieure à la composition du *Corab* dont elle serait la préface. Composées comme un ensemble, comme un tout unique, à une date identique, c'est-à-dire au début de la seconde période mecquoise, ces deux œuvres répondent à des exigences un peu différentes.

Le *Corab* a été rédigé par le rabbin pour permettre aux adversaires de Mohammed, c'est-à-dire aux ennemis du judaïsme, de prendre une conscience directe des révélations de Yahwé sur le Mont Sinaï, en s'appuyant non plus sur des paroles qui s'évanouissent en naissant, mais sur un document écrit et par conséquent stable. Par contre, la *Prière des Laudes*, contemporaine du *Corab*, n'est plus une œuvre apologétique ; elle s'adresse à des Arabes convertis au judaïsme ; elle suppose déjà l'existence d'une communauté de musulmans, d'hommes ralliés au Dieu de Moïse après avoir abandonné les idoles de la Ka'ba.

Continuons notre méditation sur le verset 87 de la Sour. xv :

> Nous t'avons déjà apporté sept (versets) de la Répétition et le Coran sublime.

Non seulement ces deux œuvres — correspondant à deux situations différentes, puisque le *Corab* s'adresse principalement aux adversaires du judaïsme, et la *Prière des Laudes* à la jeune communauté arabo-juive — sont contemporaines, mais on peut affirmer de plus qu'elles ont été composées toutes deux par un même auteur. Nous connaissons l'auteur juif du *Corab*, rabbin de La Mecque ; c'est également lui qui composa la *Prière des Laudes*.

Comment s'étonner par conséquent que tout soit juif dans cette prière ?

Beaucoup de coranisants sont intellectuellement satisfaits, simplement en se gargarisant de mots ; ils nous racontent que cette prière est dans le ton du plus pur islamisme. Que peut bien signifier pareille formule ? Que nos érudits, quittant le domaine du son, veuillent bien nous préciser les caractères spécifiques d'une prière islamique originale. Les historiens qui aiment les définitions précises leur seraient profondément reconnaissants s'ils voulaient bien façonner pour eux une prière de ce genre, fût-elle toute petite ! Quand, dans les livres savants ou les bulletins de propagande, comme par exemple le bulletin d'information expédié en quantité massive aux soldats français en Algérie (*Bulletin d'information du Vicariat aux Armées*, n° 18, avril-mai 1956, p. 6), on présente cette prière comme *Prière d'Islam* ou *Prière islamique*, il faudrait avoir la « conscience professionnelle » d'ajouter que cette Prière, récitée aujourd'hui par les musulmans, a été composée par le rabbin de La Mecque, comme modèle de prière pour les Arabes convertis au judaïsme.

2. — LE CORAN ARABE OU CORAB — En même temps qu'il composait la *Prière des Laudes*, le rabbin travaillait à adapter en arabe le Coran de Moïse. Ce *Corab* est, pour ainsi dire, la dernière étape dans le haut moyen âge du *Coran* hébreu. Naturellement, cette seconde œuvre est plus considérable que la première qui ne comprend que sept versets.

C'est le Coran sublime. Le terme de « Coran », en lui-même, inclut deux renseignements précieux : c'est un écrit destiné à la récitation.

C'est un livre qu'on lit à haute voix, et même qu'on psalmodie. On ne se contente pas de le parcourir des yeux ; c'est un Livre qu'on chante et qu'on danse. C'est un Livre d'enseignement, un Livre unique extraordinaire. On ne peut y réfléchir sans éprouver dans son cœur un immense vertige.

Eh quoi ! est-il vrai que ce Livre contienne les paroles de Dieu ?

Est-il vrai que le Seigneur Unique et Tout-Puissant, créateur du Ciel et de la Terre et des profondeurs célestes que la science nous révèle tous les jours plus bouleversantes, est-il donc vrai que ce Dieu ait, un jour, parlé à Moïse sur le Mont Sinaï, cette montagne sacrée qui inspire encore comme un certain effroi aux pèlerins qui s'en approchent ? O Moïse, comme l'humanité tout entière te glorifie d'avoir été choisi par Dieu comme son intime confident. C'est à toi que Yahwé, pour la première fois, a eu la bonté et la miséricorde de décliner son nom :

Je suis Yahwé.
Je suis celui qui suis.
Je suis l'Être, l'Être Unique, total, qui remplit l'Univers.
Je n'ai ni commencement, ni fin.
Écoute, Moïse, voici ma Loi ; voici les décrets
qui doivent régir désormais les rapports entre l'humanité et Moi.

Et Moïse transcrit ces préceptes sur des tables de marbre et raconte ces colloques avec Dieu. Un Dieu parlant à l'homme ! Le Coran alors prit forme ; il transmit pour le reste des temps et pour toutes les races humaines les révélations de Dieu. Le Christ-Jésus, plusieurs siècles plus tard, se fit homme pour compléter par sa personne, par son apostolat, par ses paroles, par les Évangiles qu'il inspira, le Message de Moïse. Pourquoi le Peuple Élu ne veut-il donc pas reconnaître la perfection de ce message, ce message de complément, qui n'enlève rien au Message de Moïse, mais qui l'affine en le précisant ? Peuple d'Israël, tu es grand parce que, toi seul, tu as possédé pendant longtemps les secrets de l'Éternel qui pour nous, chrétiens, continuent à être des secrets dont nous te reconnaissons le dépositaire. Nous aimons tes synagogues. Mais comprends-tu que, à côté de ton *Coran*, il reste une place pour nos saints Livres, continuation, précision, perfection — et non point amenuisement, ni à plus forte raison destruction — de ton *Coran* : Jésus, fils de Dieu, aimait Moïse.

En écrivant le *Corab*, le rabbin de La Mecque n'avait et ne pouvait avoir qu'un seul but : apprendre aux Arabes les révélations sinaïtiques. Pour être *Coran*, le *Corab* ne pouvait être qu'une répétition du Livre hébreu de Moïse. On se tromperait dès le principe, si l'on voulait y chercher la moindre originalité religieuse. Deux siècles plus tôt, en 420, saint Jérôme mourait à Bethléem ! Lui aussi avait voulu rendre intelligible au monde chrétien l'ensemble des saints Livres canonisés par l'Église. Le rabbin, pour un but plus restreint et tout différent, avait eu, sous le choc de ses adversaires, la même pensée : rendre intelligible au monde arabe le Livre des Juifs.

Avec le *Corab*, La Mecque possède maintenant son Livre, le premier Livre écrit en arabe, un Livre que l'on ne saurait diviser en mecquois et médinois, parce qu'il n'a, en soi, aucune attache avec ces localités : il n'a rien absolument rien à faire avec l'Arabie ; il n'est qu'un *Coran* et rien de plus, c'est-à-dire une traduction-adaptation arabe du *Pentateuque* hébreu, le *Livre des révélations*, ou, en un sens plus étendu, une histoire des principaux personnages de la *Bible hébraïque*. Avec le *Corab*, composé au début de la seconde période d'apostolat, commence à La Mecque une nouvelle étape dans la révolution religieuse déclenchée par les Juifs.

Jusque-là, la personne du rabbin constituait pour ainsi dire, le centre de ralliement des Arabes convertis à Israël. Le rabbin enseignait, prêchait, faisait réciter, et c'est par cet enseignement oral que les Arabes, abandonnant leurs idoles, retournaient vers Yahwé. À cette période d'apostolat limité à la parole — période qui dura jusqu'aux environs de la sourate LIV — succède maintenant la période du Livre. Désormais, le croyant, le craignant-Dieu est celui qui croit au Livre.

Nous sommes arrivé à la dictature du Livre, le Livre arabe qui fera connaître à l'Arabie, d'une façon authentique et permanente, les révélations de Yahwé, Seigneur des Mondes et Dieu d'Israël. Jamais on n'avait vu pareille merveille ! Le premier livre arabe est né. Embryon d'une bibliothèque qui s'agrandira considérablement au cours des âges, ce livre est l'œuvre d'un Juif !

Par sa fidélité à son modèle, le *Corab* du rabbin possède les mêmes attributs que le *Coran* hébreu de Moïse. Toute traduction, dans la mesure où elle est fidèle à l'original, en conserve les mêmes qualité. C'est le même souffle dans l'arabe que dans l'hébreu :

> Le Livre de Moïse est un modèle (un guide) de la Miséricorde divine.
>
> (*Sour.* xi, 20.)

Ce Coran (arabe) n'a pas été inventé par un autre que « Yahwé », c'est-à-dire : Dieu est l'auteur des vérités qu'il contient, puisque ces vérités ne sont qu'une répétition des enseignements reçus de Yahwé par Moïse :

> Il est la confirmation de ce qui était avant lui. Il n'est que l'explication du Livre du Seigneur des Mondes. Il n'y a aucun doute sur ce point.
>
> (*Sour.* x, 38.)

Et pour que Mohammed et les Mecquois en soient bien convaincus, le rabbin répète encore :

> Ce que nous t'avons révélé du Livre est la vérité, il confirme ce qui avait été dit avant lui.
>
> (*Sour.* xxxv, 28) ;

> Avant celui-ci *(le Coran arabe)*, il y avait le Livre de Moïse modèle et preuve de la Miséricorde divine. Et c'est un livre confirmant l'autre, en langue arabe.
>
> (*Sour.* xlvi, 11.)

3. — LES ACTES DE L'ISLAM. — Nous connaissons maintenant la *Prière des Laudes*, l'existence d'un *Coran* en langue arabe, la date relative de sa composition et de sa parution, son contenu général, l'auteur de ces deux œuvres.

Par ailleurs, tout le monde sonnait aujourd'hui un livre arabe qu'on appelle *Coran*. C'est le livre des musulmans, comprenant 114 chapitres ou sourates, et 6.226 versets. Toutes les couvertures de ce livre portent le titre de « Coran. »

La première question qui vient à notre esprit peut donc se formuler en ces termes : y a-t-il identité entre le *Corab* composé par le rabbin au début de la seconde période mecquoise et le Coran officiel de 114 sourates ?

Notre réponse est absolument catégorique : Non, il n'y a pas identité entre ces deux œuvres ; Le Coran actuel n'est pas le Coran original, composé par le rabbin pour le premier groupe d'Arabes convertis au judaïsme. Premier groupe d'Arabes convertis au judaïsme. Pour amorcer notre discussion, relisons une fois de plus les versets 86-87 de la sourate xv :

> En vérité, ton Seigneur est le Créateur, l'Omniscient.
> Nous t'avons déjà apporté sept *(versets)* de la Répétition et le Coran sublime.

Encore une fois réfléchissons lentement sur ces versets afin d'en prendre une conscience très nette. Nous lisons actuellement la sourate xv.

L'auteur de cette sourate raconte à Mohammed qu'il a déjà composé deux ouvrages : un feuillet, ou *Prière des Laudes*, et le *Coran sublime*. Mais du même coup, par le fait même que les deux versets que nous lisons font partie d'une sourate, nous constatons que le rabbin, auteur des deux œuvres précitées, est encore l'auteur d'un TROISIÈME OUVRAGE dans lequel est inclue la sourate xv. Nous avons donc en définitive :

1. – *Prière des Laudes*.
2. – Le *Corab*.
3. – Un troisième écrit dont fait partie la sourate xv, dont les versets 86-87 nous apprennent l'existence des deux œuvres précédentes.

À la simple lecture de ces versets 86-87, nous pouvons objectivement conclure que l'œuvre à laquelle ils appartiennent, appelée vulgairement Coran, est nettement différente du *Corab*, mentionné par les sourates immédiatement antérieures à la sourate xv. Replacés dans leur contexte, ces versets nous apparaissent comme un chant triomphal, l'expression d'une joie intense. Le rabbin, s'adressant à son disciple Mohammed, et comme pour résumer son apostolat, lui dit en quelque sorte :

« *Vois, mon fils, j'ai déjà composé en arabe la* Prière des Laudes *et le* Coran sublime. »

Non seulement il le dit, mais il l'écrit dans un ouvrage dont fait partie la sourate xv, qui s'insère dans un contexte comptant déjà 47 sourates (première période mecquoise), et huit autres (début de la seconde période) dans lesquelles nous trouvons les premières allusions au *Corab*.

Quelques instants de réflexion confirmeront rapidement la nette distinction entre le *Corab* et le Livre qui contient la sourate xv. Ces différences sont de trois sortes : différence chronologique ; différence ce but ; différences littéraires.

DIFFÉRENCE CHRONOLOGIQUE. — A l'époque de la sourate xv, le *Corab* est complètement achevé : « Nous t'avons déjà apporté le Coran sublime. » Il est de même achevé à la sourate xx (voir v. 112), à la sourate xliv (voir v. 58), à la sourate liv (voir v. 17, 22, 32, 40.) On peut donc affirmer que le *Corab* est composé au début de la seconde période mecquoise : « Nous t'avons apporté le Coran sublime » ; « nous avons rendu facile pour ta langue arabe, le Coran de Moïse. » L'adaptation arabe du Coran hébreu est terminée. Le rabbin n'y reviendra pas. Il n'a pas à y revenir. Sa traduction hébraïco-arabe est définitive.

A ce moment-là, tous les idolâtres qui le désirent peuvent consulter ce livre ; il est à leur disposition. Il n'en est pas de même pour le livre auquel appartient la sourate xv. Ce livre n'est pas achevé à l'époque de la sourate xv. Commencé avec l'apostolat du rabbin, il en raconte les péripéties ; c'est un livre qui se fait ; il ne sera terminé qu'avec l'apostolat lui-même. Dans cette sourate xv ; le rabbin note que maintenant son apostolat est en plein épanouissement, qu'il a déjà composé deux œuvres arabes. Il a déjà écrit pour le passé 55 sourates. Il en composera encore 33 pour les événements de La Mecque. Il racontera par la suite toute l'histoire de Médine. Mais c'est une chose qu'il ne peut faire d'avance ! Cet ouvrage se présente à nous comme un compte rendu de séances, de discussions, de sermons biblique, une sorte de carnet de route, semblable à ce que sont les *Actes des Apôtres* pour le christianisme. Pour cette raison, nous appelons l'ouvrage qui contient la sourate xv : *les Actes de l'Islam*. Le *Corab* est donc achevé *ne varietur* au début de la seconde période mecquoise, tandis que, commencés à La Mecque, les *Actes de l'Islam* ne seront achevés qu'à Médine. Voilà une première différence.

Différence de But. — Le *Corab* est essentiellement :

a) un livre de prières juives, destiné à faire prendre conscience aux Mecquois de la Providence de Dieu, à les amener à abandonner le polythéisme pour les ancrer dans la religion de Yahwé Unique, à leur apprendre à prier le Dieu du Mont Sinaï.

b) C'est un livre liturgique, dont certaines parties doivent être régulièrement récitées ou chantées. Comme on récite le Coran hébreu en hébreu dans les synagogues, de même les judéo-arabes qu'on appelle déjà musulmans, — c'est-à-dire soumis à Yahwé, Dieu d'Israël — devront, dans leurs assemblées réciter le Coran arabe en arabe.

Les *Actes de l'Islam*, par contre ne constituent en eux-mêmes ni un Livre de prière, ni un Livre de récitation. Il est bien évident que les sourates cxi (contre Aboû Lahâb) ; cxvi (Union des Koraïschites pour les caravanes de l'hiver et de l'été) ; cviii (Nous t'avons donné l'abondance) : civ (Malheur au calomniateur acerbe) ; cii (La rivalité vous distrait jusqu'à ce que vous visitiez les nécropoles) ; cv (L'éléphant), n'ont aucun caractère de prière et n'ont aucun titre à figurer dans un office liturgique. On peut affirmer que pareilles sourates ne font aucunement partie du *Corab* explication arabe du *Coran* mosaïque.

Quand le rabbin demande à Mohammed de réciter le *Corab* (sour. x, 94), cela signifie que Mohammed, converti au judaïsme, doit réciter à ses compatriotes le Coran de Moïse adapté en arabe, et non pas les histoires locales, les petits potins de la ville rappelés par les sourates que nous venons d'indiquer. Le *Corab*, lui, raconte des histoires bienfaisantes prouvant que le Dieu d'Israël est le Dieu Unique de l'Univers, Tout-Puissant et Miséricordieux, Dieu de justice récompensant ceux qui craignent et punissant les idolâtres. C'est dans ce Livre que la jeune communauté arabe, ralliée au judaïsme, s'instruira et apprendra à prier. Ce ne sont pas les *Actes*, inachevés à l'époque de la sourate xv, que les néo-convertis doivent réciter en s'inclinant devant le Très-Haut !

Différences Littéraires. — *Corab* et *Actes de l'Islam* sont deux genres littéraires absolument différents. Le *Corab* est essentiellement un Livre de dogme, d'enseignement objectif, valable pour tous les temps, donc statique et immuable, abstrait des contingences locales du VIIe siècle. Il est essentiellement la révélation du monothéisme mosaïque.

Le *Livre des Actes de l'Islam*, par contre, nous raconte les mille péripéties de l'établissement, à La Mecque, de la religion juive, et les luttes énergiques de l'époque médinoise — qui formeront l'objet de notre prochain volume. Nous sommes en présence d'une véritable chronique qui se meut dans le concret journalier : réactions des mecquois qui ne veulent pas renoncer à leurs idoles pour adopter le Dieu Unique des Juifs ; faits et gestes de Mohammed à l'instigation de sa femme et du rabbin ; refus des gros marchands arabes d'imiter Mohammed ; leur attachement à la foi ancestrale ; remontrances du rabbin, menaces de châtiment, promesses de récompense, encouragements à Mohammed... etc. Voilà ce que nous pouvons lire dans les *Actes de l'Islam*.

Bref, le *Livre des Actes* — que tout le monde appelle aujourd'hui « le Coran » — n'est pas le *Coran* arabe ou *Corab*, ou adaptation arabe du *Coran* de Moïse.

Des trois œuvres composées en arabe par le rabbin instructeur de Mohammed, on a conservé jusqu'à maintenant la *Prière des Laudes* et les *Actes de l'Islam*.

Alors, un point d'interrogation immense s'inscrit dans ces treize siècles de supercherie qui nous séparent de la fondation de l'Islam arabe. Qu'est devenue la seconde œuvre du rabbin de La Mecque ? Qu'est devenu le Coran arabe ? Où est passé le *Corab* ?

Chapitre XI

Le sort du Coran arabe

Le Coran arabe est perdu.
— Tout le monde a entendu parler, et beaucoup ont vu, peut-être feuilleté, un livre qui porte généralement un gros titre : le Coran. Ce livre a grande réputation. On dit généralement qu'il contient des révélations faites par Allah à Mohammed, mari d'une juive, Khadidja. Nous savons maintenant que ce titre est faux, qu'il ne désigne qu'un Pseudo-Coran, et nous conseillons aux éditeurs — pour ne pas faire figure de retardataires —, de mettre au pilon toutes les couvertures de cet ouvrage, et de remplacer le titre ancien par celui-ci plus exact : Les Actes de l'Islam.

Mais si cet ouvrage est largement diffusé, qui connaît le Coran arabe, composé par le même rabbin sur le modèle de l'*Ancien Testament* ? Ce Coran arabe semble perdu ; du moins, personne ne l'a encore identifié. A-t-il été détruit à Médine par Othman ou Aboû-Bekr ? Est-il définitivement perdu ? Il faudrait chercher, dans la masse des manuscrits arabes, s'il existe une version arabe de l'*Ancien Testament*. Cette version une fois trouvée, il resterait à la comparer aux récits du *Corab* que les *Actes de l'Islam* nous ont conservés, et dont nous allons bientôt parler.

Nous avons là un terrain de recherches et d'études absolument nouveau, et même insoupçonné. Un fait est certain : le vrai Coran arabe, que nous appelons Corab, est perdu. Tout érudit, tout historien qui se laissera guider par son bon sens, en arrivera à la même conclusion ahurissante. Nous vivons dans l'erreur totale en ce qui concerne l'Islam ; plus encore, nous sommes dans le bluff le plus complet. Le Coran arabe n'était que l'explication des principales histoires écrites en hébreu dans l'*Ancien Testament*. CE N'ÉTAIT QUE CELA. Or, aujourd'hui, personne ne connaît ce livre : pas plus les musulman que les autres. Les musulmans contemporains du rabbin et de Mohammed possédaient le *Corab* ; les musulmans modernes ne soupçonnent même pas son existence. Entre les musulmans mecquois du vivant de Mohammed et les musulmans d'aujourd'hui, il existe une brisure profonde. Les musulmans du XXe siècle ne lisent plus leur livre fondamental, le livre qui a conduit les Arabes de La Mecque au Dieu Unique, le Dieu de Moïse et d'Israël. Pour rattacher les musulmans du XXe siècle à ceux du VIIe, il n'existe plus que la *Prière des Laudes*, seul souvenir littéraire qui relie entre elles les mosquées modernes et anciennes et qui conduit vers les synagogues les musulmans de toutes les époques. Aujourd'hui comme autrefois à La Mecque, les musulmans récitent tous les jours, et plusieurs fois par jour, la prière qu'un rabbin a composée à leur intention, d'après les *Psaumes* de David. Du *Coran* arabe original, ils ne possèdent plus que la Préface, composée et écrite par un Juif !

Ouvrons ici une parenthèse.

On nous raconte sur tous les tons que le Coran est incomparable ! qu'il est sacré, qu'il constitue le grand livre de Direction pour l'humanité présente et future ! Tout cela est vrai, mais à condition de préciser : c'est vrai sans aucune restriction du *Coran* hébreu, qui contient les grandes révélations de Yahwé à Moïse sur le Mont Sinaï. On peut dire aussi que c'est vrai pour le Coran arabe, dans la mesure seulement où il est intrinsèquement fidèle au Coran de Moïse, premier analogue. Le Coran arabe, dans son contenu, n'a pas d'âge ; il n'est qu'un décalque, il n'a que les qualités de son modèle. Son expression est naturellement arabe. A première vue, il semble donc qu'on doive en faire bénéficier quelque écrivain arabe. Eh bien, non ! Aucun Arabe — ni Mohammed, ni personne d'autre — n'a jamais écrit ce livre qu'on se plaît à qualifier d'unique, d'extraordinaire, de chef-d'œuvre.

Le Coran arabe est peut-être un chef-d'œuvre, mais ce chef-d'œuvre a pour auteur un Juif, un rabbin, le rabbin de La Mecque, auteur de la *Prière des Laudes* et des *Actes de l'Islam*. Et pour comble d'infortune, ce chef-d'œuvre sur lequel se pâment tous les arabisants est perdu ! Arabisants et coranisants se pâment sur un mythe. Plus exactement, ils se trompent d'objet. Ils s'imaginent glorifier le Coran ; or celui-ci est perdu. Ils ne s'en doutent pas, mais comme ils ont absolument besoin d'admirer quelque chose d'arabe — on ne comprendrait pas un arabisant qui n'admire pas —, ils admirent un livre qui n'a de Coran que le titre ; en réalité, ce livre est tout simplement le *Livre des Actes*. Ce n'est pas tout. Nos bons coranisants — je dis *bons*, car dans le fond, *ils ne sont pas méchants* — voudraient nous faire croire que ce fameux livre est l'œuvre d'un Arabe. Là encore ils se trompent. Nous savons à présent que l'auteur est un Juif.

En définitive, nos bons coranisants se sont donné comme attitude psychologique : l'admiration. Le coranisant est essentiellement un homme crédule, un homme qui s'ébahit, qui est émerveillé. Jamais, au grand jamais, il n'a vu un Livre aussi splendide, aussi inimitable, que le Coran. Chacun est maître de ses sentiments ; nous ne voudrions pour rien au monde enlever ce droit d'extase à nos chers coranisants ! Nous leur faisons tout simplement remarquer qu'ils sont eux-mêmes plus merveilleux que le Coran, par le fait même qu'ils admirent ce dont ils n'ont pas la moindre idée ni le moindre soupçon, puisque le Coran est perdu et qu'ils n'ont jamais décelé son existence. Ils sont encore plus extraordinaires qu'on ne le pense généralement, ces bons vieux coranisants, puisqu'ils se pâment devant ce livre qu'ils appellent Coran et qui n'est pas le Coran, qu'ils attribuent à un Arabe et qui est en réalité l'œuvre... d'un Juif. Ils se trompent tout simplement de contenu et d'auteur. Mais rassurons-nous : leur cas n'est pas tellement grave. Pour tout remettre dans l'ordre en ce royaume des admirations, il suffit d'un changement d'adresse.

Depuis des siècles, dans un geste machinal et irréfléchi, tous les musulmans, tous les historiens occidentaux, tous les coranisants, envoient leurs missives pleines d'éloges hyperboliques à *M. Mohammed, mari de Khadidja, le Prophète de l'Islam*. C'est très bien ; malheureusement, malgré toute l'intelligence des messagers célestes, la lettre n'arrivera jamais, puisque Mohammed n'est pour rien, absolument pour rien, dans la rédaction du Coran. Et la lettre reviendra à l'envoyeur. Que nos grands coranisants adressent désormais leur correspondance à

M. le Rabbin de la Synagogue de La Mecque. Ils peuvent être sûrs que Yahwé lui communiquera leurs lettres, et lui fera connaître les tonnes de compliments que tant d'inconnus lui envoient sans le savoir. Simple changement d'adresse, et tout rentrera dans l'ordre.

Mais si l'auteur a chance maintenant de recevoir la correspondance de ses admirateurs, son œuvre initiale n'en demeure pas moins introuvable. Introuvable, introuvé... Nous conservons cependant de ce Coran primitif ou *Corab* de larges extraits qu'un bon petit érudit — en attendant de retrouver le livre original — pourrait mettre bout à bout pour nous donner une première idée du travail du rabbin. Ces larges extraits sont conservés dans les *Actes de l'Islam*, livre historiquement des plus précieux, puisque lui seul nous fournit les données les plus authentiques sur les origines de l'Islam. Non seulement il nous a révélé l'existence, la date, l'auteur, du *Corab*, mais sur le contenu de ce *Corab* aujourd'hui perdu il nous donne de précieuses indications. Le rabbin utilise largement pour la rédaction de ses *Actes* le *Corab* qu'il a lui-même composé. Si le *Corab* n'a été achevé qu'au début de la seconde période mecquoise, on ne doit en trouver aucune citation dans les 47 sourates de la première période. En fait, on n'en trouve aucune trace dans lesdites sourates ; tout, absolument tout, y est juif ; mais d'un judaïsme pour ainsi dire dilué, bien que très authentique. Le rabbin se contente d'attirer l'attention de ses auditeurs sur l'existence d'un Dieu Unique, sa Bonté envers l'humanité, la certitude de la résurrection. Les récits anecdotiques qu'on trouve dans ces sourates de la première période se rapportent surtout à des circonstances locales, à la personne même de Mohammed, récits d'histoires qui n'ont aucune valeur d'avenir, aucun saveur de vie spirituelle et qui ne sont destinés ni à la prière, ni à la récitation publique. Dans Cette période, le rabbin ne fait qu'effleurer les récits bibliques ; il rappelle bien le souvenir de quelques personnages de l'*Ancien Testament*, surtout de Moïse et de Pharaon, d'Abraham et de Noé, mais ce ne sont là que des rappels, et non des récits. Les textes n'y sont point cités. De même dans les descriptions du Paradis et de l'Enfer, le rabbin ne procède encore que par allusions ou brèves affirmations.

Il suffit de réfléchir quelque peu pour prendre sur le vif, concrètement, le procédé littéraire très spécial employé par le rabbin dans les premières sourates des *Actes de l'Islam*. Le *Corab* n'est pas rédigé.

Le rabbin ne peut se référer au livre qu'il est en train d'écrire, ce livre n'existe pas encore ! Tous les coranisants ont remarqué que, pendant cette période mecquoise, le rabbin commence généralement la rédaction de ses sourates par des serments solennels qu'on cite souvent comme des petits chefs-d'œuvre d'éloquence arabe, et qui font en réalité partie de la belle littérature juive. *Ces serments vont disparaître à la seconde période mecquoise*, au moment même où le *Corab* fera son apparition. Il existe dans la prédication du rabbin — les grands coranisants disent : dans la révélation d'Allah — une évolution certaine : serments, et pas de *Corab* ; *Corab*, et disparition des serments. Mais ce qu'il est capital de souligner ici, c'est que, avant la composition du *Corab*, on ne trouve pas de récit biblique proprement dit dans les *Actes de l'Islam*, ce qui nous amène à deux conclusions essentielles :

— les *Actes de l'Islam* ont été composés par le même auteur que le *Corab* ;
— le *Corab* a été composé après les 47 sourates qui forment dans les *Actes* ce que l'on peut appeler la première période mecquoise.

On peut conclure aussi que les sourates des *Actes* représentent un véritable carnet de route de l'apostolat juif à La Mecque, rédigé au fur et à mesure des événements.

Après la composition du *Corab*, au début de la seconde période mecquoise, les *Actes de l'Islam* changent complètement d'aspect. Au calme relatif des 47 premières sourates succède un charivari de plus en plus bruyant et énervant. Les insultes des Mecquois se multiplient, de plus en plus grossières. Mohammed en est abasourdi. Khadidja a beau l'encourager dans son prosélytisme juif, le pauvre chamelier en perd la tête. Il ne s'est pas encore suffisamment identifié avec le judaïsme pour pouvoir se débrouiller tout seul avec ses adversaires. Heureusement, le rabbin est là ! Il ne le quitte pas d'un pouce. Mohammed, dis ceci ! Mohammed, dis cela ! A la deuxième et troisième périodes mecquoises, ces formules reviennent plus de cent fois. C'est le rabbin qui maîtrise tout ce drame arabo-juif dont le théâtre est La Mecque, et l'enjeu la judaïsation complète de la seconde moitié du monde sémite, la moitié déshéritée, le monde arabe. Mohammed, dis ceci ; Mohammed, dis cela ! Raconte à tes compatriotes idolâtres l'histoire de Moïse, d'Abraham, de Noé, de Loth. Dans les sourates xx et xxvi, toutes proches de la composition du *Corab*, nous trouvons 215 versets bibliques ; et les versets se succèdent, formant comme un résumé de l'histoire sainte des Juifs ; et ces versets, comme il est démontré dans l'ouvrage d'Hanna Zakarias, *De Moïse à Mohammed*, t. II, p. 119-131, ne sont dans les *Actes de l'Islam* que de véritables extraits du *Corab*.

Ce *Corab* est perdu, la conclusion est certaine.

Mais devons-nous considérer cette perte comme une catastrophe ? Réfléchissons un peu :

1) Du point de vue religieux, cette perte est, certes fort regrettable.

Les musulmans, en effet,

a) *n'ont plus de livre de prière*. Le véritable livre de prière, c'était le *Corab*, contenant les révélations de Yahwé à Moïse sur le Sinaï. C'est ce livre que récitaient les premiers musulmans, au début même de la seconde période mecquoise. Ils le récitaient, prosternés devant l'Éternel. C'étaient *de bons Juifs*, ces *Arabes convertis au judaïsme*. Ils s'appliquaient à réciter de mémoire les récits bibliques traduits de l'hébreu par le grand chef juif de la nouvelle communauté judéo-arabe.

b) Comme formule de prière primitive et authentique, il ne reste plus aux musulmans du XXe siècle que la *Prière des Laudes*, placée en tête du Pseudo-Coran, et que, pour cette raison, on dénomme la *Fatiha* C'est le seul lien direct qui les rattache à l'Islam du VIIe siècle.

2) Du point de vue historique, cette perte du *Corab* est aussi à déplorer, puisqu'elle nous prime prive du premier livre arabe qui eût jamais existé.

La gravité de cette perte est néanmoins atténuée par les *Actes de l'Islam* dont l'auteur est le même que celui du *Corab*. À partir de la seconde période mecquoise, ce sont des tranches entières de son *Corab* que le rabbin insère dans ses *Actes*. C'est par ses propres citations qu'une partie du *Corab* a pu être sauvée et parvenir jusqu'à nous.

Si, comme nous en avons déjà formulé le vœu, quelque érudit pouvait, dans un proche avenir, reconstruire une partie du *Corab* d'après les extraits des *Actes*, pareille reconstitution serait magnifique du point de vue religieux, historique, linguistique et littéraire, puisqu'elle nous permettrait de juger d'après les textes l'effort apostolique du rabbin auprès des arabes idolâtres. Œuvre magnifique non seulement pour l'érudition, mais aussi pour la valeur religieuse grâce à cette reconstitution désormais possible, seul remède actuel capable de compenser quelque peu la perte du Coran arabe, les musulmans pourraient retrouver leur livre originel de prières, qui leur fait tellement défaut, et retrouver aussi leur authentique code juridique — extrait et adaptation du *Deutéronome* — dont il ne nous reste que des citations insérées dans le livre des *Actes*.

Par ce travail de reconstitution, les musulmans d'aujourd'hui pourront rejoindre les musulmans du vu' siècle qui, après avoir abandonné les idoles inertes de la Ka'ba, ont enfin reconnu la vérité de Moïse, et se sont prosternés devant Yahwé, le Dieu d'Israël.

Chapitre XII

Première communauté arabo-juive
Les premiers musulmans

*L*a première période mecquoise est, pour ainsi dire, une période de trituration, de mise en place. Seul, le rabbin est en scène. Il prépare ses batteries pour une immense bataille dont le résultat doit être l'abandon par les Arabes des idoles de la Ka'ba et la judaïsation complète des tribus arabes. Dans cette première période, le fait le plus sensationnel est la conversion de Mohammed à la religion juive. C'était déjà un beau résultat. Mohammed n'était pas n'importe qui ! Tout jeune, il avait rôdé autour de la Ka'ba dont un de ses oncles fut le dernier bedeau. Plus tard, il avait accompagné les caravanes lointaines. Comme tout Arabe, il avait certainement beaucoup de bagout. Il aurait fait, de nos jours, un très bon représentant de commerce. C'était sa vocation et il réussit pleinement, tellement qu'il fut demandé en mariage par une femme qui avait une quarantaine d'années, quand lui en avait vingt-cinq. Il était alors en pleine force virile. Mais il était pauvre et Khadidja, sa femme, était riche. Il était arabe et elle était juive. Il fréquentait la Ka'ba et adorait les idoles ; quant à elle, elle faisait ses dévotions à la synagogue et invoquait Yahwé, le Dieu de Moïse et d'Israël. Non, vraiment, le ménage était trop dépareillé pour une entente durable. Comment faire pour sceller solidement cette union ? Avoir des enfants ? Oui, c'était une solution, et il est possible que Mohammed, pour éviter la répudiation, ait utilisé ce moyen normal. Réussir des affaires ? C'était aussi une excellente solution, et nous savons par une *sourate* des *Actes de l'Islam* que, pendant le jour, le mari de Khadidja devait sérieusement trimer :

> Dans le jour, tu as de vastes occupations.
> (*Sour.* LXXIII, 7.)

Mais ni les enfants, ni le travail, n'auraient suffi à maintenir soudé un ménage si peu fait pour s'entendre. La question religieuse constituait vraiment une grosse affaire. Mohammed continuait à prier ses idoles ; il allait jeter ses fléchettes pour conjurer le sort. Il invoquait les dieux Allât, Muât, al-Ouzza, le dieu de l'Amour, Wadd. Khadidja était fidèle à la synagogue. Entre elle et son pauvre mari, on ne voyait aucune possibilité d'entente. C'est alors qu'intervint le rabbin. D'accord avec Khadidja, il fit clandestinement le catéchisme à Mohammed. Il lui apprit l'Histoire Sainte. Mohammed avait bonne mémoire et se comportait comme un parfait élève, un élève oriental : beaucoup de mémoire et peu d'intelligence. Et un beau jour, cet élève modèle fit son abjuration. Ce fut grande fête, ce jour-là, chez les Mecquois.

— Les chrétiens, toujours nonchalants et toujours vivant dans l'attentisme, souriaient. Bientôt, ils se repentiront de leur inertie ;

— les juifs triomphaient ; pour Khadidja, c'était une grande victoire ; le rabbin entrevoyait toute l'utilisation qu'il allait pouvoir faire de ce nigaud qui, déjà, se mordait les doigts du geste qu'on venait de lui imposer ;

— quant aux Mecquois, tantôt ils se montraient furieux contre leur compatriote qui les avait lâchés, tantôt ils se moquaient de ce benêt qui avait peur de sa femme et qui, par elle, se laissait traîner par le bout du nez jusqu'à la synagogue des Juifs. Ce fanfaron au bagout interminable s'effondrait devant l'autel au chandelier à sept branches ; il se prosternait devant Yahwé. Eux, les idolâtres, invoquaient les dieux qu'ils voyaient ; lui, Mohammed, courbait désormais l'échine devant le vide ; on ne voyait rien du dieu qu'il priait !

Qu'importaient colères et railleries ! Khadidja et le rabbin ne s'en souciaient pas. L'essentiel, pour eux, n'était-il pas la conversion de Mohammed ? Cela seul comptait. La seconde période mecquoise démarrait sur des bases solides et définitives : non seulement le mari de la juive Khadidja est converti, mais il est complètement au point pour son apostolat. Il a désormais un Livre. Ce Livre, il ne pourra jamais le lire, mais il s'en servira comme appui pour sa prédication. Grâce au rabbin, son maître d'école, il connaît maintenant par cœur les principales histoires de ce Livre, celles du moins susceptibles de lui rappeler sa propre histoire. S'il ne parvient pas toujours à se débrouiller au milieu de ces bagarres religieuses, peu importe. Le rabbin est a ses côtés, qui lui dicte les réponses propres à imposer silence à ses détracteurs. Ne te soucie de rien, Mohammed ; tout s'arrangera : récite le *Corab*, récite-le sans te lasser ; récite-le même si tu ne le comprends pas. Pour le bien comprendre, il aurait fallu que tu naisses juif, qu'on t'ait bercé au récit de nos belles histoires. Tu es maintenant juif de religion ; mais du point de vue racial, tu ne peux être qu'un juif d'adoption. Sois apôtre du judaïsme ; récite le Coran. Viens avec nous, prie avec nous, viens prier avec ta femme. Tu as des enfants, maintenant. Ce sont de vrais Juifs, cette fois, que tu as engendrés et que ta femme a mis au monde. Je t'ai élevé bien au-dessus des Arabes, fils de l'ignorance et de l'idolâtrie ; j'ai fait de toi un Juif.

> *Oh ! Mohammed,* mets ta confiance dans le Puissant et le Miséricordieux, qui te voit durant tes vigiles et qui voit tes gestes parmi les prosternés.
>
> (*Sour.* XXVI, 217-219.)

Les *prosternés*, dans la littérature rabbinique, ce sont les adorateurs de Yahwé, les Juifs. Mohammed ! prie avec les Juifs et à leur façon ! Et Mohammed obéit. Il fréquente désormais la synagogue. Il rassemble désormais ses compatriotes pour leur parler de Moïse, des grands patriarches d'Israël ; il met en parallèle les idoles qui ne voient pas, qui n'entendent pas, qui ne marchent pas, avec le Dieu Tout-Puissant, Unique, Créateur du Ciel et de la Terre.

Adorez tous le Dieu d'Israël !

C'est Lui qui fait vivre et qui fait mourir !

C'est Lui qui récompensera et qui punira. Soumettez-vous à ses enseignements, à sa volonté, aux directives qu'Il vous donne chaque jour dans la manifestation de sa bonté, dans tous les signes de sa Miséricorde. Devenez comme Noé, Abraham, Jacob, Joseph, Moïse, Aaron, David,

Salomon ! Devenez comme tous les saints de notre grande histoire ! Leur histoire intérieure se résume d'un mot ! Ecoutez ce mot, chers lecteurs ! Gravez-le en votre mémoire et vous comprendrez, pour la première fois sans doute, la signification profonde de l'Islam. Il n'y a qu'un mot pour caractériser cette attitude des grands saints d'Israël : ils furent des Soumis à la volonté de Dieu : « Je ne vous demande nulle rétribution » dit Noé à ses contemporains. « Mon salaire n'incombe qu'à Yahwé ; Il m'a donné l'ordre de faire partie de ceux qui se soumettent, c'est-à-dire, comme s'exprime le terme arabe, de faire partie des *muslimina*, des musulmans. *Muslimin (oun)*, qui fait au pluriel *muslimin (ouna)* et *muslim (ina)*, selon sa fonction dans la phrase, est le participe actif du verbe *aslama, se résigner, se soumettre à la volonté de Dieu*.

Les grands patriarches d'Israël furent tous des *Soumis*, des *musulmans*. Réfléchissons toujours, chers lecteurs. A l'époque de Mohammed, les termes *d'Islam*, de *musulmans*, ne désignent pas une religion nouvelle, une nouvelle formule religieuse, mais bien au contraire une religion du passé, une religion très ancienne, très caractérisée, la religion des Juifs opposée à l'idolâtrie. Noé était musulman (*Sour.* x, 73.) Abraham et Isaac furent éminemment des soumis et figurent donc parmi les grands musulmans du judaïsme. Comprenez-vous, chers lecteurs, qu'il est absolument stupide de mettre, en lisant les *Actes de l'Islam*, une opposition entre Juifs et musulmans ? Non seulement il n'y a pas d'opposition, mais il faut affirmer avec précision que les grands musulmans, ce sont d'abord les Patriarches et les Prophètes de l'*Ancien Testament*. Loth aussi est un des principaux musulmans de l'Histoire Sainte : « Nous sommes », disent les deux messagers venus l'avertir du message divin, « des envoyés vers un peuple criminel pour lancer des pierres contre lui... Nous n'y avons trouvée qu'une seule maison de *résignés*, de *soumis*, de *mouslimina* » (*Sour.* LI, 36.) Noé, Abraham, Loth et sa famille sont les trois *muslimina* authentiques que le rabbin présente dans ses *Actes de l'Islam* jusqu'à la sourate LI.

Ils ne sont évidemment pas les seuls dans l'histoire d'Israël : la dernière parole que le rabbin met sur les lèvres de Joseph est un souhait :

Fais-moi mourir musulman, *muslim*.

(*Sour.* XII, 102)

C'est-à-dire, fais que je Te sois soumis, ô Yahwé, et qu'ainsi je rejoigne les saints. Pour le rabbin, instructeur de Mohammed, Joseph est aussi un *muslim* véritable. Les musulmans par excellence sont les Juifs. Les convertis judéo-arabes ne deviennent musulmans que par référence aux Patriarches hébreux, soumis entièrement à la volonté de Dieu.

Dans l'histoire du peuple hébreu, le type parfait du musulman, c'est Moïse, qui a donné le plus complet exemple de la soumission à Dieu, et qui suppliait son peuple de suivre son exemple :

> « Moïse dit : ô mon peuple, si vous croyez en Yahwé
> appuyez-vous sur Lui, si vous êtes soumis à Lui, si vous êtes
> des *muslimina*.
>
> (*Sour.* x, 84.)

Pharaon lui-même, d'après les légendes midraschiques, , aurait fini par se convertir au Dieu d'Israël, serait devenu un Soumis, un musulman :

> Nous fîmes passer la Mer Rouge aux fils d'Israël, et Pharaon
> et ses troupes les poursuivirent avec acharnement et
> rapidité, jusqu'à ce que, enfin submergé par les flots où il
> périssait, Pharaon dit :
> Je crois que n'existe nul Dieu hors Celui en qui croient les
> enfants d'Israël. Et je suis parmi les Soumis parmi les
> *muslimina*, les musulmans.
>
> (*Sour.* x, 90-91.)

Musulmans encore : Salomon et la Reine de Saba

(*Sour.* xvii, 38-45.)

Après l'énumération de tous ces textes, (on pourrait en ajouter beaucoup d'autres), nous pouvons maintenant essayer de définir concrètement le musulman. Première constatation : dans la langue du rabbin, *Musulmans* et *Soumis* sont deux termes synonymes. — Seconde constatation également frappante, les *Soumis* ou *Musulmans* notoires et seuls authentiques, modèles de tous les autres, sont les Patriarches et les Grands Hommes d'Israël. Le concept de soumission se réalise en premier lieu, directement et complètement, dans le seul judaïsme. C'est un concept spécifiquement religieux qui contient comme principaux éléments : la croyance en Yahwé Unique, Tout-Puissant, Créateur des

Mondes, Souverain Juge, et la *soumission* à Sa Volonté. Ce concept du musulman déborde l'intelligence pour envahir la volonté de l'homme. Dans l'histoire concrète du peuple juif, ce concept a subi bien des évolutions. Il n'est pas le même avant et après Moïse. Avant Moïse, cette soumission de l'homme à Dieu provenait d'une inspiration intérieure de Dieu, indiquant lui-même ses grands serviteurs la Direction à suivre. Abraham, par exemple était un authentique musulman : il percevait dans sa conscience les commandements de Dieu et s'y conformait avec foi. L'aventure du sacrifice d'Isaac constitue un des exemples les plus frappants d'islamisme anté-mosaïque. Avant Moïse, nous étions déjà des *muslimina* (*Sour.* xxviii, 52-53.) Avec Moïse, cette soumission s'appuie, cette fois, non plus seulement sur des inspirations purement intérieures et personnelles, mais sur les révélations du Mont Sinaï, concrétisées dans un Livre que tout le monde peut lire, qui a valeur universelle et perpétuelle. Désormais, la soumission devient obéissance aux chefs, aux commandements divins, aux préceptes du Livre, le Coran de Moïse.

Avançons encore d'un pas, chers lecteurs, et nous allons nous rendre compte que le concept de « *musulman* » ne contient aucun élément arabe. Identifier arabe et musulman, c'est absolument inepte. Le musulman, c'est tout d'abord le Juif, le bon Juif. Il est musulman par nature. Les convertis au Dieu d'Israël, eux, deviennent musulmans par l'abandon de leurs idoles, par l'acceptation de Yahwé, par leur soumission à Lui. Parmi les Arabes, Mohammed peut être considéré comme le premier musulman en tant qu'il est le premier converti au Dieu d'Israël.

La religion d'Israël, dans sa véritable caractéristique, porte, elle aussi, un nom spécifique. On l'appelle *Islam*, c'est-à-dire religion des musulmans « N'a-tu pas vu », dit le rabbin à Mohammed, « que Yahwé a fait descendre du ciel une eau qu'Il mène à des (sources) jaillissantes dans la terre ? Il fait sortir, par (cette eau) des graminées de diverses espèces qui, ensuite se fanent et jaunissent à ta vue et dont, enfin, (Yahwé) fait des brindilles desséchées. En vérité, en cela est certes un avertissement pour ceux qui sont doués d'intelligence. Est-ce que celui dont Yahwé a dilaté le cœur pour l'Islam, et qui est dans la lumière de son Seigneur... » etc. (*Sour.* xxxix, 22-23.) « Celui que Yahwé désire garder, Il étend son cœur jusqu'à l'*Islam* » (*Sour.* VI, 125), c'est-à-dire jusqu'à la soumission complète à sa volonté.

Dans quel tohu-bohu nous vivons depuis des siècles ! J'aurais été largement récompensé de mes efforts, si j'arrivais — même après des centaines d'années — à rectifier nos conceptions religieuses. Nous vivons dans l'ignorance et le bluff. Par conséquent, ayons le courage et l'énergie de réformer nos idées et notre langage. Ne retenez, pour l'instant, chers lecteurs, que deux ou trois notions très simples :

1. – Le *musulman*, c'est le Juif qui soumet sa volonté à la volonté de Dieu ; il n'y a qu'une race de musulmans originels et complets, c'est la race juive, le Peuple Élu que Yahwé a guidé de l'intérieur par les grands personnages de l'*Ancien Testament*.

2. – L'*Islam*, c'est la religion des Juifs. Parmi les nations du monde, la nation juive a seule été choisie comme dépositaire de sa pensée ; la première, elle a connu le nom de l'Éternel et reçu ses Commandements. Malgré les bousculades des impies, elle conserve sa foi en Yahwé et reste soumise, à travers les siècles, aux préceptes de son Dieu. Elle porte un nom *Islam* ou *Soumission*.

3. – L'Islam n'a *aucune attache radicale* avec les Arabes. C'est pure ineptie que d'identifier Arabes et musulmans.

À l'époque de Mohammed, il faut distinguer

a) Les Arabes fidèles à la Ka'ba : ce sont les idolâtres qui ne veulent pas accepter l'idéal religieux que le rabbin leur annonce, soit directement, soit par l'intermédiaire de Mohammed.

b) Les Arabes convertis au Dieu d'Israël. Ce sont des musulmans d'*adoption*, de conversion ; plus exactement des *musulmanisés*. Qn ne les appelle musulmans que par analogie.

Il y a d'abord, et surtout depuis Moïse les *musulmans juifs* ; il n'y aura les *musulmans arabes* qu'après leur conversion, à La Mecque, au VIIe siècle.

4. – L'*Islam arabe* ne constitue pas une religion nouvelle. Sans le judaïsme, il n'eût jamais existé. D'autre part, l'Islam mosaïque pouvait très bien se passer de l'Islam arabe sans en être amoindri. L'Islam arabe ne lui a rien apporté, mais a tout de lui.

Il n'existait pas encore aucune communauté arabo-musulmane alors que les Juifs étaient musulmans depuis vingt siècles.

Un temps viendra où les Arabes, voulant faire oublier leurs origines juives dans le domaine religieux, se déclareront les seuls et authentiques musulmans, les seuls représentants de l'Islam. Ce sera le début du grand bluff religieux du bassin méditerranéen. Les Arabes ont toujours été les parents pauvres de la race sémite. Incapables d'inventer dans n'importe quel domaine, ils ont razzié sans vergogne. Leur suprême astuce a toujours été de s'emparer du bien des autres. Ce que nous constatons en 1956 n'a rien qui doive nous étonner. Incapables de creuser le canal, ils le volent. Dans quelques années, ils proclameront qu'ils en ont été les pionniers et les réalisateurs. L'histoire arabe, comme l'a répété Ibn Khaldoun dans ses *Prolégomènes*, n'est faite que de larcins et de vols qualifiés.

Tout le monde sait qu'il n'y a pas de philosophie arabe. Jamais les Arabes n'ont été capables de comprendre — à plus forte raison d'élaborer —, un système doctrinal. Aux deux pôles de leur immense empire, à l'Est et à l'Ouest, régnaient des dynasties anti-arabes, syriaques et berbères. Ce qu'on appelle philosophie arabe n'a absolument rien de commun avec la race arabe. C'est la composition la philosophie syriaque ou persane *exprimée en arabe* avec al-Ghazzali, al-Khindi, par exemple ; et ces aussi la philosophie berbère *exprimée en arabe* par Ibn Tofaïl, Ibn Badjdja, Ibn Roschd, qui n'ont absolument rien de commun avec race arabe. La philosophie racialement arabe est un mythe ; un mythe aussi l'art issu des Arabes. Encore moins y a-t-il un Islam qui aurait pris naissance chez les Arabes.

En se convertissant à l'Islam juif, Mohammed devenait, après les millions et les millions de musulmans juifs, le premier musulman arabe :

En vérité, j'ai reçu l'ordre d'être le premier musulman.
(*Sour.* xxxix, 14.)

Le rabbin lui commande de dire :

J'ai reçu l'ordre d'être le premier à me soumettre.
(*Sour.* vi, 14, 163.)

Ce que le rabbin ne pouvait pas faire, Mohammed, judaïsé, va se charger de le faire. Annonce à tes compatriotes la bonne nouvelle.

Comme premier *musulman*, tu en as le pouvoir et l'autorité. Amène-les à la religion d'Israël et demande-leur s'ils sont *musulmans* ou s'ils ont l'intention de le devenir :

> Dis-leur : Il m'est seulement révélé que votre divinité est une divinité unique. Êtes-vous *musulmans* ?
> *(Sour.* XXI, *108.)*

Qui donc profère plus belle parole que celui qui invoque Yahwé, qui fait le bien et qui dit :

> Je suis parmi les *muslimina*, les *Soumis à Dieu*.
> *(Sour.* XLI, 33.)

Et le rabbin dit encore :

> C'est à toi, Mohammed, que nous avons révélé l'Écriture, éclaircissement de toutes choses, Direction, Miséricorde, et bonne nouvelle pour les *Musulmans*.
> *(Sour.* XVI, 91.)

> Vous n'irez dans le Paradis retrouver les éternelles houris, que si vous êtes des *musulmans*.
> *(Sour.* XLIV, 54 ; XXXVII, 47 ; XXXVIII, 52 ; IV, 60.)

L'Islam arabe est en marche. La conversion de Mohammed était, certes, un grand succès, mais ce succès individuel n'avait sa valeur totale que dans les espérances qu'il portait en lui-même. Il faut que Mohammed devienne, lui aussi, un apôtre auprès de la foule idolâtre mecquoise. Il va déjà prier à la synagogue :

> Mets ta confiance, Mohammed, dans le Puissant et le Miséricordieux qui te voit durant tes vigiles et tes gestes *parmi les prosternés*.
> *(Sour.* XXVI, 217-219.)

À cette époque de la *Sour.* XXVI, de très peu postérieure à la composition du *Corab*, il existe une communauté judéo-arabe sous les ordres de Mohammed. Le rabbin lui recommande de veiller avec soin sur elle :

> Abaisse tes ailes sur ceux d'entre les croyants qui te suivent.
> *(Sour.* XXVI, 215 ; XV, 88 ; XVII, 25.)

Par cette jolie comparaison qu'il affectionne et qu'il emprunte à la Bible (*Ps.* xvi, 8 ; xxxv, 8 ; lvi, 2 ; lx, 5 ; lxii, 8), le rabbin ne recommande évidemment pas à Mohammed d'abaisser ses ailes sur les Juifs, comme Yahwé l'avait fait autrefois sur le peuple d'Israël (*Deut.* xxxii, 11 : Yahwé a déployé ses ailes ; il a pris Israël et l'a porté sur ses plumes.) Les croyants que le rabbin recommande à Mohammed ne peuvent être que des arabes convertis au judaïsme, et historiquement nous pouvons conclure qu'à l'époque de la *sourate* xxvi, Mohammed avait déjà réussi à soustraire au culte des idoles quelques-uns de ses compatriotes, désignés sous le nom de croyants. Groupés autour de lui, ils prient exactement comme des Juifs. La *sourate* xlviii, qu'il faut sans doute placer après la composition du *Corab*, retentit comme un chant de victoire :

> 1. – En vérité, nous t'avons octroyé un succès éclatant,
> 2. – afin que Yahwé te pardonne tes premiers et tes derniers péchés, afin aussi qu'Il parachève Son bienfait envers toi et qu'Il te dirige dans une voie droite.
> 3. – Yahwé te prête un secours puissant.
> 4. – C'est Lui qui a fait descendre la Présence divine (la *Shékina* des Juifs) dans le cœur des croyants afin qu'ils ajoutent une foi à leur foi. À Yahwé les légions des cieux et de la terre. Yahwé est omniscient et sage. À Yahwé la légion des cieux et de la terre. Yahwé est puissant et sage.
> ....
> 8. – Nous t'avons envoyé comme Témoin (Mohammed), Annonciateur, et Avertisseur,
> 9. – afin que vous croyez en Yahwé et en son Apôtre (pour que) vous l'assistiez, l'honoriez, et que vous le glorifiiez à l'aube et au crépuscule.
> 10. – Ceux qui te prêtent serment d'allégeance, prêtent seulement serment d'allégeance à Yahwé, la main de Yahwé étant posée sur leurs mains. Quiconque est parjure est seulement parjure contre soi-même. Quoiconque (au contraire) est fidèle à l'engagement pris envers Yahwé, recevra de celui-ci une rétribution immense
> (*Sour.* XLVIII, 1-10.)

Ces Arabes qui entrent maintenant, grâce à la prédication de Mohammed, dans la religion de Moïse, sont appelés croyants, en opposition avec les incroyants ou idolâtres. Ils se caractérisent par la science de la seule et véritable religion, par la foi au Dieu Unique du Sinaï, tandis que les idolâtres de la Ka'ba restent enfermés dans le culte insensé des cailloux. Avant d'avoir leur temple particulier, il est extrêmement probable que ces Arabes converti au judaïsme fréquentent désormais la synagogue. Ils y sont conduits par leur chef, Mohammed. Ils ne portent pas les phylactères, réservés aux musulmans de race, mais ils prient en se prosternant devant Yahwé, comme tous les Israélites. Il est évident que les arabes convertis au judaïsme s'engageaient à vivre selon la règle mosaïque. Tout un remaniement intérieur s'imposait à ces Arabes, hier polythéistes ; aujourd'hui monothéistes et devant vivre, extérieurement et intérieurement, à la façon des Juifs !

Si nous regardons La Mecque au lendemain de la rédaction du *Corab*, nous y distinguons très nettement plusieurs groupes religieux, les croyants et les incroyants.

1. – Les incroyants constituent la masse des Arabes — sédentaires et nomades — qui vénèrent les cailloux de la Ka'ba. Remarquons en passant que, après leur conversion à l'Islam, ces Arabes resteront toujours foncièrement de véritables fétichistes. L'Islam juif ne réussira pas à les convertir sérieusement. Tout musulman, soit dans le Proche-Orient, soit en Afrique du Nord, est essentiellement fétichiste, ce qui explique en grande partie les succès de l'Islam en Afrique noire. De plus, une religion qui a pour loi de déifier, d'éterniser les instincts les plus pervers de l'homme, est assurée du succès spatial.

2. – Les croyants, qu'il importe de bien cataloguer, suivant les indications mêmes des *Actes de l'Islam*.

    a) D'abord les croyants de naissance, les Juifs. Pour le rabbin de La Mecque, le Juif est le grand croyant d'origine qui a la confiance de Yahwé, et qui recueille de père en fils, depuis Moïse, les secrets du Dieu Unique, Créateur et Maître de l'Univers.

    b) Ensuite, parmi les croyants, un groupe d'infidèles dont nous allons bientôt parler. Ils étaient croyants à l'origine. Mais ils se sont scindés du rameau israélite pour former une secte séparée. Ce sont les chrétiens : Juifs renégats, ils ont brisé l'Unité divine révélée par Moïse en déifiant un enfant né d'une femme. Les descendants de ces Juifs renégats sont maintenant des Arabes. Ils ne fréquentent pas la Ka'ba ; ils ne vont pas à la synagogue. Ils ont leur propre temple, leur communauté ou église, et ils n'ont d'adoration que pour le fils de Yahwé. Nous allons les voir à l'œuvre.

c) Heureusement pour le rabbin, une nouvelle communauté se lève. Elle n'a pas encore de temple. Conduite par son chef, elle va prier à la synagogue. Ce sont des Arabes convertis au judaïsme. Ils adorent Yahwé ; ils prient en se prosternant. Il y avait déjà les musulmans juifs, voici maintenant les musulmans arabes. À la fin de la période mecquoise, peu de temps avant leur fuite de La Mecque, ils ne sont pas encore bien nombreux : « Parmi les (Arabes) », dit le rabbin, « il en est qui croient et parmi eux il en est qui ne croient pas » (*Sour.* X, 41.) Peu de temps auparavant, dans la prédication (*Sour.* XXIX, 46, elle aussi de la troisième période), le rabbin, s'adressant à un groupe d'Arabes et tendant vers eux la main, avait dit : « Et de ceux-ci, il y en a qui croient », « mais ceux qui nient nos signes », c'est-à-dire les versets de notre Coran, « ceux-là sont des incroyants. »

Chapitre XIII

Les dernières réactions des idolâtres mecquois

$\mathcal{M}$OHAMMED, arabe, converti au judaïsme, devenu chef de groupe des musulmans arabes, fréquentant la synagogue, ne devait pas s'attendre à un accueil très favorable de la part de ses compatriotes. En fait, la fureur des fétichistes atteint son paroxysme à l'époque où Mohammed leur présente le *Corab*, composé par le rabbin. Ces fétichistes en récusent l'autorité (*Sour.* XLI, 2-4 ; VI, 116.) Ils nient tout (*Sour.* XVII, 101.) Ils discutent sur les versets qu'on leur récite (*Sour.* XLI, 6 ; XL, 4 ; VI, 67.) Ils discutent même la nuit (*Sour.* XXIII, 69.) Ils rejettent comme mensongère la parole de Yahwé (*Sour.* XXIII, 107.) Quand on leur récite les versets du *Corab*, invariablement ils tournent le dos (*Sour.* XLIV, 13 ; XXVI, 4 ; XXIII, 68 ; XXI, 109 ; XVII, 49 ; XLI, 3 ; XVI, 84), comme ils le faisaient naguère lorsque le rabbin leur expliquait oralement les histoires bibliques (*Sour.* LIII, 30-34.) Les adversaires de Noé n'agissaient pas autrement en traitant de menteur l'envoyé de Dieu (*Sour.* X, 73.) Avant la composition du *Corab*, les idolâtres s'attaquaient surtout à la personne de Mohammed ; maintenant, c'est l'ouvrage du rabbin qui sert de cible à leur fureur. Ils tournent le *Corab* en ridicule (*Sour.* XLV, 6-8 ; XXIII, 112.) Le rabbin leur réplique :

> Malheur à tout calomniateur plein de péchés, qui entend les versets de Yahwé qui lui sont communiqués, puis s'obstine dans son orgueil, comme s'il ne les avait point entendus ! Annonce-lui un tourment cruel ! Malheur à ceux qui

connaissant quelques-uns de nos versets, les tournent en dérision. A ceux-là est réservé un châtiment ignominieux.
(*Sour.* xlv, 6-8 ; xxiii, 112.)

Vous n'êtes que des chiens ! Quand un chien est poursuivie, il grogne ; quand on le laisse tranquille, il aboie encore.
(*Sour.* vii, 175.)

Les musulmans d'aujourd'hui savent-ils que cette suprême injure *Kelb* qu'ils lancent si volontiers aux chrétiens a été d'abord décochée aux Arabes de La Mecque par un Juif ? Race de chiens ! Si vous ne voulez pas croire au *Livre de Moïse* que je viens d'adapter en arabe pour hâter votre conversion au Dieu d'Israël, apportez donc les motifs et les preuves de votre refus. — Des preuves ? ripostent les idolâtres, nous en avons autant que tu en désires. En voici une, absolument péremptoire : (Mais pour la comprendre, il faut se rappeler qu'il n'y a pas de plus orgueilleux que les imbéciles. Écoutons-les parler) :

> Tu viens, Mohammed, nous raconter que ton livre, le *Corab* est une écriture bénie, qui fut d'abord donnée à Moïse, communiquée par Moïse aux Juifs. Et c'est ce livre que tu as l'audace de nous prêcher ! Gros malin ! Si ce livre était réellement un bon livre, ce n'est pas aux Juifs que Dieu l'aurait donné, mais aux Arabes !
> (*Sour.* xlvi, 10.)
> Nous en aurions, d'ailleurs, fait un usage meilleur que les Juifs et les chrétiens.
> (*Sour.* vi, 158.)
> Tes histoires de révélation n'ont aucun sens. Dieu n'a jamais rien révélé aux hommes : pas plus à Moïse qu'aux autres. Ce que tu nous présentes comme un livre révélé n'est après tout qu'un rouleau de papier.
> (*Sour.* vi, 91.)

Pourquoi nous prosterner devant pareil rouleau ? Bien plus : tu viens nous raconter, pauvre nigaud, qu'il aurait existé un premier rouleau hébreu, donné à Moïse par Dieu lui-même. Nous n'y croyons pas ! Tu nous parles maintenant d'un second rouleau écrit en arabe ! Nous n'y croyons pas davantage. — Du Coran hébreu et du *Corab*, ils disent :

Ce sont deux œuvres de sorcellerie. Nous ne croyons ni à l'un ni à l'autre.

(*Sour.* xxviii, 48.)

Ton Coran hébreu n'est qu'un mythe, un conte de fous.

(*Sour.* xli, 5 ; xxi, 5 ; vi, 25.)

Quant au Coran arabe, il aurait été aussi révélé par Dieu ! Avec tes histoires, ne perds pas davantage de temps ! Nous savons à quoi nous en tenir c'est toi, Mohammed, qui inventes tout cela !

(*Sour.* xxi, 5 ; xxxii, 2 ; xi, 16, 37.)

Le rabbin est là ; il écoute, et il bondit : mais non, mais non ; le mari de Khadidja n'a rien inventé ! Réfléchissez un peu ! Comment Mohammed serait-il capable d'inventer lui-même les histoires de Moïse ? Comment pourrait-il connaître par lui-même l'histoire de la grande révélation de Yahwé sur le Sinaï ? Mohammed y était-il, sur le Sinaï, auprès du libérateur du peuple hébreu ?

> 43. – Nous avons donné le livre à Moïse, après avoir anéanti les générations précédentes...
> 44. – Tu n'étais pas sur le versant occidental (du Sinaï) quand nous édictâmes l'ordre à Moïse. Tu n'étais point parmi les témoins.
> 45. – Tu n'habitais point parmi les Madian, leur communiquant Nos signes.
> 46. – Tu n'étais point sur le flanc du Mont Sinaï, quand Nous interpellâmes Moïse
>
> (*Sour.* xxviii.)

Non, ce Coran arabe n'a pas été fabriqué par Mohammed, qui n'a rien vu de la scène du Sinaï, qui n'a rien entendu des colloques de Yahwé et de Moïse :

> Le Coran arabe n'a pas été inventé par un autre que Yahwé.
> Il n'est que la confirmation de ce qui a été écrit avant lui, c'est-à-dire du livre de Moïse dont l'unique et véritable auteur est le Seigneur des Mondes.
>
> (*Sour.* x, 38.)

— Mohammed, tout de même, réfléchis un peu ! Tu es Arabe comme nous. Jusqu'à ton mariage avec la juive Khadidja, tu as fréquenté la Ka'ba, comme nous. Comme tu as changé ! Veux-tu savoir notre pensée ? Tu n'es qu'un ensorcelé, envoûté par les Juifs, entre les mains des Juifs. Ce propos nous est rapporté par le rabbin lui-même dans la sourate XLIV, des *Actes de l'Islam* que les grands Oulémas, enfouis dans leur séculaire ignorance, ont la naïveté de nous présenter comme le *Coran*.

La scène, comme toujours en la seconde période mecquoise, est très mouvementée. Le rabbin pérore sur l'incrédulité des Mecquois « Je le jure, dit-il, par le Livre évident, le Coran de Moïse. Il n'y a de Dieu que Yahwé. C'est Lui qui est votre Seigneur et le Seigneur de vos pères. » Comme toujours aussi, les Mecquois fétichistes se moquent du Juif. Ce dernier se tourne vers Mohammed et lui dit avec assurance, — l'assurance d'un homme qui a pour lui la force de Dieu — : Patience, Mohammed, ils ne riront pas toujours ; « Guette le jour où le ciel apportera une fumée visible qui couvrira les hommes ! Ce sera un tourment épouvantable. »

À ce moment-là, ils ne riront plus : « Seigneur, gémiront-ils, écarte de nous le châtiment ! Nous croyons, maintenant ! » Mais, comment croiraient-ils au rappel divin de l'ultime épreuve, alors que pendant leur vie ils avaient devant eux un apôtre, un apôtre de Dieu lui-même, et qu'ils s'en détournaient ?

Sur la place de la Ka'ba, le vacarme grandit ; la réunion devient de plus en plus houleuse. Les fétichistes vocifèrent : non, Mohammed ! nous ne croyons pas que tu es l'envoyé de Dieu. Nous ne croyons pas à la divinité de ta mission. Nous ne croyons pas à la divinité du livre arabe que tu t'obstines à nous raconter (*Sour.* XLIV, 1-13.) Rien n'est vrai de ce que tu nous racontes. Avant toi, nous vivions tranquilles dans notre cité ; tu as réussi à jeter le trouble parmi nos tribus, avec tes histoires d'inspiration, tes histoires de Noé, de Loth, d'Abraham et de Moïse.

Comme il arrive souvent dans les violentes discussions, les fétichistes en arrivent maintenant à dire le contraire de ce qu'ils affirmaient au début de leur palabre. Ils avaient commencé par se moquer du Coran arabe. Tu veux nous faire croire que Yahwé en est l'auteur. L'auteur, c'est toi ! Et maintenant, ces idolâtres ont perdu, en s'échauffant, le fil de leur raisonnement. Ou simplement, les attaques fusent de tous côtés, s'entrechoquant, chacun criant ce qui lui vient à l'esprit, sans souci des clameurs du voisin : mais non, Mohammed, tu n'es pas l'auteur du Coran ; ce n'est pas davantage Allah !

Toi, un inspiré d'Allah ?

Va raconter ces histoires de bonnes femmes à ceux qui ne te connaissent pas. Quant à nous, nous savons bien qui tu es ; tu ne nous feras pas marcher comme ça ! Nous t'avons vu gamin, traînaillant dans les sentiers de La Mecque, nous t'avons vu à la Ka'ba, te pavaner avec ton oncle le bedeau ! Nous avons bien ri lors de ton mariage avec cette vieille Juive ! Nous t'avons vu filer à la synagogue au bras de ta femme ! Et tu as l'audace de nous raconter que tu es l'inspiré de Yahwé ? Tais-toi donc, nous savons tout ! Les histoires que tu nous racontes comme inspirées, nous savons parfaitement qui te les apprend : tu n'es pas autre chose qu'un élève, un *mu'allamum* Juifs (*Sour.* XLIV, 13.) Nous ne voulons pas croire à ton livre. Rien ne prouve qu'il est vrai. Ce qui est sûr, espèce de renégat, c'est que tu travailles pour un Juif, tu es à ses ordres. Tout ce que tu sais en fait de religion, c'est un Juif qui te l'apprend, et ce Juif, nous le connaissons !

Devant une attaque aussi directe, Mohammed et le rabbin perdent pied. Ne pouvant nier qu'il était le seul instructeur de Mohammed, le rabbin, pour parer le coup, se réfugie dans des considérations générales et sans efficacité : vous êtes les ennemis de Yahwé et vous savez — nous l'avons assez dit — que Yahwé écrase toujours ses ennemis et les punit éternellement. Il devrait vous anéantir sur-le-champ. Patience ! Un jour viendra où le châtiment suprême s'abattra sur vous :

> Le jour où nous frapperons le coup suprême, nous en tirerons vengeances.
>
> (*Sour.* XIV, 15.)

La vie future ?

Voilà bien une nouvelle qui ne trouble pas notre sommeil, Mohammed. Nous sommes sur terre, rétorquent les idolâtres ; jouissons de la vie présente ; après, on verra ! Tu nous paries de la vie future comme si tu étais dans le secret de Dieu. Regardez-le, ce mari de Khadidja ; ma foi, il a vraiment l'air d'un fou. Ton Dieu révélateur, nous allons te dire qui c'est : c'est le grand maître de la Synagogue. Voilà quel est celui qui te raconte ce que tu viens nous débiter ensuite. Nous connaissons tous ses « trucs » à présent. — Les idolâtres parlent sans arrêt et la tête leur tourne. Il faut être charlatan, disent-ils à Mohammed, pour inventer de pareilles sornettes. Tu n'es vraiment qu'un pauvre homme, pour accepter de te faire complice d'un menteur tel que le rabbin.

Peine perdue ! Tu n'arriveras pas à nous tromper. Ton fameux livre, en définitive, d'où vient-il ? Il n'a rien à faire avec Allah ! Tu nous mens, quand tu viens nous prêcher que Dieu est l'auteur de ce « bouquin. » C'est toi qui l'as fait ; mais tu n'es pas assez malin pour l'avoir fait tout seul. D'autres y ont mis la main.

> Ce n'est qu'une imposture et d'autres gens l'y ont aidés. Ils apportent ainsi une iniquité et une fausseté.
>
> (*Sour.* xxv, 5.)

Et ces autres qui ont écrit le livre pour toi, ils ne sont pas loin ; ils habitent dans notre ville ; ils se promènent dans nos rues. Ils s'adressent à leur Dieu en se prosternant, et tu les imites. Ah, vraiment, tu fais un bel apôtre, Mohammed ! Et dire que ce disciple du rabbin a failli nous détourner de nos divinités ! C'est une abomination. (*Sour.* xxv, 44-46.) Si ton livre était vraiment descendu d'en-Haut, nous y croirions (*Sour.* xxix, 49), mais il vient d'un juif. Oui, c'est un Juif qui composé, un Juif qui te l'a donné, et c'est cette œuvre d'un Juif que tu viens nous offrir à nous, Arabes ? Ah, si ce livre avait été envoyé à un grand homme de La Mecque, peut-être le suivrions-nous (*Sour.* xliii, 28-30.)

Le rabbin écoute encore et, au moment choisi par lui, il bondit à nouveau. Tu es honni des tiens, Mohammed, mais tu es béni de Yahwé. Ne crois pas à la fausse logique de tes compatriotes fétichistes. C'est à nous, Juifs, qu'appartient l'avenir. Israël sera toujours un peuple de victoire ! La vérité, c'est nous seuls qui la possédons. Le Livre est Unique, et il est notre propriété, il nous a été révélé sur le Sinaï par Yahwé dans une nuit célèbre.

> La fausseté ne l'atteindra jamais, de quelque côté qu'elle vienne. Le Coran, le Livre hébreu, est une révélation de Sage, du Digne des louanges !
>
> (*Sour.* xli, 41-42.)

Vous n'avez absolument rien compris, Mecquois idolâtres. Ce n'est pas Mohammed qui a reçu les révélations de Dieu ; ce n'est pas lui qui a inventé le *Corab* ! De nombreux siècles avant Mohammed, le *Coran* existait ! C'est à Moïse qu'il a été révélé. Quant au *Corab*, c'est moi, rabbin de La Mecque, qui viens de l'écrire récemment. Le pauvre Mohammed que vous accusez n'y est absolument pour rien. À proprement parler cependant, je n'en suis pas l'auteur. Le *Corab* n'a pas une âme personnelle. Son âme lui vient du fond des siècles de la Montagne du Sinaï ; c'est sur ce sommet qui relie la terre au ciel que Moïse a reçu directement le Coran en hébreu, dont le *Corab* n'est que, l'écho en langue arabe. L'âme du *Corab* vient de Dieu par Moïse ; mais l'écho est mon œuvre. J'en suis l'unique artisan et je le revendique comme ma fabrication. Mohammed n'a rien à inventer. Il n'a qu'à écouter et à répéter !

Mohammed est le phono et le brailleur du judaïsme au milieu des tribus arabes. Non, Mecquois idolâtres. Sa parole n'est pas la parole d'un poète. Comme vous êtes de peu de foi ! Ce n'est pas la parole d'un devin. Comme vous êtes de courte mémoire ! C'est une révélation du Seigneur des Mondes. (*Sour.* LXIX, 41-43.)

Le *Corab* qu'il vous récite est un rappel de nos Écritures (*Sour.* XXXVI, 69.) Mohammed n'est pas un hâbleur, un charlatan, comme ces poètes de foire qui viennent vous distraire et vous amuser en vous débitant leurs sornettes. Votre Mohammed, que vous traitez de fou, de menteur, de poète, d'ensorcelé, est un homme sage qui a compris le message de Yahwé à Moïse et qui, sur mon ordre et l'ordre de sa femme, vient vous avertir de ce céleste message. Tout cela vous étonne ! Eh bien oui, je vous le certifie, Mohammed n'invente rien ; il récite, Ce qu'il récite, c'est le *Corab*, qui n'est que l'envers du Coran de Moïse. Vous en doutez encore ? C'est simple : vous avez auprès de vous un témoin parmi les fils d'Israël qui connaît l'hébreu et l'arabe. Interrogez-le donc ! Il pourra vous affirmer avec autorité la vérité de ce que je vous dis. (*Sour.* XLIV, 9.)

Vous savez bien, d'ailleurs, que les Docteurs d'Israël connaissent le Coran de Moïse (*Sour.* XV, 197) et sont capables de comparer avec cet original le *Corab* que je viens d'écrire à votre intention.

Mohammed est vraiment la créature du rabbin, le fruit

le plus authentique du judaïsme. De même que le clairon est apte à rendre par ses sons les sentiments de celui qui en joue, de même Mohammed, conduit par la voix énergique de sa femme et par les enseignements précis, nuancés et doucereux du rabbin, se fait l'écho de la loi judaïque autour de la synagogue mecquoise.

Dans le Proche-Orient, au VIIe siècle comme aujourd'hui, on peut être sûr qu'une voix tonitruante suscitera les braillements des masses ignares qui, d'ailleurs, applaudiront demain ce qu'elles ont honni la veille. Il n'y a rien de plus mobile qu'une masse arabe. Le clairon ou le tam-tam tout-puissant est maître tout puissant des mouvements.

LE SON EST LE GRAND GUIDE DES ESPACES SANS PENSÉE.

Mohammed, aiguillonné par Khadidja et le rabbin, a donné lui-même de grands coups de voix et, parmi les grands nigauds qui l'écoutent, quelques-uns ont applaudi, sans trop savoir ce qu'ils faisaient, le Dieu d'Israël. Ainsi naquit, malgré railleries et criailleries des fétichistes mecquois, l'Islam arabe, copie de l'Islam juif, seul Islam authentique.

Chapitre XIV

Disputes entre le curé de La Mecque et le rabbin

Les Chrétiens mecquois s'étaient montrés très amorphes au début de l'apostolat du rabbin. Mais voici qu'ils commencent à s'inquiéter des progrès du judaïsme. Mohammed s'est converti au Dieu d'Israël, entraînant avec lui quelques-uns de ses compatriotes. Le rabbin redouble d'activité : il vient d'adapter en arabe les récits bibliques. Ces succès solides et fondamentaux secouent la torpeur des chrétiens. Pourquoi leurs yeux ne se sont-ils pas ouverts au début des prédications du rabbin ? L'histoire de l'Arabie et celle du monde religieux dans le bassin méditerranéen en auraient été changées. Est-il vraiment trop tard pour détourner le cours des évènements ? Les chrétiens de La Mecque connaissaient certainement Mohammed de réputation : il faisait assez de bruit en se mettant au service des Juifs ! Il était passé directement du culte des idoles à l'adoration de Yahwé. Jamais, il n'avait regardé du côté de l'Église chrétienne avant sa conversion, et encore moins après son ralliement au Dieu d'Israël. Mais tout espoir était-il perdu de l'attirer vers la religion du Christ ? Ne pouvait-on pas rattraper le temps perdu. ? Mohammed a déjà fait sa profession de foi mosaïque, le *Corab* est déjà composé, quand les chrétiens, après avoir fait leur *mea culpa*, se décident à intervenir publiquement dans le débat. Un de leurs prêtres, sans doute le plus instruit, soit le curé de La Mecque, soit l'évêque de la communauté chrétienne, en prend l'initiative. De même que le rabbin avait révélé aux Mecquois les grands personnages de l'*Ancien Testament*, ce prêtre se met à prêcher sur saint Jean-Baptiste, sur la Vierge Marie, sur le Christ, fils de Dieu. Cette prédication est une réplique directe au message rabbinique et constitue un effort de la onzième heure pour arracher Mohammed à l'emprise d'Israël.

Nous ne possédons pas le texte des prédications de Monsieur le Curé de La Mecque. Mais, aux réponses faites par Monsieur le Rabbin nous pouvons très facilement en conjecturer la teneur. Le curé ne rejette pas les révélations du Mont Sinaï. Comme tout chrétien, il enseigne et prêche l'*Ancien Testament*. Cependant la foi des chrétiens est comme attachée à la personne du Christ. Moïse, sans aucun doute, a déblayé le terrain en chassant les idoles, en détruisant tout panthéon, de quelque nature qu'il soit, en proclamant l'Unicité de Dieu. Mais Jésus est venu. Il a enseigné au monde des choses extraordinaires qui complétaient et couronnaient, sans le détruire, le grand message de Moïse. En se présentant comme Fils de Dieu, Jésus, fils de Marie, annonçait déjà par le fait même l'existence du Père. Plus tard, pour consoler ses disciples, il leur avait prédit l'envoi du Saint-Esprit. Père, Fils et Saint-Esprit, ils ne faisaient cependant qu'un seul et même Dieu, Unique dans sa nature. Des chrétiens avaient médité longuement ce mystère. Armés d'une puissante philosophie, que le curé de La Mecque devait parfaitement connaître, ils avaient conclu, après bien des débats, bien des explications, que Dieu est seul, unique de nature, mais dans une trinité de personnes.

Mecquois, écoutez bien oui, Dieu est unique. Cette grande révélation, il l'a faite lui-même à Moïse ; mais son unité de nature n'exclut pas la trinité des personnes : nous chrétiens, nous croyons en Jésus-Christ, Fils du Père, égal au Père, Dieu comme le Père, et nous croyons au Saint-Esprit, troisième personne au sein du Dieu Unique. Moïse se complète dans le Christ ! La *Tora* se précise dans l'Évangile : le judaïsme s'achève dans le christianisme. Jésus, fils de Marie et seconde personne de la Sainte Trinité, est notre Maître et doit être aussi le vôtre, fils d'Israël ! Ce sont vos prophètes qui ont annoncé sa venue ; ce sont eux encore qui ont prédit sa naissance d'une vierge ; c'est Jean-Baptiste, l'un des vôtres qui, enfin, a prêché la bonne nouvelle du Jésus-Dieu !

Le curé de La Mecque a mis sans doute des années pour comprendre le danger de la conversion de Mohammed au judaïsme. Il a compris enfin que le trio — (le rabbin, Khadidja et Mohammed, l'Arabe marié à une Juive et converti à l'Islam juif) — pouvait être une force de destruction pour le christianisme arabe qui avait déjà connu des heures de succès et de splendeur ! Était-il trop tard pour mettre un frein à cette entreprise juive conduite par un Juif et claironnée par un Arabe ? Par leurs moqueries, les fétichistes ont failli le ramener dans leurs rangs. Ne pourrions-nous pas, nous chrétiens, essayer d'enlever Mohammed de la synagogue et l'inviter dans notre église ?

D'après les *Actes de l'Islam*, le curé de La Mecque aura centré sa prédication autour de trois thèmes principaux : Jean-Baptiste, Marie, Jésus. Ce sont ces trois thèmes précisément que le rabbin reprend dans la contre-attaque qu'il mène avec astuce et vigueur pour conserver au monothéisme juif toute sa rigidité. Et, en effet, peu après la composition du *Corab*, nous constatons que son auteur juif mêle à ses récits habituels sur les Patriarches de l'*Ancien Testament* des histoires nouvelles sur le Nouveau Testament. Comme nous allons le voir incessamment, ces histoires, dans la bouche du rabbin, perdent toute saveur chrétienne. Il leur imprime même une direction franchement anti-chrétienne. Décemment, on ne pourrait attendre autre chose d'un rabbin luttant contre un curé, en plein milieu arabe ! Mais voilà ! Nos fameux érudits n'ont pas vu que ces histoires sur Jean-Baptiste, Marie et Jésus, n'étaient qu'une réponse à des prédications chrétiennes, et que ces réponses n'avaient qu'un but : réfuter le christianisme pour laisser la place à la seule religion juive.

Ne comprenant absolument rien à cette insertion dans le Pseudo-Coran des histoires chrétiennes, nos grands coranisants se sont lancés dans une foule d'hypothèses qui arrivent à nous faire douter du bon sens humain. Mes chers lecteurs, je vous fais juges, et vous jugerez également de la dissertation qui suit. Pour l'instant, suivez bien le raisonnement des grands chefs qui occupent les hautes chaires de l'État. Asseyez-vous confortablement pour éviter de perdre l'équilibre. Donc, n'ayant rien compris ni aux origines historiques de l'Islam arabe — prolongement de l'Islam juif — ni à la composition du Coran arabe, transposition du Coran hébreu, nos bons vieux coranisants nous racontent sans aucune hésitation — (ce serait péché, pour un bon vieux coranisant, que d'hésiter ou même de paraître simplement hésiter) — que Mohammed, dont ils n'ont jamais vu le rôle de clairon, a composé le Coran. Naturellement, ils ne croient pas un seul mot de ces histoires de révélation divine dans une grotte du Mont Hira ! Quand ils en parlent, en faisant semblant d'y croire un peu, c'est pour faire plaisir aux musulmans. Mais, ne perdons pas le fil de notre pensée. Donc Mohammed, selon ces bons vieux coranisants, a composé lui-même le Coran arabe. Mais comment cet Arabe qui, par définition est aussi ignare que ses compatriotes, a-t-il pu composer ce chef-d'œuvre ? C'est tout simple ; il fallait seulement l'intelligence subtile d'un coranisant pour y penser. En ce qui me concerne, je n'aurais jamais pu, de moi-même, imaginer pareille solution. Quant à vous, chers lecteurs, réalisez bien cette hypothèse ; Mohammed ne savait ni lire ni écrire ; ce n'est donc pas dans les livres qu'il a appris les histoires juives et chrétiennes qu'il a dictées à son armée de secrétaires. Puisqu'il n'a pas lu ces histoires, il les a donc entendues. C'est de la haute philosophie l'homme ne peut meubler son intelligence de fables ou de récits étrangers que par le moyen de deux sens la vue ou l'ouïe. Mohammed aurait pu se servir de la vue : il n'était pas aveugle, bien qu'il fût probablement chassieux, comme beaucoup de ses compatriotes qui s'obstinent à ne point porter de casquette pour se protéger du soleil. Si Mohammed ne s'est pas servi de la vue pour prendre connaissance de ces histoires, c'est tout simplement parce qu'il ne savait pas lire. Et même s'il avait su lire, il lui aurait fallu connaître l'hébreu pour apprendre les histoires juives, puisque le Coran hébreu, au moment de sa conversion, n'était pas encore traduit en arabe, ou adapté en cette langue ; il lui surgit fallu aussi connaître le latin et la Vulgate, puisque les Évangiles chrétiens n'avaient pas encore été traduits en arabe, eux non plus. Donc, sans être aveugle, la vue est certainement interdite à Mohammed comme moyen d'information. Mais, fort heureusement, il lui restait l'ouïe. Tout cela, on le constate, est d'une saine logique ! Donc, c'est par voie orale que ce fameux Mohammed a pu connaître les histoires d'Adam, de Noé, d'Abraham, de Loth, Jacob, Joseph, Jonas, Tobie, Moïse, Aaron, Pharaon, David, Salomon, la reine de Saba, et les commentaires du *Talmud*, et les *Midrashim*, et les histoires de Jean-Baptiste, de Marie, mère-vierge de Jésus, de Jésus, le Christ, des chrétiens. Pensez, chers lecteurs, s'il a fallu à Mohammed une mémoire exercée ! Arrivés à ce point de leur démonstration, nos bons vieux coranisants éprouvent un besoin irrésistible : déverser tout, absolument tout ce qu'ils savent sur la mémoire sémitique. L'historien sincère a tout de même de bons moments dans l'existence ! car tout cela est vraiment très amusant... ou plutôt serait très amusant, si ce n'était pas si pitoyable.

Donc, c'est par des contacts avec des Juifs et des chrétiens que Mohammed a appris les histoires juives et chrétiennes. Reste à savoir en quels lieux ces contacts ont été pris ! Vous ne voyez pas, chers lecteurs ? Mais c'est tout simple : en conduisant ses caravanes, le chamelier Mohammed devait bien coucher quelque part. Sans doute, il lui arrivait de dormir souvent à la belle étoile ; mais quelquefois, il lui prenait fantaisie de demander l'hospitalité à quelques couvents chrétiens jalonnant les routes de Palestine. On invitait Mohammed à « casser la croûte », après quoi, il « taillait une bonne bavettes avec les moines, ravis de répondre à toutes les questions d'un hôte si curieux des problèmes religieux. C'est là qu'il se renseigna si bien sur Jean-Baptiste, la Vierge Marie et son fils Jésus ! Entre nous, que de nuits notre chamelier dût-il passer, au cours de ses caravanes, chez son ami Bahira, moine chrétien, pour revenir avec de si nombreux documents en tête !

Évidemment, tout cela ne « tient pas debout », vous vous en rendez compte, chers lecteurs. Permettons-nous une petite digression, une digression non point d'érudition, mais une simple réflexion d'expérience humaine. Là, naturellement, il s'agit de ma propre expérience, que voici : au cours de mon existence, j'ai appris à me défier, *a priori* et consciemment, de deux catégories de personnes : les politiciens, et les islamisants. Dès que je vois un politicien sur le pavois, ma première réaction est celle-ci « quelles « mauvaises et vilaines » actions a-t-il pu commettre pour arriver à un poste aussi élevé ? — Ensuite, dès qu'un islamisant publie un nouveau volume, instantanément, mon intelligence se cabre : quelles sornettes vais-je lire dans cette élucubration ? — On a beau dire et répéter fortement que la France est une grande puissance musulmane, protectrice de l'Islam, on n'est tout de même pas obligé d'épouser les naïvetés de nos coranisants !

Et la documentation juive de Mohammed ? D'après nos érudits c'est à La Mecque même qu'il l'aurait trouvée. Pour une fois, nos coranisants son imprécis. Les Juifs ont raconté si souvent et si longuement à Mohammed les histoires de Noé, d'Abraham, de Loth, de Joseph, de

Jonas, de Tobie, de Moïse, d'Aaron, de Pharaon, de David, de Salomon, et de la Reine de Saba, qu'il est permis de se demander si Mohammed invitait les Juifs mecquois à sa table, ou bien s'il se rendait lui-même chez eux. D'après ce que nous venons de deviner, nos coranisants opteraient pour cette seconde solution, puisqu'ils répètent — c'est une de leurs grandes trouvailles — que Mohammed s'informait en allant de gargote en gargote. Nous croyons que, là encore, en fouillant un peu le sujet, nos érudits auraient pu distinguer deux périodes : avant le mariage de Mohammed, et après. — Avant son mariage, nous pourrions fort bien admettre avec nos grands savants que, Mohammed n'ayant pas le sou, il ne fréquentait que des gargotes comme celles que l'on rencontre dans tous les « villages nègres » des villes eurafricaines. Mais après son mariage, il avait la caisse de sa femme. Les musulmans, qui n'ont pas toujours un langage très châtié, diraient qu'il avait du pognon ! Et nous ne voyons pas pourquoi, dans ces conditions, le mari de la riche Khadidja aurait été continuellement le client des gargotes, au lieu de se payer les chics restaurants de La Mecque

Chers lecteurs, arrêtez-vous quelques instants : est-ce que vraiment toutes ces histoires de nos grands érudits vous paraissent normales et sérieuses ? Voyez-vous Mohammed passer des soirées entières dans les boutiques juives, avec ou sans sa femme, pour écouter toutes les grandioses et belles aventures d'Abraham, de Joseph et de Moïse ? Le voyez-vous rentrant « dans ses gourbis » après ses randonnées du Nord, rassemblant tous ses camarades et leur faisant écrire sur des morceaux de vaisselle ou sur des os de moutons les précieux renseignements recueillis auprès de son ami Bahira et des moines chrétiens ?

Surtout, n'allez pas croire que j'invente moi-même toutes ces histoires pour vous amuser. Non, non, non Tout ceci est écrit par les grands chefs arabico-coranisants professeurs de Sorbonne ou du collège de France, anciens, récents ou vivants encore. On croirait que ces hommes, dès qu'ils abordent les problèmes du Coran et de l'Islam, sont frappés de « paralysie judicielle » ! Ils s'imaginent aussi, dans leur vanité, que le monde est en admiration devant eux dès qu'ils prononcent la moindre parole. Les temps sont révolus. Nous exigeons maintenant la pleine santé dans les études islamiques. Il est grand temps de purifier l'atmosphère et de nous désintoxiquer.

Remettons-nous dans le réel : Mohammed n'est donc pour rien dans la composition du *Corab*, ni dans la composition de la *Prière des Laudes*, ni dans la composition des *Actes de l'Islam*, œuvres du rabbin de La Mecque. Ce rabbin, tout naturellement, a donné comme pivot aux évènements qu'il raconte, l'*Ancien Testament*. C'est pourquoi vous trouverez dans le *Livre des Actes* les principales histoires contenues dans la Bible, avec les interprétations et les commentaires circulant dans les écoles juives. Jusqu'ici, notre esprit est parfaitement en repos.

Examinons à présent le cas des histoires chrétiennes. Mes chers lecteurs, comprendriez-vous un rabbin qui se mettrait, dans sa synagogue, à prêcher, en les recommandant, les vérités chrétiennes telles que nous les entendons ? Ce rabbin ne tarderait pas à percevoir des remous dans l'assemblée de ses fidèles. Soyez certains que les Juifs du VIIe siècle ne se comportaient pas autrement que les Juifs du XXe siècle sur ce chapitre. Si le rabbin de La Mecque a raconté les histoires de Jean-Baptiste, de la Vierge Marie, de Jésus, ce n'était certainement pas pour les proposer comme objet de foi à ses musulmans arabes ! S'il en parle, c'est au contraire pour les réfuter, pour les vider de leur substance chrétienne. Comme nous allons le voir en détail, ces histoires insérées par le rabbin dans son *Corab*, ont perdu toute signification chrétienne. Elles sont à l'opposé du christianisme. Poursuivons notre raisonnement qui, lui, est appuyé sur les textes authentiques des *Actes de l'Islam* : si le rabbin contre-attaque, c'est pour répondre aux attaques des chrétiens qui superposent les plus pures figures du christianisme aux grands patriarches du judaïsme. La présence de ces textes chrétiens dans le *Corab* prend ainsi son véritable sens. Ils ne représentent pas des propositions pro-chrétiennes venant de la part du pauvre Mohammed, mais des réponses anti-chrétiennes de la part du rabbin, réponses rendu nécessaires par les prédications du curé de La Mecque, dont nous connaissons maintenant les thèmes principaux.

1. — **JEAN-BAPTISTE.** — Vous parlez toujours de Moïse, mais nous, nous avons le Christ, annoncé par saint Jean-Baptiste, que l'Église dénomme à juste titre le Précurseur, le Prophète qui précède le Christ et dont il révèle la présence. Vous connaissez les Évangiles « Et toi, petit enfant », proclame Zacharie en s'adressant à son fils, « tu seras appelé Prophète du Très-Haut, car tu précéderas le Seigneur pour lui

préparer les voies, pour donner à son peuple la connaissance du salut par la rémission des péchés... Tu illumineras ceux qui se tiennent dans les ténèbres de l'ombre et de la mort (*saint Luc* L, 76, 77, 79.) Moi, Jean, je ne suis rien ; je ne suis qu'une voix qui crie dans le désert. Je ne suis que le héraut d'un message nouveau : « Aplanissez le chemin du Seigneur, comme l'a prédit Isaïe (XL, 3-5.) Il vient — il est là — « celui qui est plus puissant que moi, et dont je ne suis pas digne de délier la courroie de ses chaussures. Il tient la pelle à vanner pour nettoyer son aire et recueillir le grain dans son grenier ; quant aux balles (de paille), il les consumera au feu qui ne s'éteint pas » (*saint Luc* III, 16.) C'est par Jésus, mes frères, que l'histoire d'Israël va s'achever ; c'est par Jésus et avec Jésus que la miséricorde millénaire de Yahwé envers son peuple va trouver sa totale perfection, Jean-Baptiste c'est le passé d'Israël ; mais Jean a reçu pour mission d'annoncer un nouvel avenir baignant, — comme ce passé dans lequel il plonge ses racines —, dans la Miséricorde de Dieu.

Jean-Baptiste ne se comprend historiquement qu'en fonction de Jésus ; il en est le précurseur. Jean a pour mission d'annoncer au peuple d'Israël un avenir vertigineux. Il est venu préparer pour les Juifs un bond en avant pressenti depuis longtemps, mais insoupçonné dans ses dimensions. Il est la charnière qui relie les temps anciens d'Abraham et de Moïse aux temps nouveaux de Jésus. Mes frères, saint Jean-Baptiste vous appelle au Christ-Jésus. Par sa prédication, il dépasse Abraham et Moïse, sans nullement les renier. La voie tracée par Moïse pour l'humanité entière ne peut s'achever qu'au Christ, le Dieu des Chrétiens. Les Juifs ne sont que des croyants inachevés. Par ses révélations du Sinaï, Moïse les avait placés sur la bonne route, mais ils se sont arrêtés avant d'avoir achevé leur course normale. Mohammed, n'agis pas comme eux. Le rabbin et ta femme sont des obstacles à ton plein développement. Tu as abandonné la Ka'ba pour aller prier à la synagogue. C'est bien ! Mais il te reste à faire un grand pas : quitte la synagogue et viens dans notre église ; tu y trouveras le Fils de Dieu, Dieu comme son Père, au même titre que son Père Puissant et Créateur. Moïse ne se peut comprendre pleinement que par le Christ annoncé par Jean-Baptiste.

Mohammed va-t-il se laisser prendre par les chrétiens ? Le curé de La Mecque va-t-il l'emporter sur le rabbin ? Le problème de Jean-Baptiste est désormais posé à La Mecque, publiquement et officiellement. Il risque de contrecarrer l'apostolat du chef de la synagogue. Il faut réagir de toute nécessité. Cette réaction du rabbin contre la prédication chrétienne, nous la trouvons dans la sourate XIX, dénommée sourate de Marie, de la seconde période mecquoise, à peu près contemporaine de la composition du Coran arabe :

1. – Récit de la Miséricorde de ton Seigneur envers son serviteur Zacharie.
2. – Quand (Zacharie) invoqua secrètement son Seigneur,
3. – il lui dit « Seigneur ! mes os, en moi, sont affaiblis, et ma tête s'est éclairée par la canitie.
4. – Dans ma prière à Toi, Seigneur, je ne fus cependant jamais malheureux.
5. – Or, je crains mes proches, après moi. Bien que ma femme soit stérile, accorde-moi un descendant venu de Toi,
6. – pour qu'il hérite de la famille de Jacob, et fais, Seigneur, qu'il Te soit agréable ! »
7. – « O Zacharie ! Nous t'annonçons la bonne nouvelle d'un fils, dont le nom sera Jean.
8. – Jamais, auparavant, nous n'avons encore donné ce nom.
9. – Zacharie dit : « Comment aurais-je un fils ? Ma femme est stérile et je suis déjà avancé en âge.
10. – (Dieu) dit : « Ainsi parle ton Seigneur : cela est facile pour Moi, puisque je t'ai créé antérieurement, alors que tu n'étais rien.
11. – (Zacharie) dit   « Seigneur, accorde-moi un signe. » Dieu dit : « Ton signe est que tu ne parleras pas aux hommes, durant trois jours entiers. »
12. – (Zacharie) sortit du sanctuaire vers son peuple et il lui fit signe de célébrer les louanges de Dieu, matin et soir.
13. – « O Jean ! Prends le Livre avec force. » Et nous lui donnâmes la Sagesse dans son enfance

14. – ainsi que la tendresse et la pureté. (Jean) était pieux, bon pour ses père et mère. Il ne fut ni violent ni désobéissant.

15. – Que la paix soit sur lui (comme) au jour où il naquit. (Qu'elle soit sur lui) au jour où il mourra et au jour de sa résurrection.

Ces versets, comme on peut le constater, résument les faits généralement connus et admis de la naissance de Jean-Baptiste, fils de Zacharie et d'Elizabeth : la vieillesse des deux époux, la stérilité du ménage, les allusions déplaisantes du peuple et des prêtres envers Zacharie, indigne d'être grand-prêtre puisqu'il n'avait pas d'enfants, la prière de Zacharie au Seigneur ; l'annonce d'un fils malgré l'âge avancé de Zacharie et de sa femme, le doute de Zacharie, sa punition ; la naissance du fils, dénommé Jean ; la reconnaissance du peuple.

Pour cette contre-attaque, le rabbin a sans aucun doute utilisé l'*Évangile de l'Enfance*, rédigé en Syriaque et déjà traduit en arabe. Par contre, aucun indice ne nous permet de penser que le rabbin se soit inspiré de saint Luc. On ne peut affirmer avec certitude que les Évangiles canoniques aient été, à cette époque, traduits en arabe. Et même si le rabbin avait eu connaissance du texte de saint Luc, il faudrait maintenir avec force qu'il s'est mis en désaccord fondamental avec ce texte.

L'idée principale de l'Évangile est de mettre en relief la miséricorde de Yahwé envers le peuple d'Israël en présentant comme un miracle la naissance de saint Jean-Baptiste, et en faisant de ce dernier le précurseur et l'annonciateur de Jésus. Tout le récit évangélique est dominé par cette vue messianique. À la naissance de son fils, c'est vers Yahwé le Dieu d'Israël, que se tourne Zacharie pour lui rendre grâce :

« *Béni soit le Seigneur, le Dieu d'Israël, parce qu'il a visité et racheté son peuple.* »

Mais l'histoire d'Israël ne regarde pas seulement le passé. L'avenir se projette devant elle : un avenir nouveau, attendu depuis des siècles. Jusqu'ici, malgré les prérogatives uniques dont il jouissait, le peuple Élu n'avait encore parcouru que le premier stade de sa course. Avant Jean-Baptiste, la piété des Juifs reposait sur la Loi et les Prophètes (*saint Luc*, XVI, 16.) Mais Loi et Prophètes ne constituent qu'une porte entrebâillée vers l'abîme de la miséricorde divine. Loi et Prophètes n'étaient pas la vraie lumière. Jean était le précurseur qui allait ouvrir la porte toute grande au message divin qui allait préparer les voies à un nouvel avenir bien plus lumineux, pour l'histoire d'Israël, que ne l'avait été tout le passé, depuis Abraham et Moïse.

De ces perspectives d'avenir et de ce message Messianique de Jean — centre du récit évangélique — il n'est nullement question dans les *Actes de l'Islam*. Le Jean-Baptiste des *Actes* est un Jean-Baptiste scindé de son message, scindé de son nouvel avenir d'Israël, scindé totalement d'avec Jésus. Jean-Baptiste est, dans les *Actes*, un Prophète, mais un PROPHÈTE SANS MESSAGE. Dans les *Actes*, Jean n'est plus qu'un signe, parmi tant d'autres, de la miséricorde de Yahwé envers le Peuple Élu, sans aucun lien avec l'avenir chrétien : il n'est annonciateur de rien, précurseur de rien ni de personne sans lien avec Jésus, il n'appartient pas au monde chrétien.

En résumé, le rabbin de La Mecque se vit un jour dans l'obligation de contre-attaquer le curé de la paroisse mecquoise qui, pour essayer de raccrocher Mohammed et les quelques recrues groupées autour de lui, présentait avec ardeur les doctrines chrétiennes. Le rabbin lui répondit évidemment en reprenant les mêmes termes : vous parlez de Jean-Baptiste, mais ce saint homme nous appartient ; il fait partie de notre histoire. Certainement Mohammed, tu peux y croire. Jean-Baptiste n'est contraire ni à Moïse, ni à n'importe lequel de nos Prophètes. Il continue leur lignée. En somme, d'après le rabbin, Jean est « quelqu'un de bien », mais il n'a rien à voir avec le christianisme.

De cette dissertation, il faut retenir surtout que « le petit couplet sur Jean-Baptiste » qu'on trouve dans les *Actes de l'Islam* n'a pas été inventé ou écrit par Mohammed, ni susurré à son oreille par le grand Allah. Mohammed et Allah sont absolument innocents. Il reste en lice le rabbin : ce n'est sans doute pas pour faire plaisir aux chrétiens qu'il a inséré ce récit dans ses *Actes*. Il y a été obligé pour défendre sa propre cause auprès de Mohammed et de son petit groupe de convertis au judaïsme. Il est absurde de regarder ces lignes sur Jean-Baptiste comme un rappel du christianisme, comme le font nos trop naïfs coranisants. C'est au contraire une position nettement anti-chrétienne que nous trouvons dans les *Actes de l'Islam*.

2. — La sainte Vierge Marie.

— C'est exactement le même cas que pour saint Jean-Baptiste. Tout ce qui est dit dans les *Actes de l'Islam* sur ce thème marial : n'est qu'une réponse du rabbin, aux prédications du curé de La Mecque, dans un sens naturellement anti-chrétien.

Lisons d'abord les textes de la sourate XIX :

> 16. – Et mentionne dans le Livre Marie, quand elle se retira de ses parents du côté de l'Orient.
> 17. – Elle se sépara d'eux. Et nous lui envoyâmes Notre Esprit et il se présenta à elle sous la forme d'un homme accompli.
> 18. – « Je me réfugie dans le Miséricordieux à cause de toi » dit (Marie.) Puisses-tu craindre Dieu !
> 19. – « Je ne suis », répondit-il, « que l'Envoyé de ton Seigneur pour te donner un fils pur. »
> 20. – « Comment pourrai-je avoir un fils », demanda-t-elle, « alors qu'aucun homme ne m'a touchée et je ne suis pas une prostituée. »
> 21. – « Ainsi sera-t-il », dit-il. « C'est ainsi qu'a parlé ton Seigneur cela est facile pour Moi et Nous ferons certes de lui un signe pour les hommes et (une) preuve de Miséricorde de Notre part : c'est affaire décrétée. »

Ces versets 16-21 de la sourate XIX constituent le gros bloc marial du Pseudo-Coran ! Combien de chrétiens avides de syncrétisme ne se sont-ils pas pâmés sur ce texte ? La Providence est tout de même bien bonne de nous avoir révélé la piété mariale de Mohammed ! — Je ne voudrais pour rien au monde faire le moindre tort à n'importe qui, ni assombrir la sérénité de nos chers coranisants ; mais tout de même serait-il bon, avant de conclure, de relire attentivement les textes du Pseudo-Coran et de regrouper les données concrètes et positives qui s'en dégagent. Pour n'en oublier aucune, prenons bien soin de les cataloguer.

a) **Retraite de Marie au Temple** (XIX, 16-17.) — Cette retraite nous est racontée avec plus de détails dans l'*Évangile du Pseudo-Matthieu* (édit. Michel Peeters, *évangiles apocryphes*, vol. I, 1911, p. 73) :

« *Or, après neuf mois accomplis : Anne mit au monde une fille et l'appela du nom de Marie. Et lorsqu'elle l'eut sevrée la troisième année, Joachim et sa femme Anne s'en allèrent ensemble au temple du Seigneur et, tout en offrant des victimes au Seigneur, ils présentèrent leur petite fille Marie pour qu'elle habitât avec les vierges qui passaient le jour et la nuit à louer Dieu. Lorsqu'elle eut été placée devant le temple du Seigneur, elle gravit les quinze marches en courant, sans regarder en arrière et sans demander ses parents, ainsi que le font d'ordinaire les enfants. Et ce fait frappa tout le monde d'étonnement, au point que les prêtres Temple eux-mêmes étaient dans l'admiration.* »

b) **L'annonciation** (XIX, 17-21.) L'annonciation peut se décomposer, pour ainsi dire, en plusieurs tableaux : c'est d'abord l'apparition d'un esprit sous la forme d'un homme parfait ; puis, la crainte de Marie devant cet homme ; enfin, le dialogue entre Marie et l'émissaire de Dieu. En lisant le Pseudo-Coran, c'est encore à l'*Évangile du Pseudo-Matthieu* que nous pensons :

Il se présenta un jeune homme dont on n'aurait pu décrire la beauté. Marie, en le voyant, fut saisie d'effroi et se mit à trembler. Il lui dit :

> Ne crains rien, Marie, tu as trouvé grâce auprès de Moi.
> (*ibid.* CH. IX, *éd. cit.* P. 89.)

> Et Marie devint enceinte sans le secours d'un homme et les générations la connaîtront comme la Vierge Marie.
> (*ibid.* CH. IX, *éd. cit.* P. 87-89.)

Ma conclusion est ferme : le rabbin, au moment où il écrivait à La Mecque la XIXe sourate, avait dans sa bibliothèque un exemplaire de la Bible en hébreu ; il avait déjà composé le *Corab*.

Le curé de La Mecque, devant le danger de judaïsation des Arabes, dont il venait de prendre conscience, commençait avec ses prédications un mouvement de grand style : connaissant les *Évangiles* comme le rabbin connaissait l'*Ancien Testament*, il prêchait le règne de Jésus-Christ, fils de Marie et Fils de Dieu, annoncé par les Prophètes, précédé par Jean-Baptiste, lequel démontrait à ses auditeurs que Moïse et la Loi n'avaient été qu'un commencement, mais que le Christ-Dieu marquait le point d'achèvement de la grande miséricorde divine envers l'humanité.

Pour répondre à Monsieur le curé, le rabbin ne prend pas les Évangiles ; il relit les *Apocryphes* : l'*Évangile de l'Enfance*, écrit en arabe ; l'*Évangile du Pseudo-Matthieu*, en hébreu ; et sans doute aussi, le *Protévangile de Jacques*, dans sa forme hébraïque. D'ailleurs, transforme ses sources d'information de façon à briser tout lien entre la Vierge Marie et le « Christ des chrétiens. » Dans le Pseudo-Coran, la Vierge Marie n'a plus absolument rien à faire avec le Christ. De Marie, Mère de Dieu, il ne reste rien. Comme il l'avait fait pour Jean-Baptiste, le rabbin rejette dans le passé d'Israël la Mère de Jésus, et ignore délibérément toute perspective chrétienne.

Reprenons la lecture du Pseudo-Coran, pour en saisir le sens exact et percer l'intention de son auteur. Remarquons tout d'abord qu'il n'y a aucune identité entre Marie, fille d'Anne et de Joachim, et la Marie des *Actes de l'Islam*. D'après le rabbin, Marie serait la sœur d'Aaron et de Moïse :

> O sœur d'Aaron, ton père n'était pas un père indigne, ni ta mère une prostituée.
>
> (*Sour.* XIX, 29.)

Ce texte ahurissant a fait naturellement le tourment de nos chers coranisants. Voyons ! Ce n'est pas possible ! Mohammed était trop intelligent pour avoir fait pareille confusion ! Il avait trop bonne mémoire ! Par ailleurs, si c'est Allah qui a inspiré le grand Prophète arabe, comment ce grand Dieu a-t-il pu commettre pareille bévue ? Serions-nous en présence d'une mauvaise transcription des révélations dictées par Mohammed, sous le feu de l'inspiration, à son armée de secrétaires ? Que ce petit texte est donc ennuyeux ? C'est d'après des aveux de ce genre que les juges d'instruction démolissent toute l'argumentation de leurs clients.

Et, bien, non ! Il n'y a pas d'erreur de transcription. Il n'y a pas d'erreur ni de simple lapsus du rabbin. Pour lui, Marie, mère de Jésus, est vraiment la sœur de Moïse et d'Aaron ; du moins il affecte de le croire ; Il était bien certain que personne ne pourrait le contredire. On ne pouvait se moquer de son auditoire d'une façon plus cynique. Le mépris du rabbin vis-à-vis des Arabes se manifeste d'ailleurs à maintes reprises dans le Pseudo-Coran. Pour les rallier au judaïsme, ne leur avait-il pas promis comme bonheur suprême l'amour des femmes et des petits garçons ! Maintenant, sûr de l' « impunité », il leur raconte que Marie est sœur de Moïse.

Cette affirmation en dit long sur l'opinion que le rabbin se fait des Arabes. Il est difficile d'être plus méprisant. Les Juifs, non seulement étaient les dépositaires de la Vérité, mais ils étaient « civilisés » Dieu, le Dieu Unique, Tout-Puissant, Créateur du Ciel et de la Terre, les avait choisis comme confidents. Derrière eux, ils avaient tout un passé de gloire militaire, de conquêtes territoriales. Ils avaient des organisations administratives et politiques stables. Ils avaient de la « civilité. » Ils savaient se laver ! (*Malachie* III, 2 ; *Marc* IX, 3.) Les Juifs pouvaient aussi se prévaloir de toute une littérature séculaire qui, aujourd'hui encore, fait la gloire de leur civilisation ! Y a-t-il un peuple qui ait composé des prières si belles, si émouvantes que celles du Psalmiste ? Qui ait exprimé des sentiments si délicats que l'auteur du *Cantique des Cantiques* ? Qui ait ouvert des perspectives aussi grandioses que Isaïe et Jérémie ? C'est tout l'*Ancien Testament* qui raconte la gloire d'Israël ! Et à côté des Livres révélés, il faudrait encore citer tout le travail des commentateurs et des exégètes.

En face de ce passé de grandeur, que représentaient les Arabes idolâtres, pour un Juif, sinon un déchet sémite ? Et le rabbin de La Mecque ne se prive pas de leur dire son mépris, assuré qu'ils ne le comprendraient même pas ! Le curé vous parle de Marie, Mère de Jésus, dont certains Juifs ont fait une religion nouvelle. Allons donc, messieurs ! Tout cela est faux ; Marie appartient au judaïsme ; elle n'est pas née d'hier, ni même il y a sept siècles. Elle est la sœur de Moïse.., et les idolâtres mecquois « gobent » ces balivernes. Ce n'est pas un hasard, si le rabbin raconte aux idolâtres cette énormité. Sa généalogie insensée n'existait dans aucune des sources qu'il pouvait consulter. Cette généalogie de Marie est pure invention du rabbin instructeur de Mohammed : une invention voulue et préméditée.

Dans la Bible, le père de Moïse est appelé Imram ou Amran, fils de Déhat, de la famille de Lévi (*Exode* VI, 18-19.) Amran épousa Iokébed, sa tante, dont il eut trois enfants : Myriam, Aaron, Moïse. Dans la sourate XIX, 29, en identifiant Marie, mère de Jésus, avec la sœur d'Aaron, le rabbin entendait donc faire de Marie la fille d'Amran et la sœur de Moïse :

O sœur d'Aaron ! ton père n'était pas un père indigne, ni ta mère une prostituée.

(*Sour.* XIX, 29.)

D'après certains exégètes, l'expression « Marie, sœur d'Aaron », n'aurait, dans la bouche du rabbin, aucune valeur historique. Elle ne représenterait qu'une formule oratoire, comme on dit « Marie, fille de David. » Mais cette interprétation, imaginée par les commentateurs pour écarter de Mohammed une sottise trop voyante, ne résiste pas devant les textes.

La preuve que le texte XIX, 29, n'est ni symbolique, ni fortuit, c'est qu'il n'est pas unique dans le Pseudo-Coran. L'expression « sœur d'Aaron » s'y trouve comme synonyme de fille d'Amran, père de Moïse et d'Aaron. Marie est vraiment présentée aux Arabes idolâtres, ignorants et incultes, non pas comme la fille de Joachim, — comme le rabbin pouvait le lire dans l'*Évangile de l'Enfance* —. mais comme fille d'Amran :

30. – Yahwé a choisi Adam, Noé, ta famille d'Abraham et la famille de 'Imrân sur tout le monde en tant que descendant les uns des autres. Yahwé entend et sait tout.
31. – (Rappelle-toi) quand la femme de 'Imrân dit : « Seigneur ! je te voue, comme t'étant dévolu, ce qui est dans mon ventre. Accepte-le de moi ! En vérité, Tu entends et Tu sais tout ! Quand elle eut accouché (la femme de 'Imrân) s'écria : « Seigneur, j'ai mis au monde une fille. »
32. – ... Zacharie se chargea d'elle. Or, chaque fois que celui-ci entrait auprès d'elle, dans le sanctuaire, il trouvait auprès d'elle une subsistance nécessaire.
« O Marie », demanda-t-il un jour,
« comment as-tu ceci ? » (*Sour.* III.)

On remarquera que, dans ce texte, Marie est désignée réellement comme fille de la femme de 'Imrân. Il n'est plus question d'Anne. Quant à Zacharie, il n'est plus le père de Marie nommé par les *Apocryphes*, mais en quelque sorte son protecteur. On ignore d'ailleurs d'où il arrive. Le rabbin le cite sans le présenter.

C'est encore comme fille d''Imrân que la mère de Jésus est désignée dans la *sourate* LXVI, 12 :

> Il a proposé ainsi l'exemple de Marie, fille d''Imrân qui se garda vierge.

L'identification de la Vierge Marie et de la sœur d'Aaron n'est donc pas un fait isolé dans la *sourate* XIX. Elle appartient à un système généalogique délibérément inventé par le rabbin. Le P. Abd el Jalil est naturellement très embarrassé de tous ces textes :

> « *Quoi qu'il puisse en être du Coran, il faut s'abstenir d'accuser l'Islam de faire une telle confusion (entre Marie la Vierge Mère du Christ, et Marie sœur d'Aaron) ; il faut renoncer à une argumentation facile et vaine et à des insinuations inefficaces et déplaisantes.* »
>
> (*Aspects intérieurs de l'Islam*, p. 13.)

Ce texte, pour un historien objectif, appelle de sérieuses réserves : pourquoi faut-il s'abstenir d'accuser l'Islam ? Nous n'avons pas à accuser, mais simplement à constater que Marie est présentée dans plusieurs textes comme la sœur d'Aaron... mère de Jésus ! (*Sour.* XIX, 29 ; LXVI, 12 ; III, 30-31.) Il ne s'agit pas de plaisanter ou de railler : la situation est telle, et pas autrement. Évidemment, c'est très gênant. Mais pour consoler le P. Abd el Jalil, faisons-lui remarquer tout de suite que l'Islam, religion des Arabes, n'est pas un jeu. Nous savons d'ailleurs que l'Islam arabe n'a pas d'identité propre. L'Islam est d'abord le judaïsme. Dans cette folle assimilation des deux Marie (Marie mère de Jésus, et Marie fille de 'Imrân), ni l'Islam Juif, ni par conséquent l'Islam arabe ne sont en cause. L'Islam n'est qu'une attitude de soumission à la Loi, et par la Loi, à Yahwé ; ce n'est pas dans cette attitude qu'on trouve l'identification des deux Marie. C'est dans un livre. Si ce livre a été écrit par Mohammed, de sa propre initiative, il faut carrément conclure qu'il était bien ignorant. Il aurait même échoué à son brevet. Si ce livre a été inspiré par Allah, il faut encore conclure qu'Allah a besoin de réviser son histoire, vu qu'il a oublié bien des notions élémentaires. Mais rassurons-nous, nous savons maintenant d'une façon péremptoire que ni Allah, ni Mohammed, ne sont pour rien dans les *Actes de l'Islam*, ou Pseudo-Coran auquel se réfère le P. Abd el Jalil ; ils ne sont pour rien dans le *Corab* écrit antérieurement par le rabbin, Coran en langue arabe aujourd'hui perdu. Que nos grands coranisants retrouvent un peu de leur calme : au tribunal de l'histoire, l'affaire de la confusion des deux Marie se clôt par un non-lieu pour Allah aussi bien que pour Mohammed. Le seul responsable de ces dégâts — si dégâts il y a — ne peut être que le rabbin, auteur des *Actes*. Forcé d'aborder le problème chrétien, il n'aura qu'un but : briser toutes relations des personnages qu'on lui oppose avec le christianisme. Jean-Baptiste est un saint homme, mais n'a aucun rôle de précurseur ; il relève uniquement de l'histoire juive. De même Marie, mère de Jésus. Elle est vierge : Isaïe n'avait-il pas dit :

« *Le Seigneur lui-même vous donnera un signe : voici que la Vierge a conçu et elle enfantera un fils, et elle lui donnera le nom d'Emmanuel.* »

(VII, 13-14.)

Mais pour séparer la Vierge Marie du christianisme, le rabbin embrouille toutes les données chronologiques, sans vergogne, certain que pas un seul Arabe ne se lèvera pour le contredire : Marie, mère et vierge, annoncée par Isaïe, élevée par Zacharie, fille d''Imrân et sœur de Moïse et d'Aaron ! Nous touchons du doigt, pour ainsi dire, ce que les Juifs du VIIe siècle pensaient des Arabes de La Mecque. Devant ce cocktail marial, comment juger l'attitude des chrétiens qui viennent nous chanter à tout propos et hors de propos le culte des musulmans pour la Vierge Marie !

Le portrait de cette Vierge dans le Pseudo-Coran est pour nous, historien chrétien, absolument méconnaissable. Nous rejetons comme inepte toute littérature qui, aux dépens de la vérité objective, veut faire de la Vierge Marie un PONT DOGMATIQUE et religieux entre l'Islam et le Christianisme. Il ne reste entre les deux Marie, celle du chrétien et celle du Juif, auteur du Pseudo-Coran, qu'un seul point commun la scène de l'annonciation, connue du rabbin par les Apocryphes chrétiens. C'est vraiment bien peu, en face des profondes divergences que nous avons signalées, pour fonder une « apologétique de pont » entre le christianisme et le judaïsme arabe. Quand on lit, dans le petit ouvrage d'Abd el Jalil sur *Marie et l'Islam*, qu'on trouve dans le Coran (?) des faits qui constituent un stimulant religieux et qui font penser à une socle d'*Imitatio Mariæ*, l'historien un peu sérieux ne peut évidemment que répondre par un sourire.

3. — Jésus, fils de Marie. — Après avoir parlé de Jean-Baptiste en escamotant complètement son rôle messianique, puis de Marie en la rendant méconnaissable par la généalogie fantaisiste qu'il lui fabrique, le rabbin aborde forcément la question de Jésus. Il ne pouvait en être autrement face à la prédication chrétienne. Avant même de lire les textes, nous pouvons être certains que l'auteur du Pseudo-Coran va s'efforcer de briser la personnalité de Jésus, de lui refuser la nature divine, de le rejeter dans le passé d'Israël pour l'enlever aux chrétiens. Effectivement nous lisons dans les *Actes* que Jésus n'est qu'un Prophète, semblable aux centaines de Prophètes Juifs ; ce serait un monstrueux blasphème que de le présenter comme Dieu, Fils de Dieu. Ceci dit, nous laissons à nos chers coranisants tels que Tor Andræ, Massignon, Abd el Jalil, et à leurs petits amis, comme par exemple Y. Moubarac, toute liberté de fabriquer leur tambouille(10) en mélangeant dans une même marmite christianisme et islamisme pour les réduire à l'état de bouillie à la fois émolliente et unifiante, pour intellectuels édentés. Il est inutile d'ajouter, je pense, que les mahométans ne mettent pas la main à toute cette cuisine, chef-d'œuvre culinaire des arabico-coranisants, croyants ou incroyants, et des apologistes occidentaux dont certains sont déjà rabougris avant leur croissance ! Revenons donc à notre texte. Lisons la suite de la sourate XIX :

> 22. – Et (Marie) conçut et elle se retira avec lui dans un lien écarté.
> 23. – Les douleurs la surprirent auprès d'un tronc de palmier : « Plût à Dieu », s'écria-t-elle, « que je fusse morte avant cet instant et que je fusse totalement oubliée ! »
> 24. – Celui qui était à ses pieds lui cria « Ne t'afflige pas ! Ton Seigneur a mis un ruisseau à tes pieds.
> 25. – Secoue vers toi le tronc du palmier ; tu feras tomber vers toi des dattes fraîches et mûres.

---

10 — L'expression se trouve dans le Larousse du XXe, siècle, t. VI, p. 582.

26. – Mange et bois et que ton œil se sèche ! et si tu vois quelqu'un, dis-lui :
27. – « J'ai fait vœu de jeûner pour le Très Miséricordieux et je ne parlerai aujourd'hui à personne. »
28. – Elle alla (portant l'enfant) auprès des siens. « O Marie », dirent-ils, « tu as accompli une chose monstrueuse.
29. – O sœur d'Aaron ! ton père n'était pas un méchant homme, ni ta mère une prostituée ! »
30. – (Marie) fit signe vers l'enfant. « Comment », dirent-ils, « parlerions-nous à un enfant qui est encore au berceau. »
31. – Mais (l'enfant) dit : « Je suis serviteur de Yahwé. Il m'a donné l'Écriture et m'a fait prophète !
32. – Il m'a béni où que je sois. Il m'a recommandé la prière et l'aumône tant que je resterai vivant,
33. – et la piété envers ma mère. Il ne m'a pas fait misérable et orgueilleux.
34. – Et la paix fut sur moi le jour où je naquis ; (qu'elle soit) sur moi le jour où je mourrai et le jour où je serai ressuscité. »
35. – C'est Jésus, fils de Marie, selon la parole de vérité, au sujet duquel ils discutent.
36. – Il ne saurait être possible que Yahvé prenne quelque enfant. Louange à Lui (Yahwé.) Lorsqu'il a décidé une chose, il dit : « Sois », et elle est.

Les versets 22-26 rapportent l'épisode du palmier, d'après l'*Évangile du Pseudo-Matthieu* qui, d'ailleurs, place cette scène pendant la fuite en Egypte.

Des versets 28-30, relatifs à l'entrée de Marie auprès des siens, nous ne trouvons aucune trace dans les sources qu'aurait pu consulter le rabbin.

Les versets 31-32 semblent rappeler le texte de l'*Évangile de l'Enfance* : « Je suis Jésus, le fils de Dieu, le Verbe, que vous avez enfanté, comme vous l'avait annoncé l'ange Gabriel, et mon Père m'a envoyé pour sauver le monde. » (*Op. cit.*, ch. 1 ; *éd. cit.*, p. 1.) Entre les deux documents, il existe, en effet, une certaine ressemblance : dans l'un et l'autre document, Jésus parle au berceau ; de plus, les paroles de l'enfant présentent certains points communs qui nous incitent à croire que le rabbin avait réellement sous les yeux l'*Évangile de l'Enfance*. Mais ici, amis lecteurs, je veux vous mettre en parallèle les deux textes, pour que vous puissiez vous-même saisir les intentions profondes du rabbin, auteur du *Corab* et des *Actes de l'Islam*, ou Pseudo-Coran :

Évangile de l'Enfance

Jésus parle... et dit à sa mère
Je suis
Jésus, le Fils de Dieu
Le Verbe
Que vous avez enfanté
Et mon père m'a envoyé pour sauver le monde.

Pseudo-Coran XIX, 31

(S'adressant à Marie), il dit :
Je suis
Le serviteur de Yahwé
Il m'a donné l'Écriture et m'a fait Prophète.

Comme cela saute aux yeux, l'*Évangile de l'Enfance* présente Jésus comme fils de la Vierge Marie et en même temps comme Fils de Dieu. C'est le Verbe, que les chrétiens dénommeront plus tard la seconde personne de la Sainte Trinité. Par contre, dans le Pseudo-Coran, Jésus n'est plu d'aucune façon Fils de Dieu. Pareille affirmation est un scandale pour un Juif élevé dans le plus rigoureux monothéisme mosaïque ! Comment voudriez-vous qu'un Juif osât qualifier Jésus de Fils de Dieu ? Ce serait renier toute l'histoire d'Israël, la raison d'exister du peuple hébreu et juif. La seule torture infligée à l'*Évangile de l'Enfance* par l'auteur des *Actes de l'Islam* est, à elle seule, une preuve péremptoire que l'auteur de ce dernier ouvrage est un Juif authentique. Une fois de plus, remarquons combien il est amusant de voir la vénération traditionnelle et irraisonnée des Arabes pour un livre qu'ils croient révélé par Allah et qui n'est, en réalité, que l'ouvrage d'un rabbin de La Mecque. Si, un jour, les musulmans arabes prennent conscience de cette constatation historique, ils ne pourront plus jamais se relever de leurs prostrations et disparaîtront tous dans le sable. Le temps est proche de cette disparition.

Non seulement le rabbin ne veut pas d'un Jésus qui soit Christ, Fils de Dieu, mais il se refuse encore catégoriquement à regarder le fils de la Vierge comme le sauveur du monde. La personnalité divine et la mission salvatrice de Jésus sont rigoureusement exclues du Pseudo-Coran, œuvre exclusive du rabbin, comme elles l'étaient nécessairement du véritable Coran arabe, simple écho de la Bible hébraïque. Comment, en effet, pourrait-on dire que Jésus, à son berceau, avait reçu le *Livre des Évangiles* ? La Mère de Jésus, ne l'oublions pas, était présentée aux Arabes ignares comme la sœur de Moïse. Il est alors logique, dans cette ligne de pensée, de faire dire à Jésus que Yahwé lui avait donné l'Écriture (c'est-à-dire le *Pentateuque*), et l'avait constitué Prophète.

Jésus fils de Marie, et non pas Fils de Dieu ; Jésus serviteur de Yahwé, et non pas Sauveur du monde ; Jésus mis au rang des Prophètes hébreux, ce n'est plus d'aucune façon le Jésus des Chrétiens. En transformant ainsi l'Évangile de l'Enfance, dont il connaissait pourtant la teneur exacte, l'auteur de la sourate XIX révèle une fois de plus qui il est, et quelles sont ses intentions.

CONCLUSION. — Comme on peut le constater d'une façon à la fois facile et technique, ces récits évangéliques n'ont pas été introduits par le rabbin dans le Pseudo-Coran pour rapprocher l'Islam arabe du christianisme. Bien au contraire ils n'y figurent précisément que pour barrer la route aux chrétiens, pour briser l'influence du curé de La Mecque qui, après une période de nonchalance, cherchait à reconquérir sur les succès du judaïsme dont il comprenait un peu tard le danger.

Mettons-nous bien dans la mentalité de notre rabbin mecquois. D'après lui, il n'y a qu'un peuple élu : c'est Israël. Il n'y a qu'une Loi, celle de Moïse, la *Tora*. Il n'y a qu'un Dieu, Yahwé. Cette trilogie forme un bloc contre lequel se brise nécessairement tout essai de dissidence. Tout ce qui n'est pas écrit dans le Livre qui relate les révélations de Yahwé à Moïse sur le Sinaï au cours d'une nuit célèbre, n'est que mensonge :

> Louange à Yahwé qui fit descendre sur son serviteur (Moïse) l'Écriture (le *Pentateuque*) où il n'a point mis de détour. (C'est un Livre) droit pour donner l'avertissement d'une calamité sévère venant de Lui, et annoncer aux Croyants qui font le bien (les Hébreux) qu'ils recevront une belle récompense
>
> (*Sour.* XVIII, 1-2.)

Pour le rabbin, c'est à partir de ce Coran hébreu qu'on doit juger de la valeur de toutes les religions. Toute religion qui ne s'y conforme pas est une religion fausse et mensongère. Dans cette perspective, le christianisme est présenté comme le plus grand danger que les Juifs aient jamais connu :

> *(Yahwé a fait descendre sur Moïse l'Écriture) pour avertir ceux qui disent : « Dieu a pris pour Lui un Fils. »*
> *(Ni ces gens) ni leurs pères n'ont aucune connaissance de Yahwé. Monstrueux est le mot qui sort de leurs bouches. Ils ne disent qu'un mensonge.*
>
> (XVIII, 3-4.)

Depuis Moïse, Israël était « propriétaire » du Dieu Unique. Israël était le seul Peuple Élu, le seul dispensateur de la Vérité et de la morale. Il n'existe pas de racisme plus ancré que le racisme de ce petit peuple tellement privilégié. Et voici que des hommes, des Juifs, eux aussi, venaient les déposséder de leurs plus beaux titres, crever les barrières du nationalisme juif, en faisant de Jésus, fils de Marie, un nouveau Dieu, un Dieu pour tous. Ces Juifs ont l'audace, au nom même de la religion, de vouloir parfaire la religion de Moïse ! Jésus serait venu compléter Moïse et sauver l'humanité ! Quelle monstruosité ! (*Sour.* XIX, 91.) Réfléchissez donc, chrétiens, si vous en êtes capables. Réfléchissez, idolâtres, si vous avez quelque intelligence. Musulmans arabes qui avez entendu la voix de Mohammed vous appelant à la synagogue, écoutez bien que Marie soit Vierge, on peut l'admettre. Isaïe l'avait prédit ; les livres hébreux, comme l'*Évangile du Pseudo-Matthieu* et le *Protévangile de Jacques* l'affirment aussi. Ce qui est turpitude, s'écrie le rabbin, ce n'est pas que

Marie soit vierge ; ce n'est pas qu'elle soit mère de Jésus tout en restant vierge. Ce miracle, annoncé par Isaïe, est tout à l'honneur d'Israël. Ce qui est turpitude, c'est de proclamer que Marie soit vierge et mère d'un Dieu. Pour réaliser, en effet, pareil blasphème qui bouscule dans ses racines mêmes le dogme mosaïque, il faudrait dire qu'alors Marie est la femme de Dieu. Or, puisqu'elle est vierge, elle ne peut être la femme de personne, encore moins la femme de Dieu ! Non, Jésus n'est pas fils de Dieu, puisque Yahwé n'a pas de femme :

> En vérité, Yahwé — que sa Majesté soit exaltée — n'a pris pour Lui ni compagne ni fils.
>
> (*Sour.* LXXII, 3.)
>
> Lui, qui a formé les cieux et la terre ! Comment aurait-il un fils, Lui gui n'a as de compagne !
>
> (*Sour.* VI, 101.)

Admettre un fils à côté de Yahwé, ou placer à côté de Lui des associés, ou bien Lui donner une femme, c'est ruiner l'idée même de la divinité, du Yahwé Tout-Puissant : Dieu n'a besoin de personne. La multiplicité est une conséquence de la faiblesse et de l'insuffisance. Le Tout-Puissant ne peut être qu'unique

> Yahwé n'a jamais eu de fils et il n'est avec Lui aucune autre divinité. (S'il en était autrement) chaque divinité s'arrogerait ce qu'elle aurait créé, et certaines peut-être seraient supérieures à d'autres.
>
> (*Sour.* XXIII, 43 ; XXI, 22.)
>
> Tous ces dieux seraient en décomposition !
>
> (*Sour.* XXI, 22.)

Non, Yahwé n'a pas pris de fils (*Sour.* XXV, 2.) Mohammed, dis et répète bien avec moi :

> Gloire à Yahwé qui n'a pas pris de fils pour Lui et qui n'a pas d'associé dans son royaume... Magnifiez-le grandement.
>
> (*Sour.* XVII, III ; XXI, 22-26.)

Le rabbin est las des prédications du curé sur la divinité de Jésus. Cessez donc de blasphémer ! Israël est complet. Après la révélation du Sinaï, il n'y a plus rien à dire. Nous ne pouvons plus supporter pareil outrage contre Moïse. Non, non et non, le fils de Marie n'est pas fils de Dieu ! Il n'est que serviteur de Yahwé (*Sour.* XIX, 31), C'est un prophète, un grand prophète, de la lignée de Noé, Isaac, Jacob, Moïse, Aaron, David, Salomon, Zacharie, Jean de la lignée aussi d'Elie, d'Ismaïl, Elisée et Loth (*Sour.* VI, 84-86 ; XLII, 11.)

N'est-ce pas une belle compagnie ?

Vous le comprenez, chers lecteurs, Mohammed est complètement en dehors de cette discussion religieuse. Le pauvre homme, poussé vers le judaïsme par sa femme, n'en savait pas si long sur tous ces problèmes. Les seuls personnages en cause sont le curé de La Mecque, qui s'est jeté en travers de l'apostolat du rabbin, et ce même rabbin, compositeur du *Corab* et de la *Prière des Laudes*, occupé maintenant à écrire, au jour le jour, les *Actes de l'Islam*, témoins de ses luttes pour la judaïsation de l'Arabie.

La température monte, à La Mecque. Les cerveaux s'échauffent et les langues vont leur train.

Les polythéistes obstinés redoublent leurs attaques railleuses, leurs quolibets, à l'adresse de Mohammed ; ils vont parfois jusqu'à troubler, « boycotter », dirions-nous, les réunions des premiers judéo-arabes. Et voilà que les chrétiens se mettent de la partie ! Mais le rabbin veut sauvegarder l'œuvre entreprise et pousser son avantage. Non, il ne laissera pas détruire les résultats de tant d'efforts par qui que ce soit. Toujours sur la brèche, sa dialectique ne sera jamais prise en défaut. Il rendra coup pour coup. Il est sûr de la victoire. Ne mène-t-il pas le bon combat dans le chemin de Yahwé ?

Incapables d'inventer dans n'importe quel domaine, ils ont razzié sans vergogne. Leur suprême astuce a toujours été de s'emparer du bien des autres. (voir pages 36, 110.)

Il aura fallu détruire quelque 400 édifices, soit 95% de l'héritage millénaire de la ville ; pour ériger ce « clinquant architectural. »

IDOLÂTRIE ?

Autour de la Ka'ba les pèlerins effectuent les 7 tours du tawaf, également appelé la circumambulation. La circumambulation se pratiquait avant l'Islam comme la plupart des rites du pèlerinage. On peut rapprocher ce rite de celui concernant la prise de Jéricho qui était fermée, barricadée devant les Israélites. Personne n'en sortait et personne n'y entrait. L'Éternel dit à Josué : « *Regarde, je livre entre tes mains Jéricho et son roi, ainsi que ses*

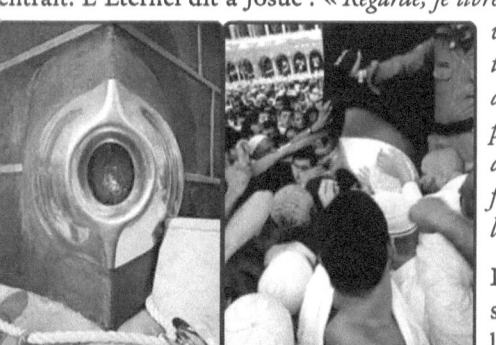

vaillants soldats. Faites le tour de la ville, vous tous les hommes de guerre. Faites une fois le tour de la ville. Tu agiras ainsi pendant six jours. Sept prêtres porteront sept trompettes retentissantes devant l'arche. Le septième jour, vous ferez sept fois le tour de la ville et les prêtres sonneront de la trompette. »

Le jeûne, les offrandes, la tête rasée, l'aumône sont des rites d'expiation existaient avant l'Islam. On trouve chez les Hébreux des pratiques identiques dans le naziréat.

Chez les chrétiens, l'évêque fait 7 fois le tour de l'autel pour le consacrer, toujours dans le sens inverse des aiguilles d'une montre.

« Alors ? Donc ce n'est pas possible de prier avec des gens comme ceux-là, ce n'est pas possible. Il y a là une désobéissance en la foi en Notre-Seigneur Jésus-Christ. Notre-Seigneur Jésus-Christ n'est plus prêché comme Il devrait l'être, comme l'ont fait les Apôtres »

En Turquie le pape François Ier s'engage sur l'œcuménisme

Mgr Lefebvre (*Sermon* 30 mars 1986)

Domenico Bigordi, dit Ghirlandaio (fabricant de guirlandes) ; *L'annonciation* (1482.)
Fresque du cloître de la Collégiale de San Gimignano.

L'archange Gabriel annonce à la Vierge Marie la naissance prochaine du Christ (maternité divine de la Vierge selon le dogme chrétien.)

« *Le Saint-Esprit forma du plus pur sang du Cœur de Marie un petit corps, Il l'organisa parfaitement, Dieu créa l'âme la plus parfaite qu'il eût jamais à créer.*

La Sagesse Éternelle ou Fils de Dieu, s'unit en vérité de personne à ce corps et à cette âme...

Le Saint-Esprit ayant épousé Marie et ayant produit en Elle, et par Elle, et d'Elle ce chef-d'œuvre, Jésus-Christ, le Verbe incarné. »

(saint Louis Grignon de Montfort
Le Secret de Marie ; 13. 7)

Domenico Bigordi, dit Ghirlandaio ; Chapelle Tornabuoni. *La naissance de la Vierge (1485-90)*

Domenico Bigordi, dit Ghirlandaio ; *Présentation de la Vierge au temple (1485-90)*

Anne et Joachim auraient connu l'épreuve de la stérilité. Par conséquent, l'enfant qu'ils eurent au bout de 20 ans de mariage fut reçue comme un don de Dieu et présentée au Temple en signe de reconnaissance.

APPENDICE

LES DRÔLERIES

CHRISTIANO-MUSULMANES

Petit propos hors d'humilité

Nous avons voulu consacrer un appendice aux drôleries christiano-musulmanes. Quelques-uns nous accuseront encore de faire de la polémique et de manquer de sérénité dans notre critique. Nous les comprenons fort bien, mais nous ne pouvons nous laisser arrêter par un tel grief. Nous nous sommes déjà expliqué sur ce point, dans la préface de notre premier tome sur « *L'Islam, Entreprise juive* » ; nos lecteurs, dans l'ensemble, nous ont apporté le témoignage de leurs approbations et de leurs encouragements. Nous avons publié une partie de ces témoignages dans la lettre collective écrite particulièrement pour eux sous le titre de « *L'Islam et la critique historique* » (11).

---
11 — Chez Hanna Zakarias, B.P. 46, Cahors, Lot.

Non, nous n'en voulons à personne. Nous montrons simplement, d'après les conclusions solides, scientifiquement établies, auxquelles nous ont conduit nos travaux de critique historique, l'inanité, le ridicule, et quelquefois la malfaisance de certaines initiatives propres à notre temps et, hélas ! aux hommes de notre pays, pour rapprocher doctrinalement Catholicisme et Islam.

Ces manœuvres maladroites, toujours naïves, proviennent de ce que leurs promoteurs n'ont jamais réfléchi profondément sur ces problèmes. Ils ont tout simplement pris pour sympathie envers le christianisme les textes qui en constituent la plus foncière réfutation.

Chapitre I

Rapprochement christiano-musulman

A. — Interférences de la politique et de la religion.

Dès le lendemain de la conquête de l'Algérie, nos politiciens — il est extrêmement important de le noter — ont immédiatement freiné les visées catholiques de l'Église et cela au détriment de la vraie France, où les questions de parti passent trop souvent avant l'avenir national, et au grand étonnement des musulmans algériens eux-mêmes. Dans un rapport sur *La séparation du culte musulman et de l'État*, établi par le *Secrétariat Social d'Alger*, p. 7, on note avec raison que les « musulmans de l'Algérie, au moment de la conquête se demandèrent ce qu'il adviendrait d'eux ; position de *dhimmi* (c'est-à-dire d'humiliés) par une espèce de choc en retour — avant la conquête, c'étaient les communautés juives et chrétiennes qui étaient regardées comme inférieures —, ou obligation de conversion au catholicisme, purement et simplement. On sait (et peut-être ne l'a-t-on pas assez dit tout haut) qu'un bon nombre d'entre eux se résignaient par avance à la dernière solution. »

Le gouvernement français se raidit immédiatement et, pour couper court au prosélytisme catholique, imagina ce fameux respect de l'Islam et inaugura, par opposition à la religion chrétienne, cette politique insensée dont les gouvernants voudraient bien aujourd'hui rejeter sur d'autres partis la responsabilité. C'est une formule anticléricale que cette convention du 5 juillet 1830, qui proclame :

« *L'exercice de la religion mahométane restera libre. La liberté des habitants de toutes classes, leur religion, leurs propriétés, leur commerce et leur industrie ne recevront aucune atteinte.* »

Que nos bons apôtres méditent cette lettre envoyée par le P. de Foucauld au duc de Fitz-James, en 1912.

Cette lettre prophétique est écrite par un homme qui avait une véritable et profonde expérience du monde musulman.

Elle pourrait servir, aujourd'hui encore, de fil conducteur pour mettre un peu d'ordre dans le fouillis créé par les idées fausses et bien souvent saugrenues des grands directeurs de la politique française.

« *Ma pensée est que si, petit à petit, doucement, les musulmans de notre empire colonial de l'Afrique ne se convertissent pas, il se produira un mouvement nationaliste analogue à celui de la Turquie.*

« *Une élite intellectuelle se formera dans les grandes villes, instruite à la française, élite qui aura perdu toute foi islamique, mais qui en gardera l'étiquette pour pouvoir, par elle, influencer les masses.*

« *D'autre part, la masse des nomades et des campagnards restera ignorante, éloignée de nous, fermement mahométane, portée par la haine et au mépris des Français par sa religion, ses marabouts, par les contacts qu'elle a avec les Français (représentants de l'autorité, colons, commerçants), contacts qui, trop souvent, ne sont pas propres à nous faire aimer d'elle.*

« *Le sentiment national ou barbaresque s'exaltera donc dans l'élite instruite, quand elle trouvera l'occasion. Par exemple, lors des difficultés de la France au dedans ou au dehors, elle se servira de l'Islam comme d'un levier pour soulever la masse ignorante, et cherchera à créer un empire africain musulman indépendant.*

« *L'empire nord-ouest africain de la France, Algérie, Maroc, Tunisie, Afrique occidentale française, a 30 millions d'habitants ; il en aura, grâce à la paix, le double dans cinquante ans.*

« *Il sera alors en plein progrès matériel, riche, sillonné de chemin de fer, et peuplé d'habitants rompus au maniement de nos armes, dont l'élite aura reçu l'instruction dans nos écoles.*

« *Si nous n'avons pas su faire des Français ces peuples, ils nous chasseront. Le seul moyen qu'ils deviennent français est qu'ils deviennent chrétiens.* » (12)

---

12 — Lettre reproduite dans *Ecclesia*, Mai 1956, et dans les *Nouvelles de Chrétienté*,

Malheureusement nos politiciens, souvent francs-maçons (13), athées et foncièrement anti-cléricaux, pour faire brèche au catholicisme — but fondamental de leur action — non seulement stoppèrent le mouvement de conversion qui était dans l'attente de tous et qui, s'il avait eu lieu, aurait évité aujourd'hui la collusion algéro-égyptienne ou, d'une façon plus générale, algéro-arabe, mais donnèrent à l'Islam des encouragements directs ou indirects. Ils encouragèrent le pèlerinage à La Mecque, et ceci jusqu'après la seconde guerre mondiale ; ils favorisaient les festivités journalières du ramadan, inventèrent le langage officiel et creux avec ces formules ridicules : *respect de l'Islam, nos frères musulmans*. Le résultat est qu'ils développèrent, en favorisant l'Islam, l'arabisation de l'Algérie. Les missionnaires catholiques se virent contraints de stopper leurs activités ou leurs initiatives apostoliques. Les Pères Blancs eux-mêmes en arrivèrent à juger comme hâtives et imprudentes les généreuses démarches du cardinal Lavigerie Pour ne pas contrarier nos politiciens, la hiérarchie catholique recommanda dans les démarches auprès des musulmans une extrême lenteur, dénommée prudence. Il ne s'agissait plus désormais de conversion, mais de préparation lointaine à cette conversion de l'Islam. Cette préparation se concrétisait par quelques rapports concrets, se cantonnant d'ailleurs aux trois traditionnelles tasses de thé à la menthe ; rapports de bon voisinage aussi, parfois rapports d'exemple. Mais sur le terrain spécifiquement religieux et doctrinal, les deux communautés, musulmane et chrétienne, apprirent à vivre d'une façon séparée. Les Pères Blancs perdirent peu à peu en Afrique du Nord leur idéal de véritables missionnaires. Ils devinrent simplement administrateurs de paroisses comme, d'ailleurs, tout le clergé européen et, si occasionnellement quelques prêtres érudits s'adonnèrent à l'étude de l'Islam, ils ne choisirent que l'aspect folklorique, historique, sans jamais toucher à l'aspect doctrinal ; les choses allèrent de telle façon qu'aujourd'hui, l'idéal est devenu la coexistence pacifique... quand on ne s'avise pas de trouver dans l'*Islam* des beautés religieuses que *le christianisme* pourrait bien lui envier (!!!)

---

13 juillet 1956, n. 88, en finale de l'article : *L'Entente islamo-chrétienne*.

13 — Ou manœuvrés par eux, sans que cela soit un mystère pour personne. N'avons-nous pas entendu, en 1958, le F∴ de service pour le sermon dominical déclarer à la radio nationale : « *La maçonnerie est la chambre de réflexion de la République.* » Aucune personnalité républicaine n'a démenti cette affirmation.

Le fossé était donc creusé entre les deux communautés, chrétienne et musulmane, par la faute même de nos politiciens, par leur manque de jugement puisqu'ils ne s'attendaient pas au développement logique de la situation. Les musulmans perdirent toute confiance en ces politiciens sans foi et commencèrent à regarder les catholiques comme leurs seuls et véritables amis. Les musulmans n'ont plus confiance en la politique française. C'est un fait indéniable, que seuls nient nos gouvernants en chambre et qui ne jugent de l'Algérie que d'après des dossiers souvent fabriqués pour leur propre usage par leurs propres créatures.

C'est alors que les catholiques, qui constataient sur le terrain même la carence de nos hommes politiques, reprirent leurs initiatives en les appuyant, d'ailleurs, sur un autre tremplin. Ne travaillant pas pour un parti politique, ni pour se créer une situation, ni pour le plaisir de porter une jolie casquette, ces catholiques, tout en cherchant à faire connaître la vérité du Christ, à établir des rapports avec les musulmans, surgirent de la masse européenne d'Algérie comme les plus authentiques des Français. Ce fut à la fois leur force et leur faiblesse. Leur force, en ce sens que les musulmans ne respectent que les hommes de foi et les considèrent comme leurs alliés, à l'opposé des politiciens. Leur faiblesse aussi, parce que ces catholiques, pour ne diminuer en rien le rayonnement de la France, cherchèrent à aplanir le fossé existant entre l'Islam et la Chrétienté. Cette nouvelle apologétique commença par le silence sur les différences qui constituaient une barrière doctrinal infranchissable entre la religion du Christ et la pseudo-religion attribuée à Mahomet ; cette apologétique du silence se transforma rapidement en apologétique des similitudes et du nivellement. On s'attacha à mettre en relief ce que l'on considérait comme traits communs entre les deux religions. Sans le savoir et sûrement sans le vouloir, on faisait ainsi le jeu de nos politiciens anti-chrétiens. Remarquons que ces deux espèces d'apologétique sont récentes et strictement françaises. Récentes, car jamais au Moyen Age, qui connaissait beaucoup mieux que nous les doctrines musulmanes, on n'aurait imaginé pareille méthode. De plus, ces apologétiques sont strictement françaises. Ce sont les Français qui se sont imaginé transformés en protecteurs de l'Islam.

M. Lacoste ne se proclamait-il pas *frère des musulmans algériens* ? et par conséquent frère de Nasser, aussi musulman que Ferhat Abbas !

L'Angleterre qui accueille dans son Commonwealth plusieurs millions de musulmans n'a jamais eu l'idée de se proclamer protectrice des disciples de Mahomet. Les missionnaires protestants américains n'ont garde non plus de faire une politique de rapprochement avec l'Islam. Pareille politique datant de 1830 semble bien vite l'apanage des catholiques français qui, naïvement, s'associent aux politiciens anticléricaux qui, eux, favorisent l'Islam pour repousser plus efficacement l'Église catholique des terres musulmanes.

Nous ne voulons pas marcher dans ce sillage. Nous n'avons aucune raison, en tant que catholique, de minimiser en quoi que ce soit l'erreur musulmane. Tout en restant supérieurement français, non seulement nous n'avons aucune raison de ménager l'Islam, cette pseudo-religion révélée, mais nous considérons comme un devoir absolu de lutter contre cette escroquerie historique, cancer du bassin méditerranéen et cause directe du sous-développement de tant de pauvres bougres.

Nous n'avons aucun respect à professer vis-à-vis de l'Islam.

Pour nous, catholiques, le Coran est un livre humain qui doit être soumis aux exigences et aux lois de la saine critique. Nous n'avons pas à faire le jeu de nos politiciens éphémères. Comment se fait-il que ces hommes qui, par le jeu des partis, sont amenés à gouverner notre pays d'une façon momentanée, s'appuient sur des principes anti-catholiques, alors qu'en France la majorité des habitants est catholique, et que ces mêmes hommes transportés en Algérie — une Algérie qu'ils ne connaissent que d'hier — se mettent à prêcher en faveur de la religion musulmane ? D'où vient cette tendresse subite pour *« nos frères musulmans »*, pour *« la communauté franco-arabe »* (!), pour *« les petits enfants musulmans »*, comme le disait M. Guy Mollet, Président du Conseil. Reconnaissons en passant que, contrairement à M. Ramadier, M. Guy Mollet n'est pas rebelle à toute formation intellectuelle.

On peut même dire que, depuis le début de 1956 où il partait courageusement à Alger avec un gros dossier sous le bras, pour régler en quelques jours les graves problèmes de l'Afrique du Nord, il a perdu de sa naïveté. Il a appris à distinguer Arabes et Berbères, à juger à sa juste valeur ce que les fanatiques musulmans appellent pompeusement la guerre sainte. Peut-être ne proposerait-il plus aujourd'hui qu'une trêve pour les fêtes de Noël, dont les bandits assassins se soucient fort peu. Nous espérons qu'à chaque fête de Noël ou de Pâques, jusqu'à la remise en ordre de nos affaires en Afrique du Nord, le gouvernement ne va pas renouveler pareilles mièvreries, et que nos apologistes catholiques ne vont pas entonner le même refrain.

B. — Rapprochement christiano-musulman sur le plan sentimental

Un certain nombre de catholiques, même au sommet de la hiérarchie, parlent volontiers d'un rapprochement d'amitié entre chrétiens et musulmans. Par exemple, Monseigneur Paul Méouchi, patriarche maronite, déclarait il y a quelque temps (voir *La Croix*, 18 décembre 1956) que le Liban évoluait de plus en plus « vers une coexistence empreinte d'amitié entre chrétiens et musulmans. »

Ce discours fut prononcé à la 10e assemblée générale annuelle du Mouvement International des Intellectuels catholiques de *Pax Romana*, tenu à Beyrouth. Le discours de Mgr Meouchi est évidemment un discours de circonstance inspiré par la présence de M. Jamil Mekkaoui, Ministre des Travaux publics de Beyrouth. Il ne faudrait donc pas donner aux paroles de Mgr plus de valeur qu'elles n'en comportent en la circonstance. Qu'on parle de l'amitié christiano-musulmane, soit ! À condition que cette amitié reste cantonnée dans des rapports de bon voisinage et n'engage d'aucune faon le dogme et la pensée de l'Église.

Je me permettrai en outre de douter de cette amitié christiano-musulmane au Liban.

Les maronites qui sont fervents dans ce pays craignent précisément de se réveiller un jour étouffés par l'Islam. Il suffit de jeter un coup d'œil sur une carte géographique pour se rendre compte de la situation dramatique de ce pays chrétien. La Syrie l'entoure au Sud, au Nord et à l'Est. À l'intérieur, les musulmans sont de plus en plus actifs, à tel point que, depuis quelques années, des efforts sont faits au Liban pour donner droit de vote aux Libanais expatriés qui sont fort nombreux, et dont les bulletins pourraient contre-balancer le vote des musulmans vivant dans leur pays où ils sont pourtant des étrangers. Par ailleurs, chaque Libanais vous expliquera au Liban même que c'est contraint par la situation politique et malgré sa culture occidentale, qu'il a opté pour la Ligue arabe, pour laquelle il n'éprouve qu'antipathie.

Dans le domaine sentimental, on relève en France également des initiatives curieuses, qui ne sont pas condamnables en soi, mais bien plutôt touchantes de naïveté ; des personnes un peu inquiètes n'hésiteront point à parler d'un manque total de bon sens. Naturellement, ce sont toujours les mêmes et inévitables personnages que nous trouvons dans ces initiatives : MM. François Mauriac, Louis Massignon, etc.

Voici de quoi il s'agit :

Un groupe de chrétiens prend l'initiative de faire prier ensemble, le 2 novembre 1956, les croyants de toutes religions, et publie l'appel suivant :

« *La situation vient de s'aggraver brutalement en Afrique du Nord. Devant les haines grandissantes et la menace d'un conflit généralisé où risque de disparaitre à jamais toute possibilité d'amitié entre le peuple français et les peuples du Maghreb, les chrétiens soussignés lancent un appel pressant aux croyants (catholiques, protestants, musulmans, juifs) et aux hommes de bonne volonté pour qu'ils fassent du 2 novembre — jour des morts — une journée de recueillement et, si possible, de jeûne privé, dans un esprit de profonde amitié fraternelle. Que leurs prières s'élèvent ce jour-là pour demander au Tout-Puissant l'avènement d'une paix, juste.* »

Ont signé : MM. François Mauriac, Louis Massignon. Maurice Vaussard, Pierre Emmanuel, Lanza del Vasto, Jean Lacroix, Robert Barrat, André Mandouze, P. Chombart de Lauwe, G. Suffert, J. Chatagner, J. Scelles, J.-M. Domenach, Dr Louis-Paul Aujoulat.

D'autres chrétiens se lamentent que les musulmans ne les comprennent pas, et ne répondent pas à leurs appels de collaboration. Le journal *La Croix*, du 31 octobre 1956, rapporte que :

La Vie Nouvelle, *mouvement* « *d'inspiration personnaliste et communautaire réunissant des militants qui travaillent dans l'ordre social, politique et religieux* », *après avoir organisé cet été de très intéressantes rencontres entre chrétiens et musulmans, vient de tenir un conseil national qui a réuni 200 délégués. La déclaration adoptée par eux regrette que les événements de la semaine dernière aient porté atteinte aux rapports d'amitié entre Français et Maghrébins, demande aux musulmans de* La Vie Nouvelle *de « continuer à croire à son attachement et, malgré les circonstances douloureuses, de ne pas désespérer de l'avenir et du vrai visage de la France. »*

Au moment des répressions sanglantes des Russes en Hongrie, des « personnalités chrétiennes » jugèrent le moment opportun de demander au gouvernement français d'inaugurer une nouvelle politique au Moyen-Orient et en Algérie. Parmi ces personnalités, nous retrouvons inévitablement M. Massignon. Ces messieurs estiment qu'il est temps pour la France « de rompre avec les méthodes et les habitudes d'un colonialisme périmé et contraire à l'honneur de notre pays », et ils adjurent le gouvernement d'inaugurer une nouvelle politique au Moyen-Orient et en Algérie.

Parmi les signataires de l'appel, on relève les noms de Pierre Emmanuel, Louis Massignon, Ph. Chombart de Lauwe, Robert Barrat, Jacques Madaule, P.-A. Lesort, J. Chatagner, André Cruizat (*La Croix*, 11 et 12 nov. 1956.)

Nous ne voudrions pas manquer de charité, ni de justice. Mais nous avouons tout simplement que nous faisons partie de ces mauvais chrétiens qui ne comprennent rien à cette apologétique qui nous paraît manquer de simple bon sens. Cette générosité, selon nous, n'a aucune consistance ; elle ne repose que sur des concepts troubles, sans vigueur, sans contours définis.

Pour réussir dans son entreprise, il aurait fallu à ce groupe « sentimental » un auditoire de même calibre. Heureusement, il n'en existe pas chez nous. Cette apologétique n'a, au fond, aucune valeur. C'est toujours les mêmes erreurs politico-religieuses qui forment le fond de ces sursauts plus nerveux qu'intelligents : respect de l'Islam ; admiration factice et béate de la foi musulmane, diffusion des cartes postales représentant un Arabe en prostration dans le sable à côté de son chameau, etc. ...

C. — Rapprochement doctrinal.

Ce mouvement de rapprochement est de date encore plus récente que le rapprochement sentimental. Un des promoteurs de ce mouvement fut sans doute Asin Palacios. Dans des ouvrages qui firent sensation, il y a une trentaine d'années, ce savant espagnol remarquait qu'il existait une mystique musulmane, qu'entre cette mystique et la mystique chrétienne il existait beaucoup de contacts, de points parallèles et que, par conséquent, on pouvait fort bien passer sans bruit d'une mystique à l'autre ; chrétiens et musulmans parlant le même langage, ils pouvaient très bien s'entendre.

A l'époque où parurent ces ouvrages, on imagina pour expliquer ce parallèle l'usage des mêmes sources : les musulmans auraient connu des ouvrages de spiritualité composés par leurs « confrères » chrétiens. Ce fut l'origine de toute une littérature de justification, aujourd'hui bien périmée. D'autres écrivains, abandonnant le domaine de la critique littéraire, cherchèrent dans la psychologie la raison de ce parallélisme apparent entre mystique chrétienne et mystique dite musulmane. Avant d'appartenir à une religion, l'homme est homme. Qu'il soit bouddhiste, fétichiste, catholique ou musulman, il a des tendances fondamentalement identiques, et l'une de ces tendances est précisément la recherche d'un être supérieur à nous. On peut donc s'expliquer que musulmans et chrétiens aient des sentiments communs et trouvent des formules identiques pour exprimer cette identité de tendances.

Remarquons en passant que ce parallélisme christiano-musulman n'existe pas à proprement parler, que le parallélisme porte exactement sur la spiritualité chrétienne et la spiritualité telle qu'elle est exprimée dans le Pseudo-Coran. Les Pseudo-Coran ayant été composé par un Juif, nous y retrouverons évidemment les conceptions religieuses de l'*Ancien Testament*, dans la mesure où le christianisme reprend dans son enseignement la spiritualité même de l'*Ancien Testament* ; dans cette même mesure, il y a identité entre la spiritualité chrétienne et la spiritualité du Pseudo-Coran.

Une fois l'idée lancée (d'Asin Palacios), les catholiques français, toujours guidés par un nationalisme plus ou moins conscient et par leur esprit foncièrement et authentiquement apostolique, s'ingénièrent à monnayer cette politique de rapprochement doctrinal. On en arriva à de singulières extravagances.

Le thème le plus facilement exploitable est sans doute le domaine marial.

Voyez donc si la Providence est bonne ! Nous, catholiques, nous aimons d'une tendresse toute filiale la sainte Vierge Marie, et Mahomet, lui aussi, a écrit de si belles pages dans le Coran sur la mère de Jésus !

C'est merveilleux !

Il faudrait être complètement aveugle pour ne pas voir que la Providence a établi Marie comme pont entre le bloc catholique et le bloc musulman. Eh bien, consciemment — nous voudrions dire « scientifiquement » — nous nous réjouissons d'être parmi ces aveugles ; nous repoussons avec énergie toute conception on-tendant à faire de la Sainte Vierge un pont historique entre Islam et Chrétienté. Écoutons tout abord les ingénieurs de ce pont ! C'est un catholique, Philippe de Zara, dans un opuscule intitulé : *Marie et l'Islam*, publié par le Centre Marial Canadien, n° 45, janvier 1954, opuscule publié avec le *Nihil obstat* de Mgr Robert Charland, et l'*Imprimi potest* de Mgr Robert Martin qui déclare :

« *Il est, en effet ; un peuple infidèle qui, bien avant la solennelle promulgation du dogme de l'Immaculée Conception, a cru à la naissance de Marie hors de l'emprise de Satan. Cette Foi pèsera certainement dans la balance divine au jour suprême de la reddition des comptes. Ce peuple, c'est le peuple de l'Islam* »

(Philippe de Zara ; *Marie et l'Islam*, p. 10.)

Et l'auteur continue :

« *Or, Marie priait sans cesse, était constamment en union intime avec la Trinité, par le Père, son Créateur, par le Verbe, son Fils, par l'Esprit-Saint, son Époux. Et sa prière ne peut être qu'universelle. Donc Marie prie pour l'Islam, pour cette source de silence, pour ce domaine de paix — qui, cependant, ne sont pas la Vérité totale* »

(*Ibid.*, p. 11.)

Nous supposons en toute charité que ce ne sont pas ces élucubrations qui ont conduit Mgr Rodhain au dessein de faire bâtir à Lourdes un pavillon pour les musulmans ! Peut-être verrons-nous bientôt, en 1961, sur l'esplanade de Lourdes, une statue de Mahomet, un des premiers « promoteurs de l'Immaculée Conception. » Peut-être aussi verrons-nous dans un proche avenir « nos frères musulmans » aménager à La Mecque quelques gourbis pour y accueillir nos partisans du rapprochement et ceux-ci, bannière mariale en tête, iront en pèlerinage réciter l'« Angelus » autour de la Ka'ba. L'abbé Paul Catrice, qui signe « ancien conseiller de l'Union Française », se montre très sévère pour l'ouvrage de Philippe de Zara approuvé par deux « Monseigneur », qu'il qualifie avec grande légèreté d'« opuscule canardier » (voir *L'âme populaire*, Organe mensuel du *Sillon Catholique*, 14, boulevard Carnot, de décembre 1956) (14). Malheureusement cet opuscule n'est pas isolé dans la littérature catholique contemporaine de seconde zone. Par exemple dans *Ecclesia* dirigé par Daniel Rops, n'est-il pas dit :

« *Savez-vous que les musulmans aussi croient à la sainte Vierge, que le culte marial est sûrement l'un des aspects de l'Islam par lequel l'âme musulmane peut être approchée !* »

Dans son numéro d'octobre 1956, la revue *Travaillons*, organe de l'*Action Catholique Féminine Française*, contient elle aussi un article sur *Marie et l'Islam*, signé *Jeanne Danemarie* :

« *Les événements actuels en Algérie*, y est-il dit, *nous posent de nombreuses questions concernant l'Islam. Il est intéressant de chercher tout ce qui pourrait nous permettre de comprendre les musulmans au point de vue religieux. Or, un grand lien nous joint à eux, la dévotion à Marie.* »

Et naturellement on reproduit tous les textes qui peuvent faire croire à une vénération par les musulmans de la Très Sainte Vierge Marie. Consciencieusement, l'auteur de cet article déclare que :

« *Tous les détails donnés dans ces pages sont tirés d'une brochure écrite par un musulman converti, J.-M. Abd-el-Jalil devenu religieux franciscain. Elle porte le* Nihil obstat *et l'*Imprimatur *du Diocèse de Paris* »

(*Ibid.*, p. 7.)

C'est encore le P. Abd-el-Jalil qui est invoqué dans un article de *La France Catholique* du 10 août 1956, intitulé *La Vierge Marie ne prépare-t-elle pas la réunion des enfants de Dieu ?*

---

14 — Il est curieux de constater que M. l'abbé Catrice, très partisan du rapprochement christiano-musulman, s'imagine que l'auteur de l'ouvrage *De Moïse à Mohammed* appartient aux groupes de l'ex-Action Française ! S'il connaissait la vérité, il s'amuserait fort lui-même de cette méprise.

« *Cette piété mariale,* y est-il dit, *vient en écho de la piété catholique,* et aussi de la piété musulmane *!* »

Le même P. franciscain nous explique encore dans le premier tome de *Maria*(15) comment les musulmans vénèrent « Myriam », la mère de Jésus, considéré comme un des prophètes antérieurs à Mahomet, et quelle dévotion profonde ils ont pour elle. Il y aurait même une certaine adhésion dogmatique qui, par bien des côtés, les rapproche des catholiques, dans leur croyance à l'Immaculée Conception par exemple.

Ce culte « constitue une sorte de préparation intérieure de la vérité totale et pure » ! Le P. Abd-el-Jalil avait déjà publié un opuscule sur *Marie et l'Islam*. Il essayait d'y démontrer que certains textes du Coran faisaient penser à une sorte d'*Imitatio Mariæ*. C'est vraiment ahurissant ; au nom de la saine exégèse et de la critique historique, nous nous insurgeons véhémentement contre une telle déformation des faits et des textes. Qu'on désire un rapprochement de l'Islam et de la Chrétienté, on pourrait le comprendre, à condition de ne rien sacrifier du dogme de l'Église : ce rapprochement, d'ailleurs, n'est concevable que par la disparition totale de l'Islam qui n'est pas une religion. Mais un catholique n'a pas le droit de chercher à tout prix pareil raccordement, ni d'égarer la triasse des chrétiens dans des sentiers qui ne mènent à rien.

C'est presque un abus de confiance.

Il est stupéfiant de voir des membres du clergé catholique, qui ont dû faire cependant un minimum d'études théologiques, d'études historiques, se porter garants de l'Islam arabe qu'ils ne connaissent sans doute, — soit dit pour les excuser —, que par certains journaux, par des cartes postales ou au plus par des conversations, à moins qu'ils ne soient des spécialistes arabico-coranisants, ce qui les rend plus excusables encore. Sur ce maigre bagage ou sur leur érudition, ils se sont forgé des théories soit anti-colonialistes, soit pro-musulmane ; du terrain politique, ils ont glissé vers des projets apostoliques tendant ni plus ni moins qu'à une certaine unification entre l'Islam et le Catholicisme, fondée sur les élucubrations que nous venons de signaler ou sur d'autres semblables. Mais tous ceux qui ont lu le Pseudo-Coran avec un peu d'attention savent pertinemment que sur le terrain marial,

---

15 — Maria, *Études sur la Sainte Vierge*, 4 vol. parus chez Beauchesne.

musulmans et catholiques ne parlent pas le même langage ! Il suffit pour s'en apercevoir de mettre en parallèle les schémas principaux des deux croyances.

Catholiques	Arabo-juifs ou musulmans
Marie	Marie
Vierge	Vierge
Fille d'Anne et de Joachim	Fille d''Imrân, sœur de Moïse et d'Aaron.
Mère de Jésus-Christ, Dieu	Mère de Jésus, simple prophète.

Il suffit de regarder ce tableau aussi exact que peu compliqué pour dégager la pure vérité. Remarquons tout d'abord que, dans l'authentique Coran arabe, le rabbin n'a pas dû mentionner Marie, pour cette simple raison que l'authentique Coran n'était qu'une adaptation en arabe du Coran hébreu.

Comme, dans ce Coran hébreu, il n'est jamais question de la Vierge Marie, le rabbin n'avait donc pas à en parler dans son résumé en langue arabe. La mention de Marie est particulière au Pseudo-Coran, ou plus exactement aux *Actes de l'Islam*, récits établis par le même rabbin, auteur de l'authentique Coran arabe. C'est sa polémique avec le curé de La Mecque qui obligea le rabbin à parler de Marie dans ses *Actes*. Il en parla comme un Juif devait en parler, en la dépouillant de sa véritable identité et de sa maternité divine. Elle n'est pas dans la ligne des textes évangéliques ; la Marie du Coran n'est pas un acheminement vers Marie co-rédemptrice du genre humain, mère d'un Dieu, deuxième personne de la Très Sainte Trinité. C'en est une contrefaçon voulue, un DÉTOURNEMENT VOLONTAIRE. De la Marie des Évangiles, il ne reste plus dans les *Actes de l'Islam* que le nom de la virginité. En parlant inconsidérément, comme cela se fait couramment dans certains milieux catholiques, de Marie trait d'union entre Chrétienté et Islam, on va contre la vérité des textes, on fabrique des outres emplies de vent. Nous n'avons pas besoin de cette apologétique de verbiage. Pourquoi, d'ailleurs, vouloir trouver absolument des points communs entre chrétiens et musulmans ? Pourquoi vouloir à tout prix créer un terrain d'entente entre Chrétienté et Islam. L'Islam n'est pas ce que nous voudrions qu'il fût. Il est ce qu'il est, c'est-à-dire qu'il n'a aucune identité spécifique. L'Islam, c'est le judaïsme, et les véritables problèmes d'entente religieuse dans le bassin méditerranéen se posent uniquement entre Juifs et chrétiens. L'Islam n'est qu'un dérivé du judaïsme, qu'un à-côté dans le développement de la religion d'Israël. Les routiniers de la pensée, qui se trouvent si bien assis dans les traditions séculaires, ne manqueront certainement pas de nous accuser de bouleverser l'histoire des religions méditerranéennes.

Eh bien, oui, nous bouleversons cette histoire, et cela tout naturellement. Nous avons voulu appliquer au Coran arabe ou plus exactement aux *Actes de l'Islam* la méthode historique ; nous avons tout simplement scruté les textes en honnête homme. Nous n'avions pas à tenir compte des pouvoirs régnant ici ou là. D'instinct, nous ne pouvions, sous prétexte de prudence chercher en écrivant l'assentiment des érudits, ni des politiciens, ni des attentistes timorés. Nous avons refusé cette collaboration si fréquente entre la pure pensée, la véritable histoire, et les démarches éphémères des hommes d'action. Si nous bouleversons l'histoire des religions en refusant toute place à l'Islam, c'est uniquement parce que les textes nous ont conduit à ces conclusions tellement peu « savantes », tellement peu « diplomatiques », tellement de bon sens, qu'elles apparaissent aux « collaborateurs » comme la pire des révolutions.

On veut, par exemple, faire de Marie un pont de passage entre Islam et Chrétienté, entre Chrétienté et Islam. Nous répondons tout d'abord que nous n'avons pas besoin de ce pont ; nous n'avons aucune raison de rechercher *a priori* des points d'attache entre les deux religions, sous prétexte de les rapprocher et, à l'ombre de ce rapprochement, démontrer que la France est véritablement protectrice de l'Islam. Avant de rapprocher deux termes, il faudrait préalablement les définir avec netteté. Or, je m'aperçois que tous les propagandistes de cette apologétique de collage ignorent généralement l'Islam. On s'en aperçoit parfaitement dans le problème marial. Nous en avons dit quelques mots dans les pages qui précèdent, au chapitre des disputes entre le curé de La Mecque et le rabbin. Mais relisons les textes qui, d'après le P. Abd-el-Jalil, constitueraient un florilège qu'on pourrait appeler *Imitatio Mariæ*, comme on dit l'*Imitation de Jésus-Christ*, et groupons nos textes en les analysant :

1. — **Marie.** Ce nom figure dans les *Actes de l'Islam* dans les passages suivants :

Sour. XIX, 16 : Et dans l'Écriture, mentionne Marie quand elle se retira de sa famille en un lieu oriental (16) ; voir aussi *ibid.*, 28 : « Elle vint donc chez les siens en portant l'enfant. « O Marie ! » dirent-ils, tu as accompli une chose monstrueuse ! » ; *ibid.* 30, 35 ; *Sour.* XXIII, 52 : « Du fils de Marie et de sa mère, nous avons fait un signe et nous leur avons donné refuge sur une colline tranquille et arrosée » ; voir aussi III, 31, 32, 37, 38-40.

Le nom de Marie, Myriam, n'est donc pas inconnu du Juif, auteur des *Actes de l'Islam*, qui en parle dans les sourates XIX, XXIII, XXI, sourates mecquoises, et dans les sourates médinoises III, IV, LXVI, V. C'est, a priori, un fait absolument étrange qu'un Juif écrivant un ouvrage de religion ait trouvé utile et même nécessaire de mentionner la Vierge Marie et d'ébaucher son histoire sur le plan religieux. Mais, en lisant de très près les textes, nous allons vite nous rendre compte que ces testes ne représentent pas un enseignement religieux positif sur la Vierge Marie, mais bien au contraire une mise en garde contre la doctrine des chrétiens, concernant la mère du Christ.

2. — **La Marie des Actes de l'Islam est sœur de Moïse et d'Aaron.**
— Commençons par relire la sourate XIX, dont les versets relatifs à Marie ont déjà été en partie analysés dans notre chapitre sur les disputes judéo-chrétiennes de La Mecque :

> 28. – (Marie) vint donc vers les siens en portant l'enfant : « O Marie ! *dirent-ils*, a tu as accompli une chose monstrueuse ! »
> 29. – O sœur d'Aaron ! Ton père n'était pas un père indigne, ni ta mère une prostituée !

D'après ce texte, le rabbin appelle Marie, mère de Jésus, la sœur d'Aaron. Faut-il prendre à la lettre ce qualificatif ? *A priori* on pencherait plutôt vers une erreur de texte. Le copiste des *Actes* aurait commis lui-même cette confusion, et le rabbin serait lavé de cette erreur historique. On pourrait imaginer aussi, comme nous l'avons mentionné, que l'expression « *sœur d'Aaron* » n'a qu'une signification typologique.

---

16 — Nous citons ces textes d'après la traduction de R. Blachère.

Le rabbin aurait dit « *Sœur d'Aaron* » comme nous disons aujourd'hui « *Fille de David.* »

Peut-être allons-nous trouver la solution de ce problème en poursuivant la lecture des *Actes de l'Islam*. C'est dans la *sourate* III, incontestablement médinoise, que nous retrouvons mention de Marie :

> 30. – Yahwé a choisi Adam, Noé, la famille d'Abraham et la famille de 'Imrân, sur le monde, en tant que descendant les uns des autres. Yahwé entend (tout) et connait tout.

Il est évident que, dans ce verset, c'est un bon Juif qui retrace à grands traits l'histoire du monde jusqu'à Moïse. Il lui suffit de citer quelques grands noms parmi les plus grands : Adam, Noé, Abraham, 'Imrân. Tout le monde connaît les trois premiers noms. Mais 'Imrân est, pour ainsi dire, moins connu du public. Il faut déjà bien connaître l'*Ancien Testament* pour en parler avec aisance. Mais, comme nous le savons, le rabbin connaissait fort bien sa Bible hébraïque, ainsi que les commentaires midraschiques et *Talmud*iques ; or, dans le *Pentateuque*, il est précisément question d''Imrân, fils de Qéhat (*Exode* VI, 18-19) ; 'Imrân épouse Iokébed, sa tante (*ibid.*, 23) fille de Lévi (*Nombres* XXVI, 59.) Du mariage d''Imrân et Iokébed, naquirent trois enfants : une fille du nom de Myriam, ensuite Aaron, enfin Moïse. Tout le monde est d'accord sur cette génération biblique. Nous n'avons qu'à lire les textes du *Pentateuque*. Par conséquent, quand le rabbin parle dans les *Actes de l'Islam*, III, 31, de la famille de 'Imrân, nous savons exactement à quels personnages il se réfère.

> 31. – (Rappelle) quand la femme de 'Imrân dit « Seigneur ! je te voue, comme (t') étant dévolu, ce qui est en mon ventre. Accepte-le de moi ! En vérité, tu entends et tu connais tout ! »

Quand elle eut mis (sa fille) au monde (la femme d''Imrân) s'écria :

> « *Seigneur, j'ai mis au monde une fille ; or Yahwé savait bien ce qu'elle avait mis au monde — l'enfant mâle n'est point comme une fille. Je le nomme Marie. Je le mets sous ta protection, ainsi que sa descendance, contre le Démon le lapidé.* »

La femme d''Imrân est appelée, dans l'Exode, Iokébed. Le rabbin qui connaît si parfaitement sa Bible, ne l'ignore pas. Voici que Iokébed constate qu'elle est enceinte ; avant même de mettre au monde son enfant, elle le voue au Seigneur. Il se trouve que cet enfant fut une fille. Iokébed la nomma Marie ; Comme la suite va nous l'apprendre, c'est cette Marie qui devint la Mère de Jésus ! Cette fois, nous sommes bien obligés d'abandonner les hypothèses que nous avions imaginées au sujet de l'expression : *Marie, ô sœur d'Aaron !*

Il n'y a pas d'erreur de transcription dans le texte de la *sourate* XIX, 29 ; dans la bouche du rabbin, cette expression prétend avoir une valeur historique. Nous ne voyons pas le moyen de sauver le rabbin, et la *sourate* XIX, se trouve parfaitement expliquée par la *sourate médinoise* III. Entre Médine et La Mecque, il y a véritablement identité d'intention. Cette intention, pouvons-nous la deviner ? Oui, sans aucun doute. Dans cette *sourate* III comme dans la *Sour.* XIX, le rabbin entend bien parler de Marie, mère de Jésus.

Qu'avait-il pour se renseigner ?

S'il se trouve amené à parler de Marie, mère de Jésus, nous savons que c'est à cause de la prédication du curé de La Mecque, prédication tardive, mais efficace, puisqu'elle a failli arracher Mohammed au judaïsme pour l'amener dans le camp chrétien, prédication qui, jointe à l'hostilité des idolâtres fétichistes, obligea le rabbin, Mohammed, et la première communauté des musulmans, à se sauver de La Mecque pour chercher à Médine un milieu plus hospitalier et plus généralement juif. Si le rabbin, qui a déjà commencé à réagir à La Mecque contre la prédication du curé, continue à parler de Marie à Médine, ce n'est certes pas pour relâcher ses attaques contre les chrétiens. Nous pouvons même dire, — et nous allons le constater par les textes —, que la Marie de Médine est encore plus a-chrétienne, ou mieux, plus anti-chrétienne que la Marie de La Mecque.

À Médine, il y a chez le rabbin, au moins sur un point — nous verrons plus tard s'il faut généraliser —, un redoublement de violence et d'acharnement contre les positions chrétiennes.

En plus des prédications du curé, le rabbin pouvait se renseigner dans des ouvrages chrétiens, traduits en arabe. Or, nous savons qu'il eut sous les yeux et utilisa l'apocryphe *Évangile de l'Enfance* traduit en arabe à cette époque, ainsi que l'*Évangile du Pseudo-Matthieu*, probablement dans sa rédaction hébraïque originelle. En bref, le rabbin avait deux sources pour se renseigner sur les origines chrétiennes ; la prédication orale du curé de La Mecque qui opposait au rigide monothéisme juif la divinité du Christ ; et une source écrite, les récits apocryphes que nous venons de mentionner. Or, ce n'est certainement pas le curé de La Mecque qui aura raconté à ses fidèles et aux Arabes qui l'écoutaient que la Vierge Marie était fille d'˒Imrân, sœur d'Aaron et de Moïse. Nous croyons que tous nos lecteurs peuvent admettre cette conclusion par trop évidente. Ce ne sont pas non plus les apocryphes qui lui ont appris cette étrange histoire. Si le père de la Sainte Vierge n'est pas nommé dans les Évangiles canoniques, par contre, il porte un nom dans l'*Évangile de l'Enfance* : il s'appelle Joachim. Ne nous pressons pas ; réfléchissons bien sur la situation concrète. Le rabbin pressé par les prédications du curé chrétien est obligé de s'expliquer à La Mecque sur les origines chrétiennes, et naturellement sur la Sainte Vierge. Les luttes judéo-chrétiennes continuent à Médine. Pour répondre à cette offensive chrétienne, le rabbin a accepté une fois pour toutes une politique qu'il suivra à Médine comme à La Mecque. Il sait pertinemment que Marie est fille de Joachim. À supposer même que le curé, s'en tenant aux seuls Évangiles canoniques, n'ait pas mentionné le nom de Joachim, il n'a pas pu nier cette généalogie. Tandis que le rabbin, qui a utilisé l'*Évangile de l'Enfance*, a lu positivement le nom de Joachim attribué au père de Marie, mère de Jésus. S'il ne l'a pas mentionné, s'il a cherché une autre généalogie, il l'a donc fait volontairement, dans un but bien déterminé.

Dans quel but ?

Les textes sont lumineux pour répondre à cette question : c'est uniquement pour placer Marie dans le cycle Mosaïque et l'y enfermer. En affirmant qu'elle était la sœur de Moïse, il enlevait du même coup toute velléité, d'où qu'elle vint, de faire de Marie la future mère d'un Dieu. On ne peut pas mettre Marie en contradiction avec son frère : le monothéisme du Sinaï devient une affaire de famille ! Marie devait être complètement d'accord avec son jeune frère sur ce point ; elle ne pouvait lui infliger un démenti catégorique, ni un si grand affront, en mettant au monde un Dieu, fils de Dieu ! C'était pour un Juif — et notre rabbin le répète plusieurs fois dans les *Actes de l'Islam* — proférer une chose monstrueuse en donnant la divinité à Jésus. River Marie à la famille de Moïse, c'était enlever aux Juifs renégats, que représentent les chrétiens, toute tentation de proférer le plus gros des blasphèmes religieux qui puisse exister pour un Juif : faire de Jésus un autre Yahwé !

Le système général du rabbin dans cette affaire est donc conscient et voulu : en proposant cette généalogie d'abord oralement dans ses argumentations contre le curé de La Mecque et contre les chrétiens de Médine, puis en la transcrivant, non pas dans le Coran arabe — duplicata du Coran hébreu —, mais dans ses *Actes de l'Islam*, il ne pouvait pas afficher un plus grand mépris pour les idolâtres et pour les Arabes convertis au judaïsme. Avec raison, le rabbin se regardait comme absolument supérieur à tous ces gens-là, qui n'avaient derrière eux aucune civilisation, qui représentaient pour un Juif le dernier degré de la civilisation. Instinctivement, nous pensons à Hérodote, et nous ne pouvons nous empêcher de transcrire ici pour la distraction de nos lecteurs son appréciation sur les Égyptiens de son époque. N'oublions pas qu'Hérodote écrivait au Ve siècle avant Jésus-Christ :

> « *Les Égyptiens font tout au rebours des autres hommes ; ils urinent accroupis ; ils sont circoncis ; ils écrivent de droite à gauche ; pour rien au monde ils n'utiliseraient le couteau ou la marmite d'un Grec, ni ne toucheraient à la viande coupée par un couteau grec ; le porc est pour eux un animal impur.* »

Analogiquement, le rabbin devait tenir ses auditeurs arabes en pareil mépris. Il sait bien que si leurs bras se débattent en gestes démesurés, si leurs lèvres sont volubiles, leur attitude crâne et gonflée, leur pauvre tête est vide. Il sait bien que ce vide, il peut le remplir à sa guise. Jamais il ne trouvera auditeurs à la fois plus fiers et plus sots. Et il en profite. Lui est Juif, et il le sait aussi : derrière lui, il y a des siècles de lumière, de poésie, et de foi. Il sait qu'à Israël appartiennent Adam, Noé, Abraham le grand, Jacob qui incarne si bien sa race, Joseph qui présente l'image de la Providence, Moïse, cet homme fort, homme de génie, sauveur d'une race, confident de Dieu.

Arabes, vous êtes des sémites, mais de pauvres sémites.

Avez-vous dans votre lignée un Abraham, un Moïse et un David ? Et vous, chrétiens, qu'avez-vous à me présenter en face de cette galerie de nos ancêtres ? Rien ! Car Jean-Baptiste, Jésus, Marie, dont vous nous parlez sans cesse, ne sont pas hors série vis-à-vis de nos patriarches et de nos Prophètes : ils sont dans la lignée ; Marie est sœur de Moïse.

Une fois encore, dans une des dernières sourates de Médine, le rabbin revient sur la généalogie mosaïque de Marie. C'est dans la *sourate* LXVI ; ce qui nous prouve que les réactions chrétiennes contre le formidable sursaut juif provoqué par le rabbin de La Mecque n'avaient pas ralenti :

> 10. – Yahwé a proposé un exemple à ceux qui sont infidèles la femme de Noé et la femme de Loth. Elles étaient sous (l'autorité de) deux de Nos saints serviteurs ; elles les trahirent et (cela) ne leur servit en rien contre Yahwé et il leur fut crié : « Entrez dans le Feu avec ceux qui doivent y entrer ! »
> 11. – Yahwé a proposé (*aussi*) un exemple à ceux qui croient : la femme de Pharaon, quand elle s'écria : « Seigneur ! construis-moi, auprès de Toi, une demeure dans le Jardin ! Sauve-moi de Pharaon et de ses œuvres ! Sauve-moi du peuple des Injustes ! »

Le rabbin mentionne ici l'exemple de plusieurs femmes. Dans le v. 10, il s'agit de deux femmes qui auraient transgressé les lois de Yahwé en désobéissant à leur mari. La *Tora* n'est pas encore révélée à Moïse, et la volonté de Dieu est signifiée aux humains par des événements naturels. Le rabbin cite d'abord la femme de Noé, punie et condamnée au Feu pour avoir désobéi aux ordres de son mari. Notons que la Bible ne signale pas cette acte de désobéissance de Madame Noé, et il est à penser que le rabbin a connu ce fait par quelque midrasch.

Quant à Madame Loth, elle fut punie pour avoir désobéi aux ordres des anges envoyés auprès de son mari (*Genèse* XIX, 17-26.)

Comme exemple féminin de fidélité au Très-Haut, le rabbin cite également deux femmes ; d'abord, celle de Pharaon :

> 11. – Yahwé a proposé aussi en exemple à ceux qui croient, la femme de Pharaon, quand elle s'écria : a Seigneur, construis-moi, auprès de Toi, une demeure dans le Jardin ! Sauve-moi de Pharaon et de ses œuvres ! Sauve-moi du peuple des Injustes !

D'après le rabbin lui-même, il faut distinguer dans l'histoire de la femme du Pharaon plusieurs phases : la phase de la tentation racontée dans la *Genèse* XXXIX, 7-20, que tout le monde connait (racontée par le rabbin dans la sourate mecquoise XII, 21-34, complétée par les commentaires midraschiques)(17). Cette histoire se termine chez la femme de Pharaon par une phase de repentir inconnue de la Bible, mais que le rabbin rapporte ici sans doute d'après quelque midrasch, comme il a l'habitude de le faire :

Sour. XII :

51. – (Le roi) demanda (aux femmes coupables) : « Quel était votre dessein, quand vous avez tenté Joseph de vos charmes ? » — « À Dieu ne plaise ! » répondirent-elles. « Nous ne lui connaissons aucune mauvaise action. » Et la femme du puissant (Pharaon) ajouta : « Maintenant, la vérité éclate. C'est moi qui ai tenté (Joseph) de mes charmes, et il est parmi les véridiques.
52. – (Je dis) cela pour que (le roi) sache que je ne le trompe point hors de sa vue, et que Yahwé ne dirige point l'artifice du trompeur.
53. – Je ne m'innocente point. En vérité, l'âme est certes instigatrice du mal ! (Je ne désire) que la miséricorde de mon Seigneur. Mon Seigneur pardonne et il est miséricordieux.

Si, dans la Bible, on ne trouve aucune finale à l'histoire de la femme du Pharaon, dans les *Actes de l'Islam*, XII, 51-53, le rabbin, s'inspirant de légendes juives, donne à cette femme une foi édifiante, qu'on peut citer en exemple aux infidèles, comme modèle de repentir et de salut.

C'est cette même idée que le rabbin reprend à Médine dans la sourate LXVI, 11, dont nous avons plus haut reproduit le texte(18).

---

17 — Voir Hanna Zakarias, *op. cit.*, t. I, p. 253-255.
18 — Remarquons bien que dans la *sourate* XII, 51-52, il s'agit de la femme de Pharaon et de l'histoire de Joseph, fils de Jacob ; ce sont ces mêmes personnages que le rabbin désigne à Médine dans la *sourate* LXVI, 11. Dans l'annotation de ce dernier verset, BLACHÈRE, *Le Coran*, t. III, p. 1062, renvoie le lecteur à la *sourate*

N'oublions pas la trame de notre raisonnement. Nous lisons actuellement la sourate médinoise LXVI, 10-12. Le rabbin propose quatre exemples de femmes, deux qui furent punies pour leur infidélité, et deux qui furent récompensées pour leur foi, et pour leurs bonnes actions :

I. – Les deux femmes punies par désobéissance et infidélité :

1. – *La femme de Noé*. Il n'est pas fait mention, dans la Genèse, de la rebellion de cette femme, soit vis-à-vis du Seigneur, soit vis-à-vis de son mari et maître.

2. – *La femme de Loth* : ce thème, essentiellement biblique, fut souvent évoqué par le rabbin dans les *Actes de l'Islam* se rapportant à la 2ᵉ période mecquoise ; *Sour.* XXXVII, 133 : à l'exception d'une femme restée en arrière ; XXVI, 170 : excepté une vieille demeurée parmi les attardés ; XV, 60 sauf sa femme, car le Seigneur a décidé qu'elle serait certes parmi ceux restés en arrière ; XXVII, 55 : Nous le sauvâmes lui et les siens, sauf sa femme, car Nous avions décrété qu'elle serait parmi ceux restés en arrière.

3ᵉ période, *sourate* XI, 83 : « Pars avec ta famille, en fin de nuit, et que nul d'entre vous ne se retourne, sauf ta femme qui sera frappée par ce qui frappera les Impies » ; XXIX, 31-32 : « Nous le (Loth) sauverons certes, lui et sa famille, sauf sa femme qui sera parmi ceux restés en arrière... » « Nous allons te sauver, toi et ta famille, sauf ta femme qui sera parmi ceux restés en arrière » ; VII, 81-82 : « Nous le sauvâmes, lui et les siens, sauf sa femme qui fut parmi ceux restés en arrière. Sur eux, Nous fîmes tomber une pluie (maléfique.) Considère donc quelle fut la fin des coupables ! » — Le v. 10 de la *sourate* LXVI, composée à Médine et qui fait l'objet de notre lecture actuelle, est dans la ligne de tous les textes mecquois des *Actes de l'Islam* que nous venons de citer.

XXVIII, 8 : « Sur l'attitude pieuse de la femme de Pharaon (l'*Asiya* des comment.), v. n° 81 = XXVIII, 8. » Or, dans ce verset 8, il n'est plus question du Pharaon de l'époque de Joseph, mais du Pharaon et de sa femme, de l'époque de Moïse : « La femme de Pharaon dit : « (Cet enfant = Moïse, sera) fraîcheur de l'œil pour toi et pour moi. Ne le tuez pas ! Peut-être nous sera-t-il utile ou le prendrons-nous comme enfant. » Ils ne pressentaient (rien). »

II. – Les femmes fidèles et récompensées :

En parallélisme des deux femmes infidèles, les femmes de Noé et de Loth, le rabbin cite en exemple deux femmes fidèles, et par conséquent récompensées par Yahwé.

1. – *La femme de Pharaon*. Il ne s'agit pas ici du Pharaon régnant sur l'Egypte à l'époque de Moïse, comme semblerait le faire croire l'annotation de BLACHÈRE déjà signalée, mais du Pharaon qui figure dans l'histoire de Joseph. La femme de ce Pharaon, — que le rabbin mentionne si souvent dans les sourates mecquoises —, après avoir essayé d'entraîner Joseph dans le mal, se repentit de sa faute et reçut par le fait même le pardon de Pharaon et du Seigneur des Mondes. Cette histoire de repentir ne figure pas, elle non plus, dans le récit biblique ; il est normal de penser que le rabbin l'apprit par quelque *midrasch*.

2. – *La seconde femme citée par le rabbin comme exemple de fidélité*. Cette femme, le rabbin va la trouver dans le cycle du *Pentateuque*, comme il avait trouvé dans le même cycle la femme de Noé et celle de Pharaon. Cette fois, c'est dans le milieu mosaïque qu'il la trouvera. Ce n'est autre que la Vierge Marie, que le rabbin présente à nouveau à ses naïfs auditeurs comme fille de 'Imrân, comme il l'avait déjà fait dans la sourate *mecquoise* XIX, 29 (sœur d'Aaron) et la sourate *médinoise* III, 31 (fille de 'Imrân.)

Nous constatons une fois de plus la volonté bien arrêtée chez le rabbin d'enlever la Vierge Marie au cycle chrétien pour la « plaquer », contre toute vraisemblance et au mépris de ses auditeurs et de ses lecteurs, à l'époque de Moïse, faisant ainsi du monothéisme sinaïtique, voulu par Yahwé, une affaire de famille, la sœur confirmant les confidences divines faites à son frère Moïse. Les conséquences de ce *tohu-bohu* historique sont évidentes : jamais Marie ne contredira son frère Moïse en se laissant prendre pour la mère d'un Dieu, fils de Yahwé. Ce serait la brouille complète avec son jeune frère. On peut lire et relire indéfiniment les textes, on aboutira toujours aux mêmes conclusions d'après les chrétiens, la Vierge Marie est mère de Jésus, fils de Dieu. Pour un Juif, c'est le plus scandaleux des blasphèmes. C'est pourtant ce blasphème que prêche constamment le curé de La Mecque, avec quelque succès, puisque Mohammed lui-même, bien coincé par les Juifs, par sa femme, et par le rabbin, a failli s'y laisser prendre et changer de clan. Ces luttes judéo-chrétiennes, qui sont pour beaucoup dans le départ précipité de La Mecque, continuent à Médine. Nous en trouvons l'écho dans les *sourates* III, 31 et LXVI, que nous venons de lire sans nous presser.

Après la lecture attentive des sourates mecquoises et médinoises sur la généalogie mariale, aura-t-on encore l'audace ou la naïveté, ou même la niaiserie, de vouloir faire de la Vierge Marie un point de rapprochement entre l'Islam et la Chrétienté ? Quant à nous, nous ne voulons à aucun prix entrer dans un pareil système que nous dénonçons comme une espèce d'escroquerie.

Nous connaissons fort bien les musulmans.

Nous ne voulons pas nier que les petites musulmanes confiées aux religieuses catholiques prient la sainte Vierge Marie de tout leur cœur et avec beaucoup de piété. Certains musulmans nous ont même montré dans leur portefeuille des images de la Sainte Vierge que leur avaient donné des amis chrétiens. Peut-on fonder sur cette dévotion sporadique et toute sentimentale un rapprochement DOCTRINAL christiano-musulman ?

Nous ne le croyons absolument pas.

Nous pensons même que pareille tentative est non seulement vouée à l'échec, mais qu'elle est dangereuse par toutes les imprécisions et Illusions qu'elle contient. Remarquons tout d'abord que, tant que l'Islam demeure dans l'obstination que nous connaissons, on ne fera jamais comprendre à ces musulmans dévots à Marie que la Sainte Vierge est mère d'un Dieu. Ce Dieu, pour eux, serait autre qu'Allah, et jamais un musulman de la masse, eût-il quelque dévotion envers Marie ne consentira à pareille concession. Il faut être « très intelligent » pour comprendre les mystères christologiques, le mystère de la Trinité, de l'Incarnation, de la Rédemption ; nous voulons dire que pareille foi suppose non seulement une connaissance parfaite de l'Évangile, mais des siècles de traditions philosophique et théologique. Nous n'en sommes pas là avec les musulmans, à quelque classe qu'ils appartiennent, et je ne vois pas poindre le temps où ces musulmans pourront distinguer nature et personne, parler couramment d'un Dieu unique en trois personnes, et d'un Christ unique dans sa personne, mais avec dualité de nature, divine et humaine. Pour ouvrir les horizons métaphysiques aux musulmans, il faudrait commencer par les désislamiser ! Et tant qu'ils auront pas compris que, la Vierge Marie a mis au monde un enfant-Dieu, la Marie de l'Islam et la Marie de la Chrétienté ne pourront jamais s'ajuster. On pourra, comme nous allons le voir, trouver entre ces deux Marie des points de contact, mais sur l'essentiel, il y aura toujours un vide que personne ne pourra combler. Il faut que les catholiques se rendent un compte exact de cette situation pour « éviter les pires déconvenues. » Supposons même qu'un jour les musulmans parfaitement évangélisés se mettent à prier la même Vierge Marie que les chrétiens ; cela équivaudrait pour eux à se convertir au christianisme, c'est-à-dire à renoncer à l'Islam, car, comme nous l'avons vu dans les analyses précédentes, la Vierge Marie du rabbin est précisément le contraire de la Vierge du curé ; ou plutôt, c'est pour repousser la vierge « chrétienne », que le rabbin propose « la vierge mosaïque », laquelle est de son invention. Il n'y a aucun rapprochement possible entre les deux, même si nous constatons quelques ressemblances personnelles ou accidentelles.

La seule pensée qu'on puisse considérer la Marie des *Actes de l'Islam* comme un acheminement vers la Marie des Chrétiens me fait douter de la santé psychologique de mes contemporains. La *sœur d'Aaron* n'a rien de commun avec la *mère du Christ*. On peut vanter sa virginité, affirmer qu'elle est mère de Jésus, elle n'est ni la mère du Rédempteur, ni notre mère. C'est une femme privilégiée que l'on admire du dehors, ce n'est pas la co-rédemptrice que l'on aime avec tendresse, que l'on chérit avec amour, et sans laquelle on ne peut concevoir de vie chrétienne.

La Marie des *Actes de l'Islam* est une femme de l'extérieur, comme la femme de Pharaon ; elle n'est point la mère que tout chrétien porte dans son cœur. La Marie des *Actes* a-t-elle jamais inspiré une littérature musulmane comparable à la littérature religieuse chrétienne ? Où est le saint Bernard de l'Islam ? J'ai sous les yeux un album de peintures et miniatures persanes représentant Mohammed, le Paradis et les Houris. Je ne trouve pas une seule miniature représentant la Vierge, mère de Jésus. Comment la Marie, fille de 'Imrân, sœur de Moïse et d'Aaron, pourrait-elle enflammer nos cœurs, nourrir notre vie intérieure, susciter des poètes et des artistes ? Voyez-vous un Péguy pleurer sur la sœur d'Aaron comme il l'a fait sur la Vierge Marie dans sa *Passion du Christ* ? En fondant l'Islam, le rabbin a renié la mère du Christ.

Après ces analyses, on reste ahuri, comme abasourdi, de voir tant de catholiques, peut-être bien intentionnés, mais certainement mal informés, s'engouffrer dans des perspectives de rapprochement christiano-musulman dont la mère du Divin Rédempteur ferait les frais. Ces catholiques s'infiltrent partout ; ils écoulent partout le produit de leurs imaginations, tantôt dans des ouvrages à références dans des conférences, tantôt et souvent dans les petites Revues d'information catholique, les Revues missionnaires, toutes Revues et livres qui traînent et s'entassent sur les tables des Institutions religieuses de femmes et d'hommes et qui contribuent à stopper la grande et solide formation chrétienne Marie et l'Islam ! on en parle dans *Maria, Études sur la Sainte Vierge*, sous la direction d'Hubert du Manoir, S.J., t. I, Beauchesne 1949, dans un article de J.-M. ABD-EL-JALIL, *La Vie de Marie selon le Coran*, p. 183-211. L'auteur est évidemment gêné par les textes du Coran ou plus exactement les textes des *Actes de l'Islam* des périodes mecquoise et médinoise :

« *'Imrân, le père de Marie, dit-il, semble "bloqué" avec le Amrane, père de Moïse, d'Aaron, et de leur sœur Marie. Le Coran, en effet, interpelle la mère de Jésus par cette apostrophe : « O sœur d'Aaron !* » Quoi qu'il puisse en être du Coran *(!) il faut s'abstenir d'accuser l'Islam de faire une telle confusion ; il faut renoncer a une argumentation facile et vaine et à des insinuations inefficaces et déplaisantes. De même qu'il ne serait pas légitime d'interpréter la Bible sans tenir compte des croyants qui la méditent et la vivent, de même il ne faut pas se hâter de prêter aux termes coraniques des significations élaborées indépendamment de l'effort prodigieux de pensée* (sic *!) déployé par les musulmans afin de vaincre les difficultés que leurs textes sacrés peuvent présenter.* »

Le P. ABD-EL-JALIL exposera encore son point de vue dans un opuscule publié chez Beauchesne, à Paris, en 1950 et il le répète encore dans une revue du Maroc intitulée *Faits et Idées* (voir n° 51, 5 mai 1956, p. 13-22.) Cet article, *La Vierge Marie dans le Coran* débute par un aperçu de toutes les histoires que nous espérons bien voir disparaître pour toujours dans un avenir très prochain :

« *On sait*(19), dit l'auteur, *que l'Islam a été fondé en Arabie par Mohammed* (certainement pas) *au début du VII*ᵉ *siècle de l'ère chrétienne. Il s'est vite donné le rôle d'arbitre entre juifs et chrétiens (pure légende qui ne résiste pas à la critique) ; et cela au nom de Dieu, comme une dictée textuelle de messages* (sic) *divers apportés par l'Archange Gabriel.* »

« *Dieu, dit l'auteur en se référant aux* Actes de l'Islam, *choisit Adam, Noé, la famille d'Abraham et la famille d'*'*Imrân, au-dessus des mondes, en tant que descendant les uns des autres.* » *C'est ainsi que le Coran (III, 33) introduit la généalogie de Marie.* 'Imrân *est son Père. Sa mère n'est pas nommée, elle est toujours désignée par l'expression d'épouse d*''*Imrân ; mais* « LES MUSULMANS *connaissent son vrai nom (Anne = Hanna), ainsi d'ailleurs que Joachim.* »

(*Art. cit.* p. 15.)

— Ne courons pas ; réfléchissons lentement sur nos textes. Le P. Abd-el-Jalil est bien obligé de reconnaître que dans le « Coran », la Vierge Marie est présentée comme fille d''Imrân, sœur d'Aaron, donc de Moïse

Nous n'y pouvons rien.

Les textes sont formels. L'auteur nous dit que, devant cette absurdité, la tradition musulmane a réagi. Parmi ces commentateurs musulmans, il en est qui donnent à ces textes du Pseudo-Coran sur la généalogie mosaïque de Marie une signification symbolique ; pour d'autres, Aaron ne serait pas le frère de Moïse, mais un personnage apparenté à Marie. Evidemment, pour des hommes dénués de tout sens critique, ces textes des *actes de l'Islam* sont très embarrassants, et il n'y pas moyen de faire intervenir ici la loi de l'*abrogeant et de l'abrogé* dont nous avons percé l'astuce (20). D'autres commentateurs proposent de remplacer la généalogie des *Actes de l'Islam* tout simplement par celle de la tradition chrétienne la mère de Marie se nommerait Anne et son père Joachim. Tout cela est parfait, mais nous constatons qu'entre

---

19 — Quant à nous, sons savons le contraire et que toutes ces histoires n'ont aucune base objective. Il est temps de faire passer *l'Islam sous la toise*, selon la pittoresque expression de G. de Nantes, dans *l'Ordre Français*, 12, rue chabanais, Paris (2ᵉ), n° 8, janvier 1957, p. 53.
20 — Hanna Zakarias, *De Moïse à Mohammed*, t. II, p. 191-196.

les commentateurs et les *Actes*, il y a scission. Les commentaires ne se situent pas dans le développement logique des *Actes* ; ils les effacent ; une correction, ou pire : un désaveu, est tout autre chose qu'un développement ! Nous concédons volontiers que, sans admettre les données chrétiennes sur la maternité divine et le rôle de co-rédempteur de Marie, mère du Christ, des écrivains musulmans renseignés par des chrétiens aient réagi devant les absurdités chronologiques des *Actes de l'Islam*, mais leur louable effort qui les place en contradiction avec le texte — considéré par eux comme sacré — ne sauve en aucune façon ces absurdités mêmes, consciemment enseignées et écrites par le rabbin de La Mecque, fondateur de l'Islam, pour enlever Marie aux chrétiens et la rejeter dans le camp des Juifs. Loin d'être un lien entre deux « religions », la Marie des *Actes* marque la séparation absolue que le rabbin entend naturellement maintenir entre le judaïsme et le christianisme. Son « truc » généalogique est grossier, mais bah ! les Arabes sont tellement ignares ! (21). Ne pourrait-on pas en dire autant de certains bons apôtres contemporains qui suivent leur sensibilité et un faux nationalisme ancré au fond d'eux-mêmes, beaucoup plus que leur tête ? Ce thème marial, en effet, n'est pas réservé en France aux érudits de marque, égarés dès le début de leur démarche par leurs *a priori* et un manque de domination intellectuelle. Ces mêmes érudits s'acharnent dans une folle propagande populaire. Il faut, d'après leurs ambitions apostoliques, que les chrétiens habitués à lire *le Pèlerin* — il ne s'agit pas

---

21 — On pourra nous reprocher de nous répéter et de ne pas grouper suffisamment nos preuves. Nous le faisons à dessein. Nous ne *composons* pas un livre ; nous *méditons* des textes. Je médite des textes avec mes lecteurs, lentement, posément ; je parle avec mes lecteurs. Notre conversation est tellement grave. Nous parlons ensemble de l'avenir, non seulement religieux, mais encore humain, d'une cinquième partie de l'humanité. Notre méditation et notre conversation ont un but : dégager la vérité de toute une littérature que nous regardons comme contaminée. Nous lisons les textes, nous les relisons ; nous échangeons nos idées. Nous ne composons pas un livre : cela peut paraître fatigant aux hommes qui ne lisent qu'en diagonale, qui ne méditent pas ce qu'ils lisent, qui courent d'une page à l'autre, qui ne s'arrêtent jamais. Quant à nous, nous n'avons rien à faire d'essentiel qu'à méditer, à méditer avec des lecteurs dont l'abondant courrier m'apporte chaque jour la preuve qu'ils méditent avec moi. Chers lecteurs, c'est exact. Je n'écris pas un livre, j'écris notre méditation commune.

dans notre pensée, le jeter le moindre discrédit sur cette vénérable revue ; nous la prenons simplement comme mesure du niveau intellectuel des chrétiens dont on veut assurer la formation religieuse — sachent aussi qu'il n'y a pas tellement de différences entre Islam et Chrétienté, et qu'avec un peu de bonne volonté de part et d'autre on pourrait arriver à s'entendre (sur le dos de la Vierge Marie, évidemment.) Qu'il me suffise de rappeler, sans perdre de temps à mentionner leurs articles, *Ecclesia*, plusieurs revues d'Action Catholique, des revues missionnaires, de propagande chrétienne, toutes réa es qui stoppent le mâle et solide développement intellectuel que les responsables doivent par état et sous leur responsabilité assurer aux laïcs ou aux clercs qui auront, chacun à leur place, l'obligation de répandre dans l'Église la vérité du Christ.

3. — Attributs de Marie.

a.) L'Immaculée Conception. — Pour le rabbin de La Mecque, tout est accidentel en religion, sauf le monothéisme et le judaïsme. C'est pourquoi rien n'existe d'essentiel que la religion d'Israël, et dans cette mentalité, l'auteur des *Actes de l'Islam* s'efforce de ramener au sein du judaïsme tous les personnages que nous trouvons aux origines du christianisme.

Philippe de Zara, que nous avons déjà eu l'occasion de citer plusieurs fois, résume parfaitement la sotte opinion de certains milieux catholiques, quand il écrit pour son propre compte :

> « *Il sera sans doute beaucoup pardonné de ses erreurs à Mahomet pour avoir rendu à Marie un hommage que les Réformateurs protestants lui ont refusé. Alors qu'il réduisait le Seigneur au rôle de simple prophète, un prophète inférieur à lui, il a reconnu à Marie toutes les prérogatives que lui reconnaît la foi chrétienne. De sorte que, par une mystérieuse humilité d'esprit de la part du fondateur de l'Islam, la mère de Jésus reçoit infiniment plus d'honneurs que sa propre mère* » [22].

> « *Il est un peuple infidèle qui, bien avant la solennelle proclamation du dogme de l'Immaculée Conception, a cru à la naissance de Marie hors de l'emprise de Satan... Ce peuple, c'est le peuple de l'Islam.* » [23].

---

22 — Philippe de Zara, *op. cit.*, p. 11.
23 — *Ibid.*, p. 10.

Marie et Jésus ont été tous deux préservés, dès leur naissance, de tout contact satanique. C'est l'Immaculée Conception(24). Tout ceci est dit avec assurance et répété par tant d'auteurs, qu'il nous faut relire tous les textes des *Actes de l'Islam* sur ce thème. *A priori*, nous sommes cependant très étonnés au VIIe siècle, la tradition chrétienne, tout en vénérant la Vierge Marie, n'avait pas encore, sur les privilèges intimes de la mère de Jésus-Christ, des idées absolument explicites. Il a fallu des siècles de vie chrétienne pour permettre aux fidèles de comprendre d'abord avec leur cœur l'étonnante pureté de leur mère.

Saint Thomas lui-même, de crainte de nuire à l'universalité de la Rédemption, n'avait pas osé déclarer que la Vierge Marie, exempte de tout péché actuel, avait été, dès sa conception, gardée du péché originel. Cette idée ne fut dégagée clairement qu'après des siècles d'amour marial. Dans le haut Moyen-Age, dans l'Église grecque et syriaque, on parla d'abord de la conception miraculeuse de sainte Anne ; on parla aussi de la naissance miraculeuse, extraordinaire, de Jésus. Mais le vrai problème n'était pas là. Que Marie demeure pure de toute souillure pour l'enfantement de son fils Jésus, tous les chrétiens l'admettent depuis les origines. Cependant, ce n'est pas dans la conception de Jésus que Marie fut exempte de péché ; c'est dans sa nature même, dans sa « confection » que Marie, destinée à être mère d'un Dieu, fut préservée de la racine même de tout mal, c'est-à-dire du péché originel dont tout homme est essentiellement pétri. Si Mohammed s'est fait l'apôtre, comme on le dit à chaque instant, de l'Immaculée Conception, où et comment a-t-il eu connaissance de ce fait extraordinaire qui ne sera défini que douze siècles plus tard ? Ou bien c'est Allah qui le lui a révélé, puisque d'après les musulmans tout le « Coran » vient directement d'Allah. Dans ce cas, je demande instamment aux fervents du rapprochement christiano-musulman de consacrer désormais un chapitre, dans leurs savantes dissertations sur l'Immaculée Conception, aux révélations divines faites par Allah à Mohammed sur ce thème.

Je demande même davantage.

Pourquoi, comme je l'ai déjà dit, ne pas élever une statue à Mohammed sur l'esplanade de Lourdes ? Le *Secours National* est tout indiqué pour prendre la tête de cette si belle et si intelligente initiative.

---

24 — *Ibid.*, p. 12.

Ou bien, Mohammed, qui n'aurait reçu aucune révélation d'Allah, mais qui aurait pris tout seul ses renseignements chez les Juifs et les chrétiens, aurait connu par ces derniers le privilège extraordinaire de Myriam, fille de 'Imrân et mère de Jésus. Oui, mais pour affirmer cette dépendance, il faudrait être bien sûr que les chrétiens du VIIe siècle, et en particulier les chrétiens arabes de La Mecque, avaient nettement pris conscience de ce dogme si cher aux chrétiens du XXe siècle : l'Immaculée Conception. Je serais bien reconnaissant à qui pourrait nous le démontrer.

D'ailleurs, pour nous, le problème n'est pas là. Il s'agit de bien connaître ce qu'un rabbin, un Juif instruit, pouvait penser de la Vierge Marie. Nous connaissons déjà sa façon d'éliminer, de nier, la maternité divine de Marie ; nous avons noté son audacieuse chronologie. Maintenant, les apologètes — j'entends les apologètes qui travaillent dans le caoutchouc au rapprochement des contradictoires, — voudraient que ce rabbin, moniteur de Mohammed, ait enseigné aux Arabes quelque chose d'approchant de l'Immaculée Conception. Pour pouvoir juger en toute compétence la valeur de cette étrange affirmation, nous n'avons qu'une seule chose à faire : lire attentivement ce que le rabbin a lui-même écrit sur ce sujet.

Remarquons tout d'abord que, dans les *Actes* mecquois, et en particulier dans la sourate XIX appelée sourate de Marie, il n'est fait aucune allusion, même la plus minime, à ce privilège de la mère de Jésus ; pas davantage dans les sourates XXIII, 52 et XXI, 91. Nous pouvons parfaitement conclure que, dans les discussions avec les chrétiens de La Mecque, l'esprit du rabbin n'a pas été éveillé sur ce point, ce qui me pousse à penser que ces chrétiens eux-mêmes n'ont pas dû insister sur un privilège marial qu'ils ne connaissaient sans doute pas. C'est dans les sourates médinoises que les coranisants pensent trouver leurs armes en faveur de l'affirmation coranique du dogme de l'Immaculée Conception.

Voici un premier texte, *Sour.* III, 37 :

> Les anges dirent : « O Marie Yahwé t'a choisie et purifiée. Il t'a choisie sur (toutes) les femmes de ce monde. »

Cette formule a déjà été employée quelques versets auparavant dans la même *sourate* III, au sujet d'Adam et d'autres patriarches hébreux :

Yahwé a choisi Adam, Noé, la famille d'Abraham et la famille
d''Imrân, sur tout le monde, en tant que descendant les
uns des autres. Yahwé est audient et omniscient. (*v.* 30.)

Les grands patriarches hébreux, Abraham, Isaac, Jacob, avaient été élus et purifiés eux aussi, sans cependant que le rabbin ait jamais pensé à les exempter du péché originel !

Et mentionne nos serviteurs : Abraham, Isaac et Jacob, emplis
d'œuvres et de clairvoyance. Nous les avons purifiés par
une (pensée) pure : le souvenir du séjour *(éternel.)* En
vérité, ils sont, certes, coupés de Nous, parmi les Élus les
meilleurs !

(*Sour.* XXXVIII, 45-47.)

Le frère de Myriam, Moïse, a été choisi lui aussi, cela va de soi :

« Moi, je t'ai choisi. Ecoute ce qui *(te)* sera révélé ! En vérité,
je suis Yahwé. Nulle divinité excepté Moi ! »

(*Sour.* XX, 13-14.)

Eli : aussi avait été Jonas :

« Son Seigneur l'avait élu et mis au nombre des saints. »

(*Sour.* LXVIII, 50.)

Pour le rabbin, est donc élu et purifié tout être choisi par Yahwé pour donner au monde un nouveau signe de la miséricorde divine, et il n'est nullement question d'établir le moindre lien entre cette élection et cette purification judaïque d'une part, et la préservation du péché originel chez Marie d'autre part. Les historiens des religions, qui raisonnent souvent sur des ensembles ou des à peu près, ou au contraire sur des minuties hors réalité, feraient bien de s'abstenir de publier désormais de nouveaux romans sur ce thème marial dans les *Actes de l'Islam*.

N'abandonnons pas cette sourate III. Un autre texte réjouit nos coranisants :

Quand elle eut mis (sa fille) au monde (la femme de 'Imrân)
s'écria : « *Seigneur ! j'ai mis au monde une fille.* » Or Yahwé
savait bien ce qu'elle avait mis au monde. « *Le mâle n'est
point comme fille. Je la nomme Marie. Je la mets sous Ta protection ainsi que sa descendance contre Satan le lapidé.* »

Cette fois, pas de doute, nous y sommes ! C'est l'Immaculée Conception ! Dès sa naissance, Myriam est mise totalement à l'abri des entreprises du démon ; ce n'est peut-être pas encore le dogme de l'Immaculée tel qu'il sera défini par Pie IX en 1854, mais c'est une solide amorce chrétienne lancée par le « Prophète » Mohammed vers le culte marial. Il faudrait être de bien mauvaise foi pour ne pas mordre à cet hameçon, qui est comme un appel à l'union des deux grandes religions, chrétienne et musulmane ! Ainsi pensent du moins de nombreux historiens des religions qui seraient probablement plus habiles à écrire dans la collection *Le Saint, Détective Magazine*, où leur imagination pourrait trouver libre cours, qu'à plier leur intelligence à de solides analyses de textes. Reprenons donc bien en mains le texte de la sourate III, 34. Lisons-le avec calme, simplement, en honnête homme. De quoi s'agit-il ?

D'une façon générale, il s'agit, dans ce passage d'une reprise du thème marial exposé dans la *sourate* XIX, ce qui nous permet de conclure que les discussions entre chrétiens et Juifs continuent à Médine. Dans ce texte précis que nous lisons, III, 31-32, le rabbin parle encore une fois des origines et de la naissance de Myriam. La femme d''Imrân, raconte-t-il, se découvrant enceinte, se tourna vers le Seigneur et lui dit :

> Seigneur, je te voue et je te consacre ce qui est dans mon sein.
> Accepte-le de moi. Tu entends tout et tu sais tout.

Jusqu'ici tout est clair.

La femme d''Imrân, que l'Exode nomme Iokébed, mais que le rabbin ne nomme jamais dans les *Actes de l'Islam*, est très pieuse. Elle consacre à Dieu l'enfant qu'elle porte dans son sein, comme le font encore aujourd'hui bien des femmes chrétiennes. Naturellement, cela n'a rien à voir avec l'Immaculée Conception, ou préservation du péché originel. Le rabbin continue :

> Quand la femme d''Imrân eut accouché, elle s'écria :
> « *Seigneur, j'ai mis au monde une fille.* » Elle n'apprenait rien à Dieu (qui sait tout, comme il est dit au verset précédent.) Le mâle, en effet n'est pas comme fille. « *Cette fille, je la nomme Marie* (= la pieuse) *et je la mets sous Ta protection ainsi que sa descendance, contre Satan le lapidé.* »

Il faudrait manquer totalement d'objectivité et de la plus élémentaire connaissance théologique pour avoir l'audace non seulement d'établir, mais même d'esquisser le moindre rapprochement entre ce texte et la proclamation de l'Immaculée Conception. La préservation du péché originel suppose une création hors série, une création hors de la loi générale et, comme toute création, cette préservation relève uniquement de la Toute-Puissance divine. On ne trouve absolument rien de tel dans la *sourate* III de Médine : ce n'est pas Yahwé qui intervient dans le fait de la consécration de Myriam, c'est la femme de 'Imrân. Nos coranisants, même s'ils ne sont pas théologiens, pourraient toutefois penser, avant d'écrire, que la femme d''Imrân, même si elle doit devenir un jour la mère d'un des plus grands hommes de l'humanité (Moïse), n'avait peut-être pas le pouvoir de préserver sa fille du péché originel ! Son geste est beaucoup plus simple. Elle consacre sa fille au Très-Haut, espérant ainsi la mettre à l'abri contre les entreprises du Démon maudit (*râjim*), Démon lapidé. L'idée et l'expression même ne sont pas nouvelles dans cette *sourate* III. Déjà, le rabbin s'est exprimé dans des termes identiques à propos du ciel et des signes du zodiaque, *sourate* XV, 17 de la seconde période mecquoise :

> Certes, nous avons placé dans le ciel des constellations, Nous l'avons paré pour ceux qui regardent et Nous l'avons protégé contre tout Démon maudit, tout Démon lapidé.

Dans une *sourate* antérieure, il avait aussi écrit :

> En vérité, Nous avons paré le ciel le plus proche d'un ornement, les autres, en protection contre tout démon rebelle. (25)

Le démon est ennemi du craignant-Dieu, tentateur d'Adam, et tentateur de l'homme. La démonologie tient une place considérable dans l'*Ancien Testament*. Il n'est donc pas étonnant que le rabbin insiste, dans son enseignement, sur ce rôle néfaste d'Iblis, le maudit, le lapidé (26).

Iblis est ennemi de la lumière.

C'est pourquoi, mon fils, Mohammed, quand tu récites le *Corab* que j'ai rédigé et que je t'ai enseigné, cherche refuge en Yahwé, contre le

---

25 — *Sour.* XXXVII, 6-7 (début de la seconde période mecquoise.)
26 — Sur cette expression, voir Hanna Zakarias, *op. cit.*, t. I, p. 120.

démon maudit (*râjim.*) Celui-ci n'a nul pouvoir contre ceux qui croient et s'appuient sur leur Seigneur (27). C'est continuellement que le rabbin, dans les *Actes de l'Islam*, recommande à l'homme, en bon rabbin qu'il est, de chercher refuge en Dieu pour se défendre c entre les démons qui rôdent autour de lui (28) ; il n'y a rien d'étonnant que la femme d'ʾImrân demande pour sa fille Myriam au Seigneur Tout-Puissant, protection contre les entreprises du démon :

> Je mets (ma fille) Myriam sous Ta protection ainsi que sa descendance contre le Démon maudi. (29)

Nous avons dans ce texte un geste et une prière spécifiquement juifs ; je demande instamment à nos coranisants quel rapport peut-il bien y avoir ou voient-ils entre ces textes juifs des *Actes de l'Islam* et le dogme de l'Immaculée Conception ? Je serais bien curieux, ainsi que mes lecteurs, si fidèlement et si profondément attachée à ma pensée, de connaître sur ce point leurs élucubrations. Reconnaissons une fois de plus que ces élucubrations sont sans fondement historique, ni exégétique ; elles empoisonnent simplement l'atmosphère des études coraniques.

b) Marie, Vierge. — La virginité de Marie est affirmée aussi bien à Médine qu'à La Mecque. C'est Marie qui revendique cette qualité au moment où l'envoyé du Seigneur vient lui annoncer qu'elle sera la mère d'un « garçon pur. » — « Comment aurai-je un garçon « alors que nul mortel ne m'a touchée et que je ne suis point une prostituée » (*Sour. mecquoise* XIX, 20) ; « et (fais mention de) celle restée vierge » (*Sour. mecquoise* XXI, 91) ; « comment aurai-je un enfant, alors que nul mortel ne m'a touchée » (III, 42) ; « Yahwé a proposé aussi Marie, fille de ʾImrân, qui se garda vierge » (LXVI, 12.)

La notion de virginité, c'est à dire pour une femme, la conservation intacte de ses parties secrètes pour des motifs vertueux, est à peu près inconnue de l'*Ancien Testament*. La virginité est une chose, la vertu en est une autre ; mais les Juifs n'ont pas eu l'idée d'établir un rapport quelconque entre l'intégrité d'une femme et la vertu. Il faut arriver à

---

27 — *Sour.* XVI, 100 (3ᵉ *pér. mecq.*) ; voir aussi Hanna Zakarias, t. I, p. 158-159.
28 — *Sour.* XVI, 100 ; LI, 50-51 ; XI, 49.
29 — *Sour.* III, 31.

l'enseignement du Christ pour voir naître en spiritualité cette connexion qui prendra bientôt valeur d'une institution ecclésiastique. Que pouvait donc penser un rabbin du VIIe siècle de la virginité d'une femme-mère ? Il connaissait sans aucun doute le texte d'*Isaïe*, VI, 13-14 :

> « *Ecoutez donc, maison de David : ne vous suffit-il pas de fatiguer les hommes, que vous en veniez à fatiguer mon Dieu ? C'est donc le Seigneur lui-même qui va vous donner un signe. Voici : la jeune fille est enceinte et va enfanter un fils qu'elle appellera Emmanuel.* »

Où est le centre de ce signe ? Qu'une jeune fille eu une jeune mariée mette au monde un enfant ? C'est l'histoire courante de l'humanité. On peut dire qu'Isaïe annonce ici la naissance d'Ézéchias : c'est très probablement exact. On peut affirmer aussi que, au-delà de cette naissance royale, il entrevoyait une ère nouvelle, qui serait le règne messianique. De toute façon Isaïe propose un signe, et c'est ce signe qu'il importe de comprendre. Comment un Juif pouvait-il interpréter la vision prophétique :

> « *Une jeune fille est enceinte et va enfanter un fils qu'elle appellera Emmanuel ?* »

Le premier évangéliste, saint Matthieu, — qu'il ait écrit son évangile en hébreu ou en grec, peu importe —, donne du texte d'Isaïe une interprétation que la théologie et la liturgie chrétiennes ont acceptée sans restriction. D'après saint Matthieu, le signe donné par Isaïe pour une réalisation prochaine (naissance d'Ézéchias) ou pour un évènement éloigné (le règne messianique) consiste précisément dans l'opposition entre virginité et maternité :

> « *Voici que la Vierge concevra et enfantera un fils, auquel on donnera le nom d'Emmanuel.* »
>
> (*saint Matth.* I, 23.)

Remarquons que saint Matthieu reproduit textuellement Isaïe et que, parmi les évangélistes, il est le seul à le faire. Si on pense qu'il a pu écrire son évangile en hébreu, et qu'il a sous les yeux le texte d'Isaïe, son interprétation du « signe virginal » prend du fait même valeur d'écho de l'authentique tradition juive. Nous pouvons déjà soupçonner, en le lisant, que ses contemporains juifs avaient déjà interprété cette prophétie dans un sens très précis. L'avènement prédit par Isaïe sera garanti par un signe extraordinaire, jamais vu : une vierge, non pas une jeune fille, mais une vierge *ante* et *post partum*, vierge avant et après la conception, deviendra mère d'un fils qu'on appellera Emmanuel. Lire le texte de *saint* Matthieu, c'est déjà comprendre la tradition juive. En fait, rien ne s'opposait, dans le judaïsme, à ce que Yahwé, pour attester un fait de grande importance, donnât un signe extraordinaire, extraordinaire particulièrement pour un juif : la simultanéité, chez une femme, de la virginité et de la maternité.

En citant à ce propos le texte d'Isaïe dans son évangile hébreu, saint Matthieu a sans doute consolidé son affirmation en s'appuyant sur une tradition antérieure, comme nous venons de le dire, tradition que, précisément, nous trouvons explicitement chez d'autres Juifs, au IIIe siècle avant la naissance de Jésus-Christ. Pour mes lecteurs profanes qui n'auraient pas de notions très exactes, rappelons que, au IIIe siècle avant le Christ, des Juifs réunis à Alexandrie entreprirent un travail gigantesque : celui de traduire en grec tous les livres hébraïques de l'*Ancien Testament*. Ces Juifs nombre de 70, c'est pourquoi même les grands savants donnent à leur traduction le nom de Septante. Or, dans cette traduction des Septante, le terme hébreu *almah*, que nous trouvons dans Isaïe et qui signifie littéralement jeune fille ou jeune femme récemment mariée, est rendu par *parthénos*, littéralement : vierge femme intouchée. Les savants traducteurs de la Bible dite de Jérusalem ont donc pleinement raison quand ils écrivent, dans leur annotation du *v.* 14 du *ch.* VII d'*Isaïe*, que « le texte des LXX est un témoin précieux de l'interprétation juive ancienne que Matthieu 1, 23 a consacrée en lisant ici l'annonce de la conception virginale de Jésus. »

Quand le rabbin de La Mecque parle de la virginité de Marie, il n'est donc pas besoin d'imaginer une immixtion quelconque du christianisme dans l'Islam. Le rabbin, très versé dans les sciences bibliques et Talmudiques, pouvait fort bien connaître cette virginité de Marie par une tradition juive qui date au moins du IIIe siècle avant la naissance du Christ, tradition encore vivace dans les milieux juifs du Ier siècle que nous retrouvons dans l'évangile de saint Matthieu. Les apologètes tellement désireux de trouver des points de contact entre l'Islam et la Chrétienté feraient donc bien de méditer sur ce fait, que nous venons de leur expliquer aussi clairement que possible : en affirmant la virginité de Marie, le rabbin n'avait pas à esquisser le moindre pas vers le Christianisme ; il ne faisait aucune concession à son adversaire, le curé de La Mecque ; il restait tout simplement fidèle à la pure tradition juive.

Remarquons enfin que le terme *almah*, employé six fois dans l'*Ancien Testament*, a toujours le sens de femme non mariée, c'est-à-dire vierge : Rebecca (*Genèse* XXIV, 43 ; voir aussi *ibid. v.* 16 : la jeune fille était très belle, elle était vierge, aucun homme ne l'avait approchée) ; les vierges du *Cantique des Cantiques*, les *alamoth* (I, 3 ; VI, 8, où le texte distingue les *alamoth* des reines et des concubines) ; *Ps.* LXVIII, 26 ; *Prov.* XXX, 19. On remarquera aussi que Marie, sœur de Moïse et d'Aaron a droit, dans le texte sacré, au titre d'*almah*, *Exode* II, 8, c'est-à-dire vierge :

« *L'almah s'en fut quérir la mère du petit.* »

Jusqu'ici, que reste-t-il de Marie, point de rapprochement entre les musulmans et les chrétiens ?

Il était une fois, d'après les *Actes de l'Islam*, une jeune fille nommée *Myriam*.

« *La forme de ce nom est, en arabe, identique à celle employée en syriaque et en grec dans la Bible. Les commentateurs les plus raisonnables se contentent de dire que ce nom est d'origine hébraïque et qu'il signifie* « *la pieuse* » « *la dévote* (30). »

Quelle qu'en soit la signification, ce nom n'avait rien pour déplaire à un bon Juif. Il est important de noter, pour le contexte des *Actes de l'Islam*, que ce nom de *Myriam* n'est appliqué, dans l'*Ancien Testament*, qu'à la sœur d'Aaron et de Moïse, fille de 'Imrân (*Nomb.* XII, 1, 15 ; XX, 42 ; *Michée* VI, 4), qualifiée de vierge à la naissance de Moïse, par l'*Exode*. Le rabbin enchaîne donc comme un Juif pouvait le faire il était une vierge nommée Myriam, sœur de Moïse et d'Aaron ; cette vierge allait devenir un signe pour Israël. Ce signe, c'est qu'en gardant sa virginité, elle deviendrait mère. Isaïe l'a annoncé. En tout cela, il n'y a rien de spécifiquement chrétien. Bien au contraire, on aperçoit l'astuce du rabbin qui accroche Marie à l'histoire juive à l'aide même des données bibliques ; nous avons déjà vu, et nous allons le constater encore par les textes qui suivent, que cette Marie est absolument anti-chrétienne. Les

---

30 — Abd-el-Jalil, *Maria, loc. cit.*, p. 193.

Juifs de La Mecque, comme ceux de Médine, devaient rire sous cape de la bêtise des Arabes, lorsqu'ils entendaient ces discours bâtis sur une confusion audacieuse.

c) LA RETRAITE DE MARIE AU TEMPLE. — Ce fait est rapporté dans la *sourate mecquoise* XIX, 16-47 :

> Mentionne Marie quand elle se retira de sa famille dans un lieu écarté et qu'elle disposa un voile en deçà d'eux.

C'est par les apocryphes que le rabbin connut ce détail qui ne se trouve pas dans les évangiles canoniques. Nous en avons déjà cité les textes au dernier chapitre de la première partie de ce livre (31).

d) L'ANNONCIATION. — Elle est racontée dans la sourate XIX, 17 :
> Nous lui envoyâmes Notre Esprit et il s'offrit à elle (sous la forme) d'un mortel accompli.

À la vue de cette belle apparition, Myriam prend peur :
> Je me réfugie auprès du Bienfaiteur contre toi, dit-elle, Puisses-tu craindre Dieu.

D'instinct, Marie, qui n'a jamais connu d'homme, cherche à protéger sa pureté. Elle se réfugie dans le Seigneur. Il saura la garder de ce jeune homme qui se permet de se placer en face d'elle ; ce sont là de vilaines manières ! Mais Myriam, élevée au temple de Jérusalem, qui a entendu prier les prêtres, sait que Yahwé est le refuge pour ceux qui le craignent :

« *Yahwé est mon roc et mon bastion, et mon libérateur c'est mon Dieu. Je m'abrite en lui, mon rocher, mon bouclier et ma corne de salut, ma citadelle et mon refuge.* »

(II *Samuel*, XXII, 3.)

« *Il est, lui, le bouclier de quiconque s'abrite en lui* »

(*ibid.*, 31.)

Avec un pareil bouclier, Marie est à l'abri. Fais attention, jeune homme ! Yahwé est ma force. Puisses-tu, toi aussi, te mettre sous sa protection, être parmi les craignant-Dieu, sinon tu seras châtié ! —

---

31 — Hanna Zakarias, *op. cit.*, t. II, p. 292, analyse aussi ces textes.

Jusqu'ici, Myriam est toujours une bonne petite juive, qui ne connaît que les Écritures de ses ancêtres, les Écritures des Patriarches et des Prophètes. Les réflexes que nous saisissons en elle sont uniquement et ne peuvent être que les réflexes d'une enfant pure, élevée selon l'esprit des saintes Écritures par les prêtres du Temple.

Voyant l'émoi et le trouble de la jeune vierge, le jeune homme se présente enfin :

> Je ne suis, *dit-il*, que l'émissaire de ton Seigneur, (venu) pour que je te donne un garçon pur.
>
> (*Sour.* XIX, 19.)

Myriam est encore plus troublée. Elle n'entend même pas le dernier mot de la conversation « pur. » Elle n'y fait pas attention. Elle n'a retenu qu'une chose, une chose affreuse pour elle, une chose monstrueuse qu'elle n'accomplira jamais : ce jeune homme témoigne d'une audace qui la met hors d'elle-même. Elle regimbe, elle qui est toute jeune, qui ne peut être que timide ; regardant bien en face l'étranger, elle lui déclare :

« *Comment aurais-je un garçon, alors que nul mortel ne m'a touchée et que je ne suis pas une prostituée ?* »

Pauvre petite Myriam !

Fièrement, elle déclare à l'émissaire je ne suis pas celle que vous croyez. Vous pouvez vous retirer. Je ne suis pas une prostituée, et je ne me donne pas au premier venu dont j'ignore même l'identité.

Le messager céleste coupe court à cette conversation : Je pars, Myriam, mais tu vas te rendre compte qu'il arrivera ce que je viens de t'annoncer. C'est facile pour Yahwé, le Tout-Puissant. Pour Lui, chose décrétée est chose accomplie. C'est Yahwé lui-même qui a donné ce signe d'une alliance inouïe entre la virginité et la maternité.

Notre grand prophète Isaïe l'a dit (*Isaïe* VII, 14.) Et le rabbin de La Mecque ne fait que répéter ce qui faisait partie de la tradition juive :

> Nous ferons certes de lui (ton fils) un signe pour les gens et une grâce de notre part.
>
> (*Sour.* XIX, 21.)

> Nous fîmes d'elle et de son fils un signe pour le monde
>
> (*Sour.* XXI, 91.)

Ce texte de la sourate XIX, 19, que nous venons de lire, ne s'inspire évidemment pas de l'évangile de *saint Luc* I, 26-38, bien que nécessairement le thème en soit foncièrement identique. C'est à l'évangile du Pseudo-Matthieu que se réfère le rabbin :

« *Il se présente à elle un jeune homme dont on n'aurait pu décrire la beauté. Marie, en le voyant, fut saisie d'effroi et se mit à trembler. Il lui dit « Ne crains rien, Marie, tu as trouvé grâce auprès de Moi*(32). »

Dans la *sourate médinoise* III, 37-40, le rabbin raconte une fois encore cette scène de l'Annonciation. Lisons ce texte avec beaucoup d'attention et sans aucune hâte. Dans ce passage, ce n'est plus un émissaire du Seigneur, sous l'apparence d'un beau jeune homme, qui se présente à la sœur de Moïse et d'Aaron. Ce sont des Anges qui viennent apporter à Myriam cet extraordinaire message : Les Anges dirent :

« *O Marie ! Allah t'a choisie et purifiée. Il t'a choisie sur toutes les femmes de ce monde.* »

— Ce n'est pas à toute les femmes que peut arriver une pareille aventure, de devenir mère sans le secours d'un homme. Yahwé, Marie, t'a purifiée pour cette mission extraordinaire, en conservant ta virginité. L'Immaculée Conception n'a absolument rien à faire avec cette déclaration du rabbin. Ceux qui affirment le contraire écrivent des romans du plus mauvais goût, fussent-ils d'éminents professeurs.

Pour appuyer ce message inouï, les anges recommandent instamment à Marie de rester une bonne Juive. Qu'elle ne s'avise surtout pas de rêver à des choses impossibles. Déjà le rabbin fait allusion à l'impossibilité pour Marie de mettre au monde un Dieu, car qui peut sonder l'imagination féminine ? Ta virginité inviolable et la conception miraculeuse de ton fils n'en feront pas un être hors du commun des mortels !

Prends garde, Myriam.

Le Seigneur va te donner un signe pour Israël, mais continue de prier le Dieu de ton frère Moïse ! Reste « en oraison devant ton Seigneur. Prosterne-toi et incline-toi avec ceux qui s'inclinent ! » Ceux

---

32 — *Évangile du Pseudo-Matthieu*, IX, 2 ; édit. Michel-Peeters, *Évangiles apocryphes*, vol. i, Paris, 1911, p. 89.

qui s'inclinent et se prosternent, ce ne sont pas les musulmans. Les Musulmans comme tels n'avaient pas, originairement, d'identité. Nous le savons maintenant avec certitude, ils ne sont que des Arabes convertis au judaïsme. Quand ils se prosternent, c'est parce que les Juifs — leurs pères en religion — leur ont imposé d'adopter devant Yahwé ce geste révérentiel. L'*Ancien Testament* et le *Talmud*, ainsi que l'enseignement du rabbin à Mohammed, sont unanimes sur ce point : *ceux qui se prosternent devant Yahwé, ce sont les Juifs* [33]. Le frère de Myriam, Moïse, s'incline vers la terre et se prosterne en disant : « Si j'ai trouvé grâce à vos yeux... » [34]. Myriam, disent les Anges, fais comme ton frère. Incline-toi ; prosterne-toi devant Yahwé.

Et, s'adressant à son associé Mohammed, le rabbin ajoute écoute bien ce que je vais te raconter [35]. Je vais te révéler des choses que tu ignores totalement. Tu les ignores parce que tu n'étais pas présent en personne à l'époque des événements :

> Tu n'étais point parmi eux quand ils jetaient leurs calames
> (*pour savoir*) qui d'entre eux se chargerait de Marie ; tu
> n'étais point parmi eux quand ils se disputaient [36].

Nous ne savons à quel fait exact se réfère le rabbin ; mais les musulmans arabes le savent :

> « *D'après la légende musulmane, les prêtres qui se disputaient pour savoir qui prendrait soin de Marie, tranchèrent la question en jetant chacun son roseau dans le Jourdain. Celui de Zacharie étant seul remonté à la surface, c'est Zacharie qui fut désigné pour prendre soin de Marie* [37]. »

Le P. Abd-el-Jalil signale lui aussi quelques commentaires musulmans, qui n'ont évidemment aucun fondement :

> « *Le recours aux sorts n'eut lieu que plus tard, à la suite d'une disette durant laquelle Zacharie, trop âgé, n'avait plus la force de vaincre les*

---

33 — Hanna Zakarias, *op. cit.*, t. II, p. 203.
34 — *Exode*, XXXIV, 8.
35 — M. Blachère, *op. cit.*, t. III, p. 868, croit expliquer le texte, le rendre plus intelligible, en qualifiant Mohammed de *prophète*. Prenons garde. Ce sont des annotations de ce genre qui dénaturent le véritable sens des paroles de rabbin.
36 — *Sour.* III, 39.
37 — MONTET (E.), *Le Coran*, p. 133, n. 9 ; voir aussi *Sour.* III, 32.

difficultés matérielles et d'assurer le nécessaire à Marie. Il fallut que quelqu'un se chargeât d'elle. Le sort désigna un charpentier du nom de Jourayj. Un texte ancien déclare que ce Jourayj était un moine (râhib) en même temps que charpentier, vieille indication qui insinue la pureté des mœurs du nouveau tuteur de Marie, et que personne, semble-t-il, n'a retenue. Jourayj exerçait son métier et subvenait aux besoins de Marie ; il apportait ce qu'il pouvait trouver en ces temps difficiles ; mais le peu qu'il apportait était miraculeusement augmenté et amélioré au grand étonnement de Zakarie (38). »

Il nous paraît beaucoup plus simple d'avouer que nous ignorons l'événement auquel fait allusion le rabbin. Tu n'étais pas là non plus, mon fils, quand les anges dirent à Myriam :

« *Yahwé t'annonce (la bonne nouvelle) d'une parole de Lui et (le nom de) cette parole est Messie, fils de Marie, qui sera illustre en cette vie et dans l'autre et parmi les plus rapprochés (du Seigneur.)* »

Beaucoup de syncrétistes se pâment sur ce texte. Vous voyez bien, c'est indéniable : Jésus, fils de Marie, est le Verbe. Les chrétiens ne parlent pas autrement. Pour eux aussi Jésus est le Verbe et sera illustre dans l'antre monde, de même qu'il sera illustre dans cette vie, car sa renommée sera grande parmi les hommes qui sont le plus proche de Dieu, c'est-à-dire sans aucun doute parmi les chrétiens, disciples de Jésus ! Il faudrait avoir vraiment mauvais esprit pour ne pas voir que l'Islam tend ici la main à la Chrétienté et que Mohammed, s'il n'a pas reconnu la divinité du Christ, lui était du moins extrêmement sympathique.

Pourquoi y a-t-il des trublions comme nous qui s'obstinent à ne pas lire en diagonale, ou à peu près, et qui, retardataires, préfèrent aller à pied plutôt qu'en avion supersonique, et essayent encore de comprendre les textes en les méditant ? O Myriam ! Yahwé t'annonce la bonne nouvelle d'une parole de Lui, parole : *kalimatin* (*Sour.* III, 40 ; voir aussi même expression v. 34.) BLACHÈRE traduit :

« *O Marie ! Allah t'annonce un Verbe émanant de Lui.* »

Pour les chrétiens d'aujourd'hui, pareille traduction rappelle évidemment le prologue de l'évangile de saint Jean et ne peut que favoriser grandement le rapprochement christiano-musulman. Oui,

---

38 — Abd-el-Jalil dans *Maria*, ed. cit., t. I, p. 195.

mais il y a malheureusement entre les *Actes de l'Islam* et l'évangile de saint Jean une différence fondamentale : pour saint Jean, « au commencement était le Verbe et *le Verbe était Dieu.* » Quand on sait — par les textes — avec quel acharnement le rabbin de La Mecque combat la divinité de Jésus, tout rapprochement entre les *Actes* et saint Jean devient absolument impossible. Dans ces conditions, pourquoi, dans une traduction, choisir précisément des termes qui peuvent faire illusion ? Pourquoi identifier Jésus, fils de Marie, elle-même sœur de Moïse, avec Dieu, ce qui constitue pour les Juifs stabilisés dans le judaïsme le plus monstrueux des blasphèmes ?

Cette traduction de *Kalimatin* par « Verbe » est d'autant plus étonnante que BLACHÈRE lui-même(39) remarque que « le contexte permet de traduire ici par *Verbe* (pourquoi ?), sens que le mot n'a qu'exceptionnellement dans le Coran. »

Ce terme de Parole de Dieu — (nous sommes navré de faire encore cette observation à nos apologètes catholiques) — n'a rien, en soi, de spécifiquement arabe. Nous pouvons même affirmer qu'il est spécifiquement hébreu et juif. Parole et Sagesse sont souvent identifiées dans l'*Ancien Testament*. Elles préexistent en Yahwé(40) ; elles étaient là au moment de la création « Au commencement, Dieu créa le ciel et la terre. » Déjà, sa Parole existait, puisque « Dieu dit : « Que la lumière soit... (41). » « Dieu des Pères, Seigneur de miséricorde, toi qui, *par ta parole*, as fait l'univers(42). »

Dans l'*Ancien Testament*, la Parole est un attribut du Tout-Puissant. Il faudra attendre le Nouveau Testament pour que cet attribut soit clairement personnifié(43). Mais pour un Juif, pareil dégagement est impossible. Le Verbe de Dieu, ou plus exactement, la parole de Dieu ne constituera jamais une personne divine. La Parole de Dieu, pour un Juif, est un attribut par lequel Dieu agit en dehors de Lui. Il n'est

---

39 — *Ibid.*, t. III, p. 868, ann. 40.
40 — *Prov.* VIII, 22-23 : « *Yahwé m'a créé au début de ses desseins, avant ses œuvres les plus anciennes. Dès l'éternité je fus fondé, dès le commencement, avant l'origine de la terre.* »
41 — *Genèse* I, 1-2 et ss.
42 — *Sagesse*, IX, 1.
43 — *Saint Jean*, prologue.

évidemment pas question d'en faire la seconde personne d'une Trinité. Cette interprétation est rigoureusement impensable. D'après le rabbin, les Anges auraient dit à la fille de 'Imrân :

> « *Nous sommes venus t'apporter une parole de Yahwé. Tu auras un fils dont le nom sera Messie. On l'appellera aussi Jésus, fils de Marie ; il sera illustre ici-bas, dans l'autre monde, et parmi les proches du Seigneur* » ;

non pas, certes, parmi les chrétiens que le rabbin a tellement combattus à La Mecque et qu'il combat davantage encore à Médine, mais parmi les Juifs. Ce sont les Juifs, et eux seuls, qui sont les « proches du Seigneur. »

A l'annonce faite par les Anges, Myriam répond en s'adressant directement au Seigneur :

> « *Seigneur, comment aurais-je un enfant, alors que nul mortel ne m'a touchée ?* »

Les Anges répondent (44) :

> « *Yahwé crée ce qu'il veut* (45). *Quand il décrète une chose, Il dit seulement son propos :* « *Sois !* » *et elle est* (46) ».

Vous le voyez vous-mêmes, chers lecteurs, ces Anges parlent vraiment comme de bons Juifs, comme d'excellents connaisseurs de l'*Ancien Testament*.

Recueillons-nous une fois de plus devant ces textes et devant la situation concrète qu'ils nous révèlent. Cette fois, nous sommes à Médine. Les discussions entre le rabbin et les chrétiens, inaugurées à La Mecque, continuent de plus belle, et plus amèrement encore à Yatrib. À maintes reprises, l'auteur des *Actes de l'Islam* est obligé, par le ton acerbe de ces discussions, de critiquer les thèmes chrétiens. Il n'avait pas à parler de Marie et de Jésus à sa communauté de néo-convertis au judaïsme. Il n'en parle que parce que les chrétiens se sont réveillés de leur

---

44 — Le texte, *Sour.* III, 41, porte « *il* » a, ce qui fait penser à Yahwé, auquel s'adresse Myriam. Mais il parait plus normal de penser que la réponse de Yahwé a été donnée par les Anges. MONTET, *op. cit.*, bien qu'il ait parlé des anges, ne parle plus que d'un ange au *v.* 42, se conformant matériellement à l'expression arabe.

45 — *Ps.* CXV, 3 : « *Notre Dieu au ciel et sur la terre, tout ce qu'il lui plaît il le fait.* »

46 — *Gen.* I, 3 : « Dieu dit : « Que la lumière soit, et la lumière fut. »

torpeur et qu'ils attaquent maintenant avec violence le judaïsme. Il serait ridicule de croire, comme le font nos bons coranisants, que les chrétiens attaquent Mohammed fondateur d'une nouvelle religion. Mohammed ne fonde rien du tout, et c'est ce que lui reprochent parfois, sur un ton railleur, ses co-tribules fétichistes tu n'es qu'un élève ; tu ne fais que répéter ce que t'inculque ton moniteur ; tu ne nous racontes que de vieilles histoires ! Quant aux chrétiens qui jusqu'au joli coup de filet du rabbin, coexistaient bien pacifiquement avec les Juifs, ils se sentent tout à coup envahis par la flamme apostolique. Et c'est au judaïsme qu'ils portent leur contradiction ; c'est contre l'expansion religieuse juive que les chrétiens arabes se dressent : Moïse, c'est très bien Ce n'est pas nous, chrétiens, qui chercherons à le rayer de l'histoire religieuse. Mais Moïse — notre foi chrétienne nous l'enseigne — est incomplet. Il a jeté dans l'humanité idolâtre une annonce de poids, une proclamation massive qui a brisé le règne des idoles, qui a ruiné le fétichisme inefficace et a inauguré le culte du Dieu Unique, Vivant et Tout-Puissant. Mais Yahwé conservait pour d'autres temps les finesses de sa Parole révélatrice et créatrice d'un monde nouveau. Pour les chrétiens, Marie inaugurait ce nouveau plan divin.

La prédication chrétienne obtint un tel succès parmi les Arabes polythéistes que Mohammed lui-même, après avoir fait profession de foi au Dieu d'Israël, faillit abandonner la synagogue pour prendre le chemin de l'Église.

Le rabbin lui reproche ce mouvement d'hésitation.

Il se produisit aussi des remous contraires, et l'on vit des chrétiens abandonner l'Église pour retourner à la prière des Juifs. Le rabbin avait pris la tête de la résistance juive au christianisme. À Moïse, on veut opposer la religion du Christ. Eh bien ! Voyons objectivement ce qu'il en est. Jésus est né de Marie. Très bien ! Qui est Marie ?... et le rabbin forge l'argumentation que nous avons relatée d'après les *Actes de l'Islam*. Si le rabbin connaît les évangiles canoniques, il ne s'y réfère jamais. Il lit le Pseudo-Matthieu ; on peut l'affirmer en toute certitude. Mais il lit comme un Juif ancré dans le judaïsme traditionnel peut lire un livre chrétien, c'est-à-dire avec circonspection, et en ramenant tous les personnages dans la zone juive. Il admet tout, sauf ce qui peut porter la plus légère atteinte à la religion d'Israël. Il pouvait lire dans les ouvrages chrétiens que Marie avait pour père Joachim ; mais il veillera à détourner ses auditeurs arabes de la vraie piste : fille de 'Imrân, sœur de Moïse et d'Aaron, vierge, signe donné à Israël, jeune fille privilégiée, mère de Jésus, nous voilà ballottés de Moïse à Isaïe, d'Isaïe à Jésus, de Jésus à 'Imrân par sa mère. Un vrai *tohu-bohu*. Tout cela n'a aucune logique.

Le rabbin a l'art consommé d'embrouiller les situations les plus claires ; il peut raconter aux idolâtres arabes les histoires les plus saugrenues, il est tranquille, ils n'iront pas vérifier. Dans son récit, l'apparition de Jésus n'est qu'un fait divers dans l'histoire d'Israël, et sans aucune attache avec la rédemption du genre humain. Myriam apparaît ainsi comme une Vierge expurgée et déformée par un Juif. C'est là le fameux pont que certains chrétiens, aussi mal informés que bien intentionnés, nous offrent pour relier Islam et Chrétienté. C'est tout simplement absurde et ridicule (47).

e) Myriam enceinte. — L'esprit de Dieu (48), l'émissaire du Seigneur (49), descendu sous forme d'un beau jeune homme (50), ou même les anges annonciateurs de bonne nouvelle (51), disparaissent après avoir annoncé le décret de Yahwé, décret toujours suivi de réalisation ; Myriam devint « enceinte de l'enfant (52). » Rien ne contredit ici la religion d'Israël.

f) La naissance miraculeuse de Jésus-Christ. — Si le rabbin de La Mecque a totalement ignoré ce qui peut approcher, même de loin, le dogme de l'Immaculée Conception, dogme qui n'avait pas encore surgi nettement dans la conscience chrétienne, par contre, conformément au

---

47 — Philippe de Zara, *op. cit.*, p. 12 : « *L'antagonisme créé par les Croisades empêcha pour des siècles une étude impartiale de la religion musulmane. Nos aïeux ne connurent guère l'Alcoran que pour le maudire, et cette ignorance et ces préjugés se sont maintenus jusqu'à l'aube du XXe siècle, creusant entre le Christianisme et l'Islam un fossé qui a toujours semblé infranchissable, mais que Marie, également honorée dans l'une et l'autre religion, nous aidera à franchir peut-être un jour.* »
48 — *Sour.* xix, 17.
49 — *Ibid.*, 19.
50 — *Ibid.*, 17.
51 — *Sour.* iii, 37.
52 — *Sour.* xix, 22.

texte d'*Isaïe* VII, 14, il ne pouvait hésiter un seul instant sur la naissance miraculeuse de l'enfant de Myriam, enfant dénommé Jésus, et que le rabbin présente comme le neveu de Moïse et d'Aaron, le petit fils de 'Imrân.

Cette naissance miraculeuse, admise par la tradition juive, est affirmée à maintes reprises dans les *Actes de l'Islam*. Mais entre les paroles de l'envoyé de Yahwé et le fait pour Myriam d'être enceinte, il ne se passe rien, absolument rien. La conception suit immédiatement l'annonciation : « Ton Seigneur a dit : Cela est pour Moi facile... c'est affaire décrétée, et elle devint enceinte de l'enfant » (53). Pour la rendre enceinte, il nous a suffi de souffler en elle notre Esprit (54). En vérité, Myriam fille de 'Imrân se garda vierge, et nous insufflâmes en elle Notre Esprit (55). Myriam était une sainte (56) ; elle fut parmi celles qui faisaient oraison (57).

g) La période de grossesse. — Devenue enceinte immédiatement après l'annonce de l'envoyé divin, la Vierge Myriam entra dans sa période de grossesse. Elle quitta ses parents et se retira en un lieu écarté : « Elle devint enceinte de l'enfant et se retira avec lui dans un lieu éloigné. » Le Pseudo-Matthieu a fourni au rabbin de La Mecque ce détail que nous retrouvons dans le *Protévangile* de saint Jacques et dans la recension arminienne de l'*Évangile de l'enfance* (58). Ce lieu écarté était situé « sur une colline tranquille et arrosée » (59).

h) La délivrance. — C'est dans le désert que Marie met au monde son fils :

Les douleurs la surprirent près du stipe du palmier (60).

Elle était seule, en plein désert. On comprend son désarroi :

Plût au ciel, *s'écria-t-elle*, que je fusse morte avant cet instant et que je fusse totalement oubliée (61) !

---

53 — *Sour. mecquoise* XIX, 21.
54 — *Sour. mecquoise* XXI, 91.
55 — *Sour. médinoise* LXII, 12 ; IV, 169.
56 — *Sour. médinoise* V, 79.
57 — *Sour. médinoise* LXVI, 12.
58 — Hanna Zakarias, *op. cit.*, t. I, p. 299.
59 — *Sour.* XXIII, 52.
60 — *Sour.* XIX, 23.
61 — *Ibid.*

C'est ici que s'accomplit le miracle rapporté dans l'évangile hébreu du Pseudo-Matthieu :

« *L'enfant levant les yeux vers sa mère lui dit :* « Ne sois pas triste. Ton Seigneur a mis à tes pieds un ruisseau (62) » *et tu n'auras donc pas soif. Tu n'auras pas faim non plus.* « Secoue vers toi le slipe du palmier : tu feras ainsi tomber sur toi des dattes fraîches et mûres. Mange, bois et que tes larmes cessent de couler. Si tu vois un humain, n'engage pas de conversation avec lui. Dis-lui simplement : aujourd'hui, je jeûne et j'offre mon jeûne au Seigneur (63). »

Cette anecdote du palmier est encore empruntée par le rabbin au Pseudo-Matthieu qui la place, d'ailleurs, non pas à la date de la naissance, mais à l'époque de la fuite en Égypte. Comme on le voit par nos références justificatives, ce récit sur la grossesse de Myriam et sur sa délivrance n'est mentionné que dans la *sourate mecquoise* XIX : on ne le trouve dans aucune *sourate médinoise*.

i) RETOUR DE MYRIAM CHEZ LES SIENS. — Il est aisé de nous représenter la situation exacte : Myriam, absente de sa famille depuis plusieurs mois, se décide à rentrer à la maison.

Elle n'est plus seule.

Elle porte avec elle un enfant.

Elle sait, elle, Myriam, que sa conduite est irréprochable ; elle n'a commis aucune faute ; elle a reçu la visite d'un émissaire de Yahwé ; Yahwé a déposé lui-même la semence de sa conception, sans l'intervention d'un homme ; elle sait, elle, Myriam, que sa virginité n'a pas été violée par sa maternité. Elle sait tout cela, mais les siens ne le savent pas. Elle a peut-être raconté son mystère ; mais cette invraisemblable histoire racontée par une jeune fille, fût-elle la meilleure, est-elle croyable ? Myriam se sent enveloppée de soupçons. Elle n'a aucun appui, Les Évangiles chrétiens ne laissent pas Myriam seule en face de son « épreuve. » Joseph est à ses côtés, son soutien, son confident, confident aussi de Yahwé :

« *Joseph, fils de David, ne crains pas de prendre chez toi Marie, ton épouse, car ce qui a été engendré en elle vient de l'Esprit Saint* (64). »

---

62 — *Ibid.*, 24.
63 — *Ibid.*, 26-26.
64 — *Saint Matth.* I, 20 ; saint Joseph est encore mentionné dans *saint Luc*, I, 27.

Mais le rabbin, qui ignore nos Évangiles canoniques, ignore aussi Joseph. Myriam est seule avec son fils, seule avec sa honte. Elle sait ce qui l'attend en rentrant à la maison : tu n'as pas honte, Myriam, de ce que tu as fait ? Nous sommes cependant une famille honorable, jusqu'ici sans reproche. Regarde ton frère Aaron. C'est un garçon, il est cependant très sérieux. Le rabbin ne parle pas de Moïse à la naissance de Jésus. D'après l'Exode, Moïse est le plus jeune des enfants de 'Imrân ; il n'est sans doute pas encore né. À peine Myriam a-t-elle pénétré chez les siens que ses parents lui adressent les plus vifs reproches : ah, Myriam ! te voilà... et avec un enfant sans père !

> O sœur d'Aaron, ton père n'était tout de même pas un homme indigne, ni ta mère une prostituée (65).

j) Jésus, fils de Marie. — Dans la pensée du rabbin de La Mecque Jésus, neveu de Moïse et d'Aaron, devait être comme ses deux oncles et comme sa mère Myriam un signe pour l'humanité :

> Nous ferons de lui un signe pour les gens et une grâce venant de Nous (66).
> Nous fîmes d'elle et de son fils un signe pour le monde (67).
> Du fils de Myriam et de sa mère, Nous avons fait un signe (68),

selon la prophétie d'Isaïe :

> « *C'est donc le Seigneur lui-même qui va vous donner un signe* » (69).

Les signes donnés par Yahwé à Israël sont des signes pour le monde, car Israël a été placé au milieu des nations pour y être le témoin de la Toute Puissance et de la Miséricorde de Yahwé.

---

65 — *Sour.* XIX, 21-29.
66 — *Ibid.*, 21.
67 — *Sour.* XXI, 91.
68 — *Sour.* XXIII, 62.
69 — *Isaïe* VII, 14.

Chapitre II

Drôleries... sanglantes

1. — Trêve de Noël. — Noël est pour la France une très grande fête. Les catholiques et les protestants y célèbrent le souvenir de la naissance de Jésus, Rédempteur du monde, fils de Dieu et fils de Marie. Pour les incroyants et les esprits forts, Noël reste une occasion de festivités. Le « réveillon » est presque d'institution nationale. Le Ministre de l'instruction publique le plus anticlérical, le plus laïque et obligatoire qui soit, n'aura jamais l'idée de supprimer les vacances de Noël sous prétexte que cette institution cléricale viole la conscience des instituteurs et des élèves incroyants. Des grèves de ce style — continuer les classes durant les vacances de Noël, dans les établissements d'enseignement public, pour protester contre l'existence d'établissements d'enseignement privé — sont inouïes. Mais si les fêtes religieuses ont une telle importance en France même, que les Français de la Métropole se mettent bien dans la tête, une fois pour toutes, que nos grands anniversaires chrétiens n'ont absolument aucun écho dans le monde musulmanisé. Les musulmanisés de la Tunisie, de l'Algérie et du Maroc, ignorent pour la plupart ce que représente Mohammed lui-même ; à maintes reprises, je leur ai posé cette question — (qui était Mohammed ?) — et invariablement j'ai obtenu la même réponse mon père le savait ; moi, je ne le sais pas ; je crois que Mohammed est mort depuis longtemps ; je ne sais pas bien ! — À plus forte raison, si vous leur parlez par hasard de Noël, ce sera l'ahurissement le plus complet.

Or, il existe un Comité chrétien d'entente France-Islam (— que signifie cet affreux accolage ? —), ayant son siège, croyons-nous,

21, rue Monsieur, Paris 6e, et qui est présidé — si nos informations sont exactes, par M. le Professeur Massignon —, qui a pris en 1956 la généreuse et trop naïve initiative de proposer aux Fellaghas opérant en Algérie une trêve qui durerait du 22 au 25 décembre. Le même Comité invitait les « croyants » de France et d'Algérie (c'est-à-dire les chrétiens et les musulmanisés) à s'imposer une prière préparatoire afin d'obtenir un « cessez-le-feu » et que s'établisse une concorde algérienne dans la justice et le respect mutuel ! Je ne suis pas un tortionnaire ; je ne suis pas non plus un incroyant. Je voudrais tout simplement avoir dans tous ces problèmes un peu de bon sens, parler un langage que puissent comprendre les hommes qui ne font pas la guerre, mais assassinent, et pillent, incendient, commettent les plus atroces cruautés. Concrètement, quelle sorte de répercussion pouvait avoir pareille proposition sur les cerveaux incultes des musulmanisés, fussent-ils les plus honnêtes du monde ? Qu'est-ce que Noël pour eux ? Quel élément de concorde, de justice, d'apaisement, de bonté, de douceur, ce nom évoque-t-il pour eux ? Non, vraiment, ils ne sont pas encore accordés sur cette longueur d'ondes.

Remarquons que les chrétiens n'ont pas le monopole de ces naïvetés. À la fin de décembre 1956, ne voulant pas être en reste avec « France-Islam », l'Union Civique et Sociale adressait aussi un appel à M. Guy Mollet pour que fût établie une trêve de Noël en Algérie ! C'est vraiment du suprême comique. Cet appel vaut la peine d'être lu :

Femmes et mères de France et d'Algérie, européennes et maghrébines ! Noël nous unit toutes dans la paix et l'espérance (allez voir pourquoi !.) Nous souhaitons ardemment que cette journée soit marquée par une trêve dans les esprits et dans les actes.

Pour que cette trêve soit possible et efficace, il faut que ce désir de paix soit agissant dans le cœur de chacun. Il est certainement dans le cœur des femmes, des mères.

Unissons nos efforts pour obtenir des responsables une trêve de Noël, signe avant-coureur et plein d'espérance d'une paix véritable basée sur la justice, l'équité et la fraternité.

Je voudrais bien savoir quelles sont ces mères d'Algérie et maghrébines unies aux mères de France et européennes pendant les fêtes de Noël, dans la paix et l'espérance ! On n'a tout de même pas le droit d'écrire de pareilles balivernes et de telles sottises sur des sujets aussi graves !

La réponse ne s'est pas fait attendre tous les journaux ont noté la recrudescence d'attentats en Algérie pendant les fêtes mêmes de Noël.

2. — Mesures de clémence à l'occasion du ramadan. — Le ramadan, comme chacun sait, est le carême des musulmanisés. Il consiste officiellement à ne rien absorber, ni liquide, ni solide, à ne pas fumer entre le lever et le coucher du soleil. Vu du bureau d'un Ministre et à travers les traditions françaises imprégnées de christianisme, ce temps sacré est sans doute marqué par le retour des âmes à une vie meilleure, par le repentir ; un gouvernement magnanime, qui veut manifester son infini respect pour la foi des musulmans qu'il protège, se doit par conséquent de faire un geste de bienveillance.

Le coucher du soleil est annoncé dans les grandes villes à population musulmane par un coup de canon. À ce moment précis, les cafés maures se remplissent et commence aussitôt un autre genre de sport que seuls peuvent comprendre ceux qui y ont vraiment assisté ou qui sont obligés de le supporter. Ces réjouissances bruyantes qui durent souvent jusqu'à la moitié de la nuit, accompagnées de tam-tam, de criailleries, fournissaient au Gouvernement français l'occasion de montrer que la France était vraiment la protectrice de l'Islam :(O Charles Martel ! O Saint Louis.) — Des licences de faveur étaient déjà accordées aux musulmanisés ; l'ouverture des cafés maures était prolongée.

M. Lacoste, ministre résident, a voulu, en l'année 1957, renouveler ces gestes de bienveillance envers ses « frères musulmans. »

> Alger, 31 mars. — A l'occasion du ramadan, M. Robert Lacoste a pris les mesures de clémence suivantes :
>
> — 700 assignés à résidence dans les centres d'hébergement seront libérés dans les prochains jours. — À compter du 15 mars, les sanctions prises à l'encontre des fonctionnaires qui, sous la pression de la rébellion, avaient pris part au mouvement de grève de la fin de janvier, seront levées, saut appréciation des autorités responsables.

— Les préfets ont reçu l'ordre de faire rouvrir les boutiques et les magasins fermés lors de la tentative de grève insurrectionnelle de la fin janvier, sauf dans les cas de gravité particulière que les autorités responsables devront apprécier.

Comme il fallait s'y attendre, les « protégés de la France se sont empressés de répondre à leur frère Monsieur Lacoste. Les journaux nous ont communiqué le sens et l'ampleur de cette réponse :

« *Plusieurs attentats ont marqué le début du ramadan.* — Alger, 2 avril : *deux séries de faits retiennent l'attention depuis hier en Algérie. D'une part, la coïncidence d'une nouvelle série d'attentats à Alger avec le début du jeûne rituel du mois du ramadan...* »

Nos grands politiciens comprendront-ils donc un jour qu'ils sont la risée des musulmanisés d'Algérie, qu'il n'y a dans leur façon de penser, de parler et d'agir, aucune commune mesure avec cette réalité objective ; que cette réalité objective, on ne la saisit pas dans des rapports de bureau, mais dans la vie concrète ; qu'il est absurde, pour des politiciens de la Métropole, de vouloir résoudre les problèmes algériens sans tenir compte des hommes qui sont quotidiennement engagés dans ces problèmes, les connaissent par le dedans, par une longue expérience, hors de toute idéologie de parti politique ?

Je m'attendais à voir le Ministre Résident, M. Lacoste, soutenir comme ses prédécesseurs le pèlerinage de La Mecque, pendant lequel s'organise le marché des esclaves et se forge la politique anti-occidentale ! À ceux qui voudraient passer quelques bons moments d'hilarité, je conseillerai de reprendre les journaux algériens d'avant 1950, et de relire les paroles émouvantes et pieuses que « nos chers gouverneurs adressent aux chers pèlerins. »

C'est à faire pleurer... de rire et de tristesse.

Quand les représentants d'un gouvernement officiellement athée vont faire des sermons aux « croyants », cela sonne faux. Leurs grimaces ne trompent pas les musulmans, qui répondent par les mitraillettes.

Chapitre III

Drôleries de croquemitaine

Le 24 août 1956, le cheikh el-Bakhouri, ministres des cultes en Égypte, lançait un appel à la guerre sainte, dans un sermon prononcé à la mosquée d'El-Azhar, qui passe pour être la principale Université de monde arabe, si tant est qu'on puisse parler d'*Université* en terre d'Islam.

Ce terme, *guerre sainte*, possède un mystérieux pouvoir.

Il transforme les musulmans en derviches trépidants et frénétiques, tandis qu'il plonge les occidentaux dans une crainte toute voisine de la peur. Ces deux mots, qui évoquent des notions au premier abord contradictoires, éveillent des images de combats sanglants et sans quartier excités par le fanatisme religieux le plus primitif. Au son de ces quelques syllabes, les pauvres bougres de l'Islam sont complètement désaxés et le monde chrétien, qui a depuis longtemps l'habitude de lutter — mais tout autrement — pour faire respecter les choses saintes et les droits sacrés, est comme frappé de paralysie ou d'hémiplégie. Pour garder notre sang-froid, commençons par nous souvenir qu'il n'est pas impossible de mettre à la raison tous ces énergumènes qui perdent tout contrôle au simple mot de *Djihad*, guerre sainte. L'histoire récente nous en fournit un exemple mémorable lors de la guerre israélo-arabe, malgré leur fameuse *Djihad*, les Égyptiens, ayant quitté et abandonné leurs chaussures pour mieux courir, se seraient retrouvés au Cap si les Anglais, dont la politique est décidément incohérente dès qu'il s'agit du proche-Orient, n'avaient pas commis l'imprudence d'interdire aux armées juives l'entrée au Caire ! On peut dire que la guerre sainte les eût menés loin !

Mais le bluff de la *Djihad* sera bien mieux dégonflé encore par un peu d'exégèse « coranique. » C'est en effet dans quelques versets du Pseudo-Coran que cette idée de guerre sainte a pris son origine. Prenons donc ces versets solidement en mains, en nous rappelant que le Pseudo-Coran, ou plus exactement les *Actes de l'Islam*, sont rédigés par un Juif. C'est dans la *sourate* XXV, 54, crue nous rencontrons pour la première fois le mot *djâhada* que nos grands arabico-coranisants interprètent dans le sens d'une guerre, non point n'importe laquelle, mais d'une guerre sainte :

> N'obéis pas aux incroyants, mais combats-les avec force dans un combat plein d'ardeur.

Il n'en fallait pas plus à Montet pour évoquer le spectre horrifique d'une guerre féroce entre musulmans et incroyants. À la fin de la seconde période mecquoise, les arabo-juifs ou musulmans seraient donc à couteaux tirés avec les Arabes demeurés polythéistes ; et comme le fusil à poudre n'est pas encore inventé, ces deux groupes s'entr'égorgent autour de la Ka'ba. Mohammed, terrible, les yeux exorbités et injectés de sang, là touffe de cheveux hérissée sur son crâne, un poignard serré entre ses dents blanches, se tient droit au milieu de ses troupes. Le voici maintenant qui surgit hors du groupe fidèle et qui s'élance à travers les ruelles de La Mecque, à la recherche d'idolâtres à pourfendre. C'est la justice divine qui passe en trombe, anéantissant tout sur son passage.. !

C'est vraiment très amusant, en même temps que pitoyable, d'observer comment les légendes se sont créées dans l'Islam, même en regard des textes les plus clairs, pour nous fabriquer un Mohammed de carnaval.

> N'obéis pas aux incroyants, mais combats-les avec force dans un combat plein d'ardeur.

Que signifie ce communiqué de guerre, cet ordre du jour n° 1 ? Asseyons-nous confortablement ; avant de prendre nos dispositions de contre-offensive, réfléchissons un peu sur les visées de l'adversaire. Naturellement, ce n'est pas Mohammed qui parle. Nous avons moins peur, n'est-ce pas ? Regardons bien le prédicateur, c'est toujours le rabbin de La Mecque. Il connaît par expérience journalière les difficultés de l'apostolat juif auprès des mecquois. Ce fut, pour lui, une tâche relativement facile de décider Mohammed à l'abandon des idoles. Khadidja était là, Mohammed n'avait qu'à obéir prestement. Il n'avait rien à dire, le pauvre homme. Mais convertir les tribus arabes était beaucoup plus difficile. Les idolâtres se moquaient de Mohammed, de plus en plus ébranlé et bousculé par les railleries de ses compatriotes.

Le rabbin lui prodigue ses conseils pour le retenir dans le camp des monothéistes : surtout je t'en supplie, mon fils, ne retourne pas aux idoles de la Ka'ba, qui ne sont que des cailloux sans vie et sans pouvoir ; prêche à haute voix et sans arrêt le Dieu unique d'Israël. Ne te laisse pas attrister par les moqueries de tes compatriotes. Maintenant tu es fort, tu es certain de la victoire. Yahwé te guide, il te soutient, il te protège de son bras tout-puissant. Lutte avec ardeur, avec une énergie inébranlable. Tu connais, toi, la révélation de Yahwé, faite à Moïse au Mont Sinaï. Tu connais la Vérité descendue du Ciel. Combats tes compatriotes idolâtres en leur jetant à la face le Coran de Moïse.

Rappelle-toi ce qui est écrit dans ce Livre :

« Tu n'auras pas d'autres dieux devant ma face. Tu ne feras pas d'image taillée, ni aucune figure de ce qui est en haut dans le ciel ni de ce qui est en bas sur la terre ou de ce qui est dans les eaux au-dessous de la terre. Tu ne te prosterneras point devant elles et tu ne les serviras point. Car Moi, Yahwé, ton Dieu, je suis un Dieu jaloux. »

(*Exode* xx, 3-4.)

« Ne vous tournez point vers les idoles et ne vous faites point de dieux de fonte. Je suis Yahwé, votre Dieu. »

(*Lévitique* xix, 48.)

Ces paroles de Yahwé, sont tes armes de combat.

BLACHÈRE, pour cette fois, a compris le texte des *Actes de l'Islam* (xxv, 54), et c'est avec franchise qu'il traduit ce fameux verset :

« Ne te soumets donc pas aux Infidèles et mène contre eux un grand combat AU MOYEN DE LA PRÉDICATION. »

(BLACHÈRE, *op. cit.*, T. II, P. 130),

C'est-à-dire, en tenant compte des invraisemblables transpositions de Blachère, AU MOYEN DU CORAN. Les idolâtres t'accusent de mensonges ; lutte, lutte contre eux, mon Mohammed ! Tu as une arme pour te protéger et pour attaquer ; tu as lance et bouclier : c'est le Coran que Dieu révéla à Moïse en hébreu et que je viens de rendre intelligible pour ta langue ! Respirez donc, amis ! Mohammed n'a pas de fusil. Ses bombes sont les versets du *Pentateuque*. Le sang ne coule pas, mais les langues sont déchaînées. C'est un combat d'avocats. La guerre sainte telle qu'on la conçoit aujourd'hui est au terme d'une évolution qui a pris son origine dans une logomachie. Le terme de *guerre sainte* disparaîtra bientôt des drôleries musulmanes.

Le terme *djâhada* se retrouve au *verset* 5 de la *sourate* XXIX. Naturellement, l'ineffable Montet se hâte de déclarer :

« *que nous sommes dans la période des combats qui ont suivi l'Hégire.* »
(Montet, CORAN, P. 535, N. 9.)

Nous trouvons heureusement des commentaires plus paisibles, par exemple ici encore la paraphrase de Blachère :

Que le terme djâhada « *ne signifie pas ici mener un combat armé contre les polythéistes ; il s'agit du combat contre les passions, combat par la parole ou la menace.* »
(Blachère, *op. cit.* T II, P. 524.)

Comme nous le voyons, il ne faut pas s'attendre dans ce genre de guerre au cliquetis des armes, au brandissement des sabres, au tranchement des veines jugulaires ! Mohammed n'est pas en bras de chemises, les manches retroussées, le seroual retenu par une ceinture garnie de pistolets ! Quel dommage pour les prises de vue cinématographiques !

La *guerre sainte*, la *djâhada*, après tout, n'est pas une chose terrible. Regardons bien la scène, telle que les *Actes de l'Islam* nous la font entrevoir. Mohammed, Arabe fils d'Arabes, s'est marié à une Juive. Naturellement, il a dû se convertir au judaïsme, prêcher le Dieu Unique d'Israël, raconter à ses compatriotes les aventures victorieuses d'Abraham, de Moïse, de David, de Salomon, sur les idolâtres de leur temps. Mais il trouve devant lui des adversaires décidés : les riches marchands mecquois et les adorateurs des fétiches lithiques de la Ka'ba.

Ils le raillent, l'insultent, lui répètent qu'il n'est rien de plus qu'un homme comme les autres. Tantôt ils le traitent de fou, tantôt de menteur, tantôt d'imbécile, tantôt de traître, à la remorque des Juifs.

Sous cette avalanche Mohammed est sur le point de fléchir :

> Ils ont été sur le point de te séduire et de t'éloigner de ce que nous t'avons révélé.
>
> (*Sour.* XVII, 75.)

S'ils avaient réussi :

> Ils l'auraient pris pour ami.
>
> (*ibid.*)

Et cela serait arrivé si je ne t'avais pas affermi dans ta vocation, car déjà tu inclinais vers eux :

> Si nous ne t'avions point, confirmé, tu aurais certes failli t'incliner vers eux quelque peu.
>
> (*ibid.* 76.)

Courage, mon fils, tu vaincras ! Partout et toujours, les apôtres de Yahwé ont été victorieux de leurs détracteurs : Tes ennemis, combats-les avec courage, mon fils, marche contre eux avec ardeur. À leurs moqueries, oppose les textes du Coran de Moïse que je t'ai révélé. La *guerre sainte*... Au lieu d'un Mohammed, torse bombé, biceps raidis, brandissant à droite et à gauche un coupe-choux déjà tout teinté de sang, nous avons un Mohammed au fond très ennuyé de s'être laissé subjuguer par une Juive, sa chère, riche et autoritaire épouse ; nous avons un Mohammed qui se voit dans un f....u pétrin, à la pensée de devoir prêcher, sous la direction d'un rabbin, la religion d'Israël à ses compatriotes !

Voyons, Mohammed, courage !

Prêche le Coran de Moïse.

Tu n'as rien à craindre. Parle fort et réponds à tes détracteurs en récitant ce que je t'ai appris.

Une bonne santé dans l'exégèse suffit à dégonfler la baudruche de la *guerre sainte*. Il y a encore, dans les *Actes de l'Islam*, d'autres textes belliqueux : et toujours les mêmes interprétations sottes et stupides[70].

---

70 — Pour les références à ces textes, voir Hanna Zakarias, *De Moïse à*

Non, Mohammed n'a rien d'un guerrier redoutable. Le rabbin, lui-même, s'il est tenace dans son apostolat, n'a jamais songé à donner une raclée à son disciple au moment où celui-ci envisageait sérieusement de retourner à la Ka'ba. Khadidja n'avait probablement pas un bon caractère. Nous en avons la preuve dans la *sourate* CXI contre Aboû Lahâb et son épouse, où Mohammed, par crainte de sa femme, profère des invectives contre son oncle et sa tante. Mais s'il a dû marcher droit devant Khadidja, rien ne nous indique que la maîtresse du logis battit son mari quand il hésitait dans sa foi juive. Cette histoire de *guerre sainte* signifie tout de même originairement que le rabbin de La Mecque et Khadidja constituaient pour le trop aventureux Mohammed comme un carcan qui l'enserrait et l'obligeait à tenir bon dans le chemin de Yahwé !

Périodiquement, on voit surgir dans l'Islam des mahdi, c'est-à-dire des aventuriers qui cherchent à soulever les masses au nom du Coran, pour les lancer dans une guerre qu'ils qualifient de *sainte*, et qui n'est au fond qu'un camouflage politique. Si ces turbulents avaient la fantaisie de s'appuyer sur les sourates mecquoises pour faire du bruit, on pourrait les inviter à changer de disque. La *guerre sainte* à La Mecque se définit en quelques mots : Courage, Mohammed ! Tes adversaires t'insultent. Mais ne crains rien. Surtout, marche droit ! Ta femme est là, à tes côtés, qui ne te lâche pas. Le rabbin est là qui t'instruit et te soutient. Assène quelques bons coups de Coran sur la tête de tes adversaires, et tu sortiras vainqueur de ce combat de langues !

La *Djihad*, la *guerre sainte* est un *mythe*.

Mohammed, t. II, p. 233-235.

Table des matières

Introduction 7

Chapitre premier
La Mecque 11

Chapitre II
Naissance, adolescence et mariage de Mohammed 15

Chapitre III
Conversion de Mohammed au judaïsme 21

Chapitre IV
Formation religieuse de Mohammed
et direction de son apostolat 29

Chapitre V
Échec catastrophique de l'exégèse coranique 39

Chapitre VI
Les grands enseignements du rabbin à Mohammed 50

Chapitre VII
Mohammed, prêche à tes compatriotes idolâtres,
la religion d'Israël 58

Chapitre VIII
Les réactions des mecquois
devant la prédication de Mohammed 64

Chapitre IX
Apparition d'un coran arabe 72

Chapitre X
Activité littéraire du rabbin de La Mecque 84

Chapitre XI
Le sort du coran arabe 96

Chapitre XII
Première communauté arabo-juive
les premiers musulmans 103

Chapitre XIII
Les dernières réactions des idolâtres mecquois 115

Chapitre XIV
Disputes entre le curé de La Mecque et le rabbin 123

APPENDICE
Les drôleries christiano-musulmanes
Petit propos hors d'humilité 153

Chapitre I
Rapprochement christiano-musulman 155

Chapitre II
Drôleries... sanglantes 205

Chapitre III
Drôleries de croquemitaine 209
Prière d'imploration 218

Prière d'imploration

Seigneur Jésus, Toi, Tu avais dit : Venez à moi, vous tous qui peinez sous le poids du fardeau, et moi, je vous procurerai le repos. Ce ne sont pas les gens bien portants qui ont besoin du médecin, mais les malades. Nous Te supplions, déverse sur nous Ta Miséricorde, guéris nos âmes et nos corps malades. Pour Toi, Jésus rien n'est impossible. Tu avais dit : Si c'est le Fils qui vous rend libres, vous serez vraiment libres. Tu nous a offert une nouvelle liberté dans l'Esprit Saint. Tu sais ce que nous éprouvons, ce qui nous fait mal, ce qui nous gêne, opprime, angoisse et inquiète. Tu connais nos faiblesses et nos mauvaises habitudes. Seigneur, Toi, Tu sais tout. Tu as porté nos souffrances et nos maladies. Tu es le Roi de la Miséricorde. Regarde-nous et ceux qui sont dans nos cœurs alors que nous implorons la puissante intercession de Saint Michel Archange.

RETROUVEZ TOUTES NOS PUBLICATIONS

sur les sites

- vivaeuropa.info
- the-savoisien.com
- pdfarchive.info
- freepdf.info
- aryanalibris.com
- aldebaranvideo.tv
- histoireebook.com
- balderexlibris.com

Librairie Excommuniée Numérique CULUS (CUrieux de Lire des Usuels)

www.ingramcontent.com/pod-product-compliance
Lightning Source LLC
LaVergne TN
LVHW091543060526
838200LV00036B/682